|光明社科文库|

变革中的中国城
品牌城市文化建设探究

高丽华　宋红梅　孙铭欣◎主编

光明日报出版社

图书在版编目（CIP）数据

变革中的中国城：品牌城市文化建设探究／高丽华，宋红梅，孙铭欣主编．－－北京：光明日报出版社，2025.3．－－ISBN 978－7－5194－8615－0

Ⅰ.G12-53

中国国家版本馆 CIP 数据核字第 2025UA5316 号

变革中的中国城：品牌城市文化建设探究
BIANGE ZHONG DE ZHONGGUOCHENG：PINPAI CHENGSHI WENHUA JIANSHE TANJIU

主　　编：高丽华　宋红梅　孙铭欣	
责任编辑：杨　茹	责任校对：杨　娜　李佳莹
封面设计：中联华文	责任印制：曹　净

出版发行：光明日报出版社

地　　址：北京市西城区永安路 106 号，100050

电　　话：010-63169890（咨询），010-63131930（邮购）

传　　真：010-63131930

网　　址：http://book.gmw.cn

E – mail：gmrbcbs@gmw.cn

法律顾问：北京市兰台律师事务所龚柳方律师

印　　刷：三河市华东印刷有限公司

装　　订：三河市华东印刷有限公司

本书如有破损、缺页、装订错误，请与本社联系调换，电话：010-63131930

开　　本：170mm×240mm	
字　　数：278 千字	印　　张：15.5
版　　次：2025 年 3 月第 1 版	印　　次：2025 年 3 月第 1 次印刷
书　　号：ISBN 978－7－5194－8615－0	
定　　价：95.00 元	

版权所有　　翻印必究

编委会

主　　　编：高丽华
执 行 主 编：宋红梅
副　主　编：孙铭欣
执行副主编：丛　珩
主 办 单 位：中国传媒大学广告学院
　　　　　　北京工商大学语言与传播学院
编　　　务：高　慧

编辑委员会

主　任：丁俊杰　黄升民
副主任：刘英华

成　员

赵新利　中国传媒大学广告学院院长、教授
祝　帅　北京大学文化产业研究院副院长、教授
赵　琛　中国长城研究院院长、教授
方兴东　浙江大学国际传播中心执行主任、《求是》特聘教授
王　欣　天津收音机工业历史博物馆馆长
蔡耿新　福建智慧闽商文化遗产保护有限公司董事长
陈晓环　北京工商大学设计与艺术学院副院长、教授
张慧子　北京工商大学语言与传播学院教授
何　艳　北京工商大学语言与传播学院副教授
李峤雪　北京工商大学语言与传播学院副教授
赵妍妍　北京工商大学语言与传播学院讲师
孟禹熙　北京工商大学语言与传播学院副教授
张俊沛　北京工商大学设计与艺术学院副教授

目 录
CONTENTS

产业集群的品牌经济发展困境与突破路径思考
——基于濮院毛衫产业的田野调查 ······ 刘佳佳 1
新消费语境下中国广告叙事策略偏好 ······ 杨 琳 12
走出十字路口：中国品牌发展的基本格局与战略方向 ······ 张 驰 19
香港西九龙文化区之场所意义：兼论戏曲中心之文化意义 ······ 林援森 35
略论国博藏革命历史画与博物馆教育 ······ 李文秋 47
价值共创视角下的零售品牌战略 ······ 郭小强 56
20 世纪早期民族品牌广告的民族性视觉叙事
——基于月份牌广告的考察 ······ 巴亚岭 64
文本、意象与仪式：基于社交媒体的城市文化 IP 建构研究 ······
······ 刘搦辰 汤文晶 74
短视频营销传播研究：千禧一代的品牌意识、品牌形象与购买意愿 ······
······ 邱 铭 王 桦 86
时代变局下的民族品牌认同研究 ······ 魏祺航 100
中西复调：20 世纪初期哈尔滨电影院的"三重空间"文化研究
······ 焦 朦 109
基于新闻大数据的中国世界文化遗产形象研究 ······ 静思宇 120
动态能力视角下的日化品牌数字化营销工具应用研究 ······ 陈苏城 139
由罗红艺术馆前瞻北京本土企业博物馆媒体化转型 ······ 马卓恺 155
从弘扬优秀传统文化的角度认识博物馆的媒体属性 ······ 柯 宁 166
年文化在新兴民族品牌视觉设计中的应用策略研究 ······ 王 琦 175
扬州"世界美食之都"城市形象的纪录片塑造
——基于四部扬州美食题材纪录片的考察 ······ 李心洁 184

空间媒介视域下北京工人体育场意义演变与阐释 ………… 赵　娟　196
抖音平台中美食类短视频对城市文化形象的建构
　　——以长沙美食类短视频为例 ………… 颜旭江　206
城市公园的媒介意涵：基于可供性视角的观察与分析
　　——以滨州市新立河公园为个案研究 ………… 杨新雨　219
城市更新视阈下郑州国家中心城市品牌形象重塑研究 ………… 郑玉振　228

产业集群的品牌经济发展困境与突破路径思考
——基于濮院毛衫产业的田野调查*

刘佳佳[①]

摘要：产业集群创造了"世界商品中国制造的奇迹"，培养了大批有竞争力的企业。然而，在现阶段，很多区域的产业集群发展面临着全新的、复杂的问题。本研究从品牌视角入手对产业集群转型与发展进行全方位思考，选择濮院毛衫产业集群这一典型个案，展开深入的田野调查，对产业集群品牌经济发展困境的深层原因进行深入挖掘。产业数据指标、中小微企业的特质以及品牌经济自身的长期性是三大原因，本研究继而提出了品牌经济发展的三大可能路径，基于生产优势的逐步外延的制造商品牌与设计师品牌；线上场景的人、货、场的新消费品牌打造；区域品牌的产权归属与整合营销传播，政府也需要将角色转移到企业家机制与机会（种子）的培育上。

关键词：产业集群；品牌经济；路径；濮院

自改革开放以来，在我国的很多省、市，我们都可以发现发育程度不同的产业集群。集群创造了"世界商品中国制造的奇迹"，培养了大批有竞争力的企业。发展迅速的产业集群与中国的经济腾飞、科技创新、社会文化变迁等高度相关，在吸引投资、出口创汇、创造就业等方面贡献突出，产业集群受到国内外学者越来越多的关注，成为当代研究中国的一个不容忽视的主题，也是未来中国进一步发展的关键议题。

然而，在现阶段，很多区域的产业集群发展面临着全新的、复杂的问题。在全球化、新技术革命和我国的市场经济这三大变迁大浪的冲击下，企业仅仅依靠廉价劳动力和土地、基础设施来吸引外来资本，也不能获得进一步的健康

---

* 本文系 2021 年浙江省哲学社会科学发展规划课题研究成果之一（项目号：21NDQN262YB），2021 年浙江省软科学课题研究成果之一（项目号：2021C35081）。

① 刘佳佳，男，河南焦作人，浙江传媒学院文化创意与管理学院副教授，复旦大学工商管理流动站博士后，研究方向：广告思想史、公益广告、媒体与消费变迁。

发展。围绕提升产业集群竞争力的研究，我们将焦点转向了品牌经济。品牌经济，是以品牌为核心整合各种经济要素，带动经济整体运营的一种经济形态。它是企业经营的高级形态，也是市场经济高级阶段的形态、一种新高度的经济文明。

在新形势下，我们从理论上对产业集群的品牌经济发展进行深入探讨，势在必行。从现有文献来看，来自经济地理学、经济学、管理学等领域的研究构成了产业集群品牌经济发展的主要来源。张仁寿和李红较早提出了"温州模式"，他们注意到"温州模式"中广泛存在的产业集群现象，对产业集群内部的合作分工协作关系进行了细致的描述；[①] 仇保兴在《小企业集群研究》中就认为小企业集群是东方传统文化与现代市场经济的规模效益之间妥协的产物，并提出品牌经济是避免企业之间过度竞争所致的"柠檬市场"的解决出路之一；[②] 王缉慈对改革开放后的产业集群发展状况进行了详细的分析和总结，在理论上系统全面地论述了产业集群与区域经济发展的关系。[③]

本文的研究将视角聚焦到了浙江省濮院镇。浙江省是产业集群的主要聚集地，这些产业集群主要分布在农村和小城镇，集群内的企业绝大部分是非公有制的中小企业。濮院是浙江嘉兴桐乡市下辖的一个小镇，它是中国乃至世界的羊毛衫生产制造和批发中心，占据了中国超70%羊毛衫的销售份额。国内外大小品牌的针织工厂，基本集中在濮院以及周边，加上各类辅料加工工厂、档口，共有2万多家工厂和门店。作为集生产制造、服装批发为一体的制造业知名小镇，濮院为思考和观察地方制造业和批发业提供一个切入口，对以"块状经济"为主导的县域经济、乡镇经济而言，濮院也是一个重要的观察窗口。对这个案例的深入研究，我们更加清晰地理解服装产业集群的品牌经济发展，理解更为广阔的中国数以千计的县域、镇域经济。

本研究将人类学领域的田野调查方法引入产业集群的思考中。一个地区的产业集群汇集了诸多特殊性因素，并且有着更为深刻的历史文化因素，这一些又都体现在更为复杂的社会分工和人际网络中。我们可以看到很多国内产业集群的品牌经济的发展都曾遇到多次挫折。综观全国各地丰富多彩的产业集聚现象，品牌经济的发展依然缺少足够亮眼的标杆案例。濮院本身的品牌经济发展也遇到了诸多困境。

---

① 张仁寿，李红. 温州模式研究 [M]. 北京：中国社会科学出版社，1990：30.
② 仇保兴. 小企业集群研究 [M]. 上海：复旦大学出版社，1999：44-50.
③ 王缉慈. 创新的空间：产业集群与区域发展 [M]. 北京：科学出版社，2001：133.

顾名思义，田野调查便是深入田野进行调查，具体而言，田野调查在一个严格定义的空间和时间范围内，体验人们的日常生活与思想境界。田野调查作为一种人类学方法，它思考的对象是不同文化如何满足人们普遍的基本需求，以及社会如何构成。对本研究来说，田野调查可以聚焦典型性代表濮院镇，以小见大，同时更好地收集原始资料，把"身体"带入场，探讨产业集群中的行为主体如何，处在产业部门价值链的什么环节，产业联系如何，依靠哪些内力发展等。

一、"缘何聚集"：濮院毛衫产业发展与转型的历史回顾

按照主流的划分，国内的产业集群大致可以分为五类：第一，一些沿海外向型的出口加工基地，如深圳和东莞、苏州等地；第二，在一些智力密集地区，如北京中关村等，高新技术企业扎堆十分明显，集群的形成机理、区位特征和发展趋势有不同的特点；第三，一些条件比较优秀的开发区，吸引知名的跨国公司，如北京经济技术开发区等；第四，一些以国有大中型企业为核心的产业集聚区域；第五，一些乡镇企业自然发展起来的集群，如浙江温州、海宁，诸暨市大唐镇等。本研究所聚焦的桐乡市濮院镇，属于第五类。产业集群在浙江省的发展被称为"块状经济"现象，因企业家的创业精神而著称，大量的传统产业区由过去的小型私有企业发展而来。

从历史视角来看，我们透过濮院毛衫产业的发展，可以看到消费品生产的传统专业化产业集聚区的一般特点。中国历史久远，依赖工匠技能而出现的产业集聚的地方很多，例如，以刺绣闻名的苏州、以瓷器闻名中外的景德镇等，濮院镇有着悠久的丝绸文化和商业史，濮院在明清时期成为集丝绸织造与丝绸销售为一体的丝绸专业市镇，成为江南五大名镇之一，"濮绸"也成为江南四大名绸。

不过，我国的地方生产系统遭受了外来技术、外来生产和生活方式的冲击。新中国成立以后，我国曾力图模仿苏联建立现代化工业体系，但这种自上而下的工业化不能面对开放环境下竞争的挑战。改革开放以来，在计划经济向市场经济转轨的过程中，各地出现了一股自下而上的工业化浪潮，从事大批量制造的专业化产业区应运而生，广泛分布在国内各个地区。濮院的发展也是基于这一背景。

1. "第一粒种子"

濮院并不出产一根羊毛，却发展成为全国最大的羊毛衫生产基地与交易市场。这一特点在浙江、广东等地的产业集群中并不少见。诺贝尔经济学奖获得

者保罗·克鲁格曼（Paul R. Krugman）把产业集群类比为森林，用他称为"第一自然"的历史偶然因素解释具体产业集群的形成。某些自然因素会激发某一产业活动在本地的形成，某一历史事件也会成为产业集群的起源。尽管没人能准确预测出第一个树种何时会落于何地，但该树种一旦入土，它就可能会长出一片森林。这背后的深层原因，既有着历史文化原因，也有邻近上海与杭州等大都市的地缘原因，也有320国道的地理交通原因。

濮院毛衫发轫于1976年。桐乡县（现桐乡市）二轻总公司下属企业濮院弹花生产合作社购置了三台手摇横机，生产膨体衫，不久转产丙纶衫、羊毛衫，第一件羊毛衫在濮院诞生。而后，1979年，濮院制面生产合作社发起个人集资创办了中华羊毛衫厂，到20世纪80年代初期，多家羊毛衫集体企业问世，同时，个体或联户的毛衫企业如春雷一般出现，街巷里弄的民居里，开始有织机声响起。

经过几年发展，濮院毛衫渐渐名声在外，嗅觉灵敏的外地商人开始到濮院采购价廉物美的羊毛衫。以濮院镇永乐路终端为中心，濮院形成了最初的羊毛衫交易市场，各家各户的羊毛衫纷纷摆在路边，或者搭一块门板，或者铺一层薄膜纸，或者骑着一辆自行车，车上挂着多件羊毛衫的样衣。

1988年10月，在民间推动、政府主导下，濮院开始筹建羊毛衫、羊毛纱市场交易区，到20世纪80年代中期，在永乐路向南的320国道两侧，形成了10个羊毛衫交易区，包含将近5000间营业用房，还有一个毛纱交易区和一个托运中心。在交易区周围，也形成了一些相关的商业配套设施，一大批旅馆、饭店应运而生。从露天的简陋地摊到统一入驻的毛衫市场交易区，羊毛衫交易市场吸引了来自浙江省和全国各地的商人。同时，外地客商也开始在濮院投资建厂，生产羊毛衫，濮院形成产销一体的经营模式。这一阶段可以视为濮院毛衫产业的第一次转型升级。

2. 品牌经济的萌芽

2000年开始，濮院开始了第二次转型。这一次转型的重点在于政府主导的针织产业园区的成立。濮院针织产业园区作为毛衫制造业的集中区，成了国家发改委批准成立的省级开发区。园区引进各类企业300多家，形成了纺纱、编织、印染、后整理、辅料生产、机械制造、检验检测、科技服务、物流配送等相对完整的产业链，逐渐形成了两大明显优势，生产与销售，这与古代濮绸的商业辉煌如出一辙，"织聚一镇"。

品牌在这一时期也自然地生发成长起来，分布在毛衫产业链的各个方面，在上游原料的原料制造商、中游制造端的纺织和成衣制造商，以及下游的品牌销售端的销售商，他们勇敢地开始品牌化的探索。在原料制造商领域的本土品牌浙江华伦飞虎科技公司，在毛衫的印染和后整理领域的雀屏纺织化工，在终端消费品牌领域以浅秋为代表的本土毛衫服装品牌，在市场交易端，世贸大厦、金茂大厦、中央商城、国际贸易中心、国际毛衫品牌中心、针织服饰外贸区、国际童装城等新一代羊毛衫交易区，这些市场都在不同的品类就是高质量的代名词。

透过濮院产业集群的发展历史，我们可以看到，濮院起步于计划经济向市场经济转轨的制度背景之下，以低廉的土地、劳动力、水电等生产成本，获得竞争优势，满足了国内规模庞大的消费群体对毛衫产品的需求。濮院毛衫产业集群集合了国内专业化产业区的一般特点：以大规模生产为特征，由中小企业集聚、专业化分工、结网协作而产生的规模效应突出。具体到濮院数十年的发展中，濮院积累了雄厚产业基础、科学的产业结构和完整的产业链条，仍然有国内产业集聚度最高、产业链最紧密、配套设施最完备的毛衫产业集群。

二、濮院品牌建设与品牌经济发展的困境

濮院产业集群开展品牌建设的探索可以追溯到21世纪初。经过多年持续不断的投入，濮院针织毛衫产业集群已成为全国最具品牌影响力的纺织服装产业集群之一。

1. 品牌建设的成绩

在区域品牌打造方面，"濮院毛衫"跻身于浙江区域名牌之林，形成"精品毛衫，濮院制造""濮院毛衫，温暖时尚"的品牌效应。截至2022年，"濮院毛衫"区域品牌价值85.69亿元，潜在价值达到317亿元。①

在市场品牌和企业品牌方面，濮院通过自创品牌和引进品牌相结合，实现濮院毛衫产业的"品牌立市"战略。一方面，濮院通过落实奖励措施，积极鼓励企业主和经营户自创品牌，培育了自主毛衫商标800多个。在毛衫市场和企业中涌现出了一大批知名品牌，如浅秋、兰生羊绒、褚老大、纯爱、百艺鸟、圣地欧、千圣禧和飞虎等本地品牌纷纷脱颖而出，它们成为中国驰名商标。

另一方面，皮尔·卡丹、阿玛尼、鳄鱼、鄂尔多斯、恒源祥、鹿王等国内外知名品牌纷纷落户濮院市场或设立生产基地，毛衫产品档次进一步提升。目前，濮院拥有中国驰名商标8家，省级著名商标、省级名牌5家，初步形成了

---

① 徐曼丽，徐燕."毛衫航母"的红色引擎[J].非公有制企业党建，2022（04）：18-20.

一个良性生态圈：品牌市场建设带动品牌产品销售，品牌产品销售促进品牌市场提升。这是推动市场品牌化发展的关键。

2. 品牌经济发展的困境

包括濮院羊毛产业在内，首先，长期以来，产业集群发展的含义，是国民生产总值的数量增长和产业结构的高度化。比如，人们较多强调产值的高速增长，较少认识产品创新和质量管理的重要性，较少注意区域内经济和社会的协调和持续发展。人们对一些数据和指标背后的深层原因把握并不够，较少进一步分析数据背后的一些深层变化。比如，在调研中，濮院镇经发中心对产业与市场的数据指标收集，更多的在于住宿率等客商群体的一般性数据，而对这些数据的背后群体的变化，以及群体的深入对话，缺乏进一步的沟通与分析。

其次，濮院的发展，从一开始就是市场主导，中小企业，乃至家庭为主体的小作坊占据主要位置，濮院的企业集群也被称为"一片茂密的小树林"，这与一般的、传统的大规模标准化生产不同，难以用"自上而下"的发展增长极和地域生产综合体等理论的框架来理解。这样的发展态势造成了企业各自为战的分散格局和大量重复建设，这是市场化的另一种弊端。在一些区域内部，企业恶性竞争、产业内部分工不明，未能有效地激发企业的创新和学习能力。

比如，在濮院发展的初期，我们就可以看到很多本土的企业和个体，开始投身到一个更为稳定的商业运营中，他们将厂房、铺面等出租给来自全国各地的客商，从一个毛衫产业的经营者，转变成为一个"包租公"，主动选择规避商场上可能的风险，以收取稳定的房租收益为目标。从理论上来说，对中小企业来说，它们特别需要政府进行协调，使它们发挥集体效率。再如，一些企业会将品牌作为一门"短期生意"。相较于品牌从0到1打造的巨大投入和风险而言，一些对品牌价值认可的企业，会选择"买品牌""租品牌"的方式来展开品牌经营，这样就能在投入产出比方面获得更多的、更稳定的收益。从本质上来说，这种对品牌的经营，依然是一种卖货的思维，只不过品牌作为一种付费的信任背书而存在，对濮院产业发展而言，并没有长期的积累。

最后，品牌经济的作用机制是一种长期效应。但在实际施政过程中，政府存在"性急"的心态，缺乏长远的眼光和必要的耐心。因此，短期行为和政府多变的状况依然存在，对产业集群的品牌经济发展认识存在不足，品牌不仅是一个日常生活词汇，它还是一个复杂的战略管理的学术概念。政府在运作过程中，未能把培养企业家能力和创新精神、提升劳动力素质、繁衍新企业和增加科教投入等摆到应有的位置。

三、基于生产优势的逐步外延的制造商品牌经济

濮院近年来的战略中心是打造时尚产业，包括时尚周、时尚展销、时尚学院等一套"时尚"组合拳，同时，基于濮院古镇和运河文旅等周边区块，也在谋划打造相应的时尚区块，对现有的市场园区也在进行有机更新。

打造时尚产业的一系列努力，濮院需要回到濮院现实维度的优势上加以思考，形成具体的品牌经济的突破路径。我们在调研中发现，进行品牌打造的企业，它们无一例外都对时尚设计有巨大的投入，如何找到最优、最匹配的设计师？如何做出最具爆款可能的设计版型？如何保护设计版型，避免被抄袭模仿？除了生产维度价值链的快速反应优势外，越来越多的有志于打造品牌的企业家，还将视角延伸到时尚设计维度上。

具体而言，时尚设计也是一个有着多重主体的漫长链条。对全球顶级时尚设计师而言，他们身处时尚消费最成熟的前沿市场，从历史文化深处，选择符号和象征，进行艺术化的创造设计，参与引领一年又一年的时尚流行趋势。对濮院镇而言，虽然距离上海和杭州很近，但毕竟受限于消费市场、文化底蕴、设计师资源等因素，它难以在这时尚设计的前沿有所突破。

在上述的顶级时尚设计师之外，它还有更为庞大的设计师队伍，假如从一个金字塔结构来看，顶级设计师处在金字塔顶端，他们通过服装高级定制，为身处体育、文化、娱乐、时尚等一线的明星、名媛等成功人士提供时尚设计产品，继而这种流行设计会不断地扩展到社会的整体范畴中。越来越多的基础设计师、普通设计师加入其中，为快时尚产品、大众平价服饰设计产品。

所以，对濮院而言，在生产供应链的快速反应优势之外，它需要寻找最接近的设计产品和服务，基于生产优势逐步外延到更深的时尚设计领域。例如，在调研中，我们发现有很多设计师已经在濮院开展了品牌的探索。

在这样的品牌探索中，他们充分利用到了三个维度的优势。第一，也是最重要的一点，是品质，濮院有着无与伦比的规模优势，高质平价在濮院最有可能实现；第二，是供应链的能力，流行时尚是有着快速变化的生命周期的，在服装行业，一周，甚至一天，都有可能带来销售维度的巨大影响，濮院数十年来的积累，可以在时间、规模方面有稳定可靠的支撑；第三，是设计能力，你到底要做一个什么样的设计，对接近于生产端的快时尚和大众流行时尚产品而言，设计更多的是对最顶尖设计元素和流行符号的排列组合，濮院本身的劣势，也降到了最低。

在调研中，我们还发现一类品牌，从传统的 OEM 的代工生产，开始转向

OBM 的代加工厂自有品牌。以往濮院的很多企业，其价值创造就在于提供生产链的某一环节的产品，哪怕在成衣制造方面，也只是为大的消费品牌提供生产的代加工。但是，在调研中我们发现，有一些企业在努力地提供更广阔的价值服务，其生产组织方式已经接近于 OBM 的运作模式。大的消费品牌提出需求，这些企业提供高质量的设计服务，在这些设计方案通过之后，进而组织生产，交付最终的成品。这种品牌经济的发展模式，也非常适合濮院现有的优势。濮院可以打造一些成功的 OBM 企业，它们在行业内部有口碑效应，对接各大消费品牌来此进行下单采购。

归根到底，基于生产优势逐步外延的品牌经济模式，建立在濮院既有的完整产业链优势的基础上，其面对的对象，是有着商业理想的设计师群体，是有着品牌梦想的生产企业家群体。品牌经济的发展建立在为他们赋能的基础上。这一类群体，将时尚设计这一重要的生产要素不断地落地在濮院的产业集群中，逐渐开始品牌经济的探索。同时，品牌经济反过来也会促进专业市场，以及生产制造方面的规模扩展。

四、线上场景的人、货、场的新消费品牌经济

作为生产制造与市场交易为主的濮院，当下遇到的另一个巨大挑战，或者说机会，就是新的渠道体系的变革。在过往的发展中，濮院专注于互联网渠道上的转型发展。截至 2021 年，濮院羊毛衫市场成交额突破 1180 亿元，其中线上成交额 590 亿元。线上占据的比例接近 50%。濮院在政府、企业和第三方协会组织等的推动下，传统市场向新业态、新模式的转型已有一定规模。

在直播电商兴起之后，濮院也在第一时间跟进了这一新变革，尤其是在新冠疫情之后，线下的客流量受到巨大冲击。在我们调研中发现，濮院轻纺城作为新建的大型交易市场，其定位转向了直播电商和达人带货，建立了专门的抖音直播基地，学习者基本上是濮院本地的市场集合店的商家们。这也体现了濮院一直以来的基因，对新事物的接纳与包容能力，同时我们可以看到，企业组织主动承担了产业集群的服务商角色，部分承担了政府的产业转型角色。

此外，在濮院的各类协会，包括浙江羊毛衫协会等，第三方组织也积极地参与互联网新赛道的思考，成立了桐乡市时尚产业直播电商党建联盟，其中涉电商的企业和商户超过 1 万家，参与率达到 90% 以上，同时，濮院也开办了各类讲堂、培训、资源对接会等，有 57 家毛衫企业经过孵化在亚马逊上线开店。

对品牌经济发展而言，这也是可能的广阔路径之一。各个互联网电商新赛道也在朝着品牌化转型，互联网的"世界是平的"属性，将人与人重新连接，形成多元化的集聚"部落"。比如,淘宝与天猫领域,有"淘品牌",在抖音领域,有"抖品牌",在快手领域,有"快品牌",基于不同的新赛道,有不同的品牌建构方法,也有相应的差异化人群区分。

濮院的优势在于生产制造端的完整供应链的及时响应能力,以及线下批发零售交易渠道的数十年客商流量的积累,而上述提到的新赛道、新渠道领域的品牌建构,也离不开濮院的这两大优势。我们在调研中也发展了一些新的可能,比如,"毛衣姐姐"在抖音已经有百余万的粉丝,立足濮院,在产品品质、价格、款式等方面有着独特的优势,平均每场直播销售额也达到40万元~50万元。再如,在淘宝的"十月毛衣"品牌,主打淑女与知性风格,在多年的经营中也取得了不错的成绩,虽然距离成为一个成熟品牌还有很多路要走,但这些企业的新举措,为濮院产业集群的品牌经济发展提供了很多可能。

总而言之,线上销售渠道的发展还远未停止,尤其对服饰这样的传统产业而言,线上场景提供了人、货、场的重构可能。如果说一代人有一代人的品牌,那么今天的年轻人伴随互联网的发展而成长,他们更愿意选择自己的品牌,甚至在更广泛的年龄群体中,也涌现了更多新的消费品牌。这一趋势方兴未艾,以"老消费"为主的濮院,可以将自身已有的优势,延伸到线上的"美丽新世界"中。

五、区域品牌的产权归属与整合营销传播

在国内诸多产业集群的发展模式中,有一个常见的现象就是政府对区域公共品牌的重视。从理论角度来看,政府主导,明星企业参与,产业相关伙伴协同,通过塑造区域品牌,为区域内从事这一产业的企业进行专业化管理,聚合力量共同开拓市场。

从学理上说,区域品牌所有权归政府或者行业协会拥有,政府授权相应的组织或单位进行品牌运营管理,进行品牌传播,提升品牌价值,由品牌运营单位向区域内的企业、生产者授权,符合产品标准的主体可以使用区域品牌,同时缴纳相应的费用,用于区域品牌的维护和传播,而品牌价值提升带来的利益,最终归当地生产者和企业。

"濮院毛衫"区域品牌的打造与运营是一个多元主体共同参与的复杂过程。从调研来看,"濮院毛衫"区域品牌更多存在于政府话语之间,在市场走访、企业调研中,几乎没有提及"濮院毛衫"的区域品牌应用。相较于品牌而言,区域品牌最大的优势在于其无可替代的区域整合力和区域联动力,但无论中外,区域品牌的知识产权保护,以及产权归属应用都非常具有挑战性。

从整合营销传播的角度来看，濮院其实已经具备了足够多的内部媒介资源，数十年积累的20个大型毛衫与服装交易区，每年吸引来自全国各地的数十万客商，在毛衫产业集群中有2万余户的企业与商家，他们也通过各种方式在与市场进行交流互动。在之前提到的互联网新赛道中，1万多家企业已经开始了直播带货，它们都是可能的区域公共品牌的传播资源。对区域品牌的进一步打造，尤其是如何转化为现实层面多元主体，尤其是广泛的中小微企业的价值认同，这是濮院发展品牌经济的又一个关键命题。

六、企业家机制与机会（种子）的培育：政府的角色与价值再思考

在品牌经济高质量发展的战略命题时，政府如何重新定义其角色，才能释放最大的价值呢？对濮院而言，它最重要的群体有两个：一是内部的企业家群体，二是来自全国各地的客商群体。政府如何更好地赋能企业家群体，如何赋能来自全国各地的客商群体，这是所有政府思考的起点，也是评估政策效用的落脚点。

中山大学李新春教授在对产业集群做了深入的现场考察后，指出产业集群转型升级中企业家机制的重要作用。这是一个复杂的学习、创新过程以及与地方政府、中介组织一起发挥作用的联合企业家行为。这一过程可以分为三个阶段：第一阶段包括地方政府法团主义的企业家，以及作为角色样板的国内外企业家；第二阶段包括作为创造性效仿者的少数的领先企业家；第三阶段，大量游击队企业家进入配套服务和市场建设中，从而形成了更大规模的产业聚集。[①]

对政府而言，在产业集群建设中，它的角色不能错位，尤其是在生产和市场走向附加值更高的品牌经济这一过程。产业集群不是计划出来的，但也并不是说政府在产业集群中无所作为，政府需要做的应该是培育机会（种子）因素自我增强的土壤和环境，包括经济、文化、技术、制度等方面的基础，使机会（种子）能更轻易、更多地出现。

品牌经济可以说是"创新"的结构，而创新是建立在知识的弥漫、学科的交叉和产业融合的基础之上的。按照熊彼特（Joseph Alois Schumpeter）的观点和分析，生产技术的革新和生产方法的变革在经济发展中有着至高无上的作用。作为市场经济"灵魂"的企业家，他们智能所在就是实现创新。企业家精神的灵魂是创新，培育企业家精神是创新的关键所在。熊彼特所认为的企业家精神涵盖四个方面：建立私人王国、对胜利的渴望、创造的喜悦以及坚强的意志。

---

① 李新春．企业战略网络的生成发展与市场转型［J］．经济研究，1998（04）：71-79.

概括而言，如果从创新的角度来理解品牌，品牌经济酝酿的一个基本条件在于创新。创新是一种社会过程，政府需要营造有利于知识流通和产业技术创新的制度环境，同时，创新的主体是企业家，政府需要培育少数领先的企业家，"在例行事务的边界以外，每行一步都有困难，都包含一个新的要素。正是这个要素，构成领导这一现象。"企业家只有实现创新，推动经济结构从内部进行革命性的破坏，才有经济发展。

参考文献：

1. 王缉慈. 超越集群：中国产业集群的理论探索［M］. 北京：科学出版社，2010.

2. 赵广华，任登魁. 产业集群品牌提升的机理与路径［M］. 北京：科学出版社，2009.

3. 范定希. B2B品牌战略［M］. 上海：上海交通大学出版社，2018.

4. 林德荣. 中国千亿大镇［M］. 广州：广东人民出版社，2010.

5. 舒腾杰，刘佳佳. 互联网市场营销实战手记［M］. 北京：北京大学出版社，2019.

6. 卢泰宏. 品牌思想简史［M］. 北京：机械工业出版社，2020.

新消费语境下中国广告叙事策略偏好[*]

杨琳[①]

摘要：在当下的品牌竞争环境和新消费语境下，广告的故事力在吸引、满足消费者的精神需求对传播效果转化中有重要影响。本研究以叙事研究、文化研究的角度，立足中西广告的叙事策略差异，结合中国人独特的文化心理特征，提炼出中国广告叙事策略的偏好特征。首先，中国叙事广告经历了从仰视化的视角到平视化叙事视角的转变，把消费者还原为生活者。其次，中国人在时间叙事上偏好长时间段、循环时间的叙事表达。再次，中国广告在叙事情境上注重人和人之间和谐关系的情感表达，激发情感共鸣。最后，不同地区具有个性化地域文化也成为广告创意点，日益受到关注。

关键词：广告叙事策略；叙事视角；时间观；共感情境；地域性

在当下激烈的品牌竞争环境和以 Z 世代消费者为主体的新消费语境中，一个"好的故事"是否成为广告效果的重要因素。"好故事"要想体现中国味道、中国精神，符合中国消费者的文化心态和精神需求，要具有一定的叙事策略偏好。

叙事策略，狭义上来讲可简单理解为"讲故事的方式"，属于叙事研究的范畴。叙事研究源自法国 20 世纪 60 年代，当时叙事学家将文学领域作为叙事研究的主要体裁。后经法国符号学家罗兰·巴特（Roland Barthes）、美国学者普林斯（Prince）、荷兰学者米克·巴尔（Mieke Bal）等学者对这一问题的持续深入探讨，学界极大拓宽了叙事研究的领域。当下，叙事研究的范畴拓展到了电影、

---

[*] 本文受西安外国语大学教改基金资助（项目号：20BYK15）。

[①] 杨琳，女，1984 年 7 月出生，博士学位，西安外国语大学新闻与传播学院讲师，研究方向为品牌传播、广告文化。她在核心期刊发表文章数篇，主持陕西省哲学社会科学重点智库研究项目《黄河文化融入陕西品牌传播的实践创新研究》，参与其他省部级项目 3 项。

电视、音乐、舞蹈等几乎各种各样的领域，广告也在其中。

广告传播的功能不止于品牌的盈利目标，也间接起到文化输出的重要作用。党的十八大以来，习近平总书记立足于中国道路的史诗般崛起，指出"要提高国家文化软实力，就必须使当代中国价值观念走向世界"，并提出"讲好中国故事"的创新理念。如何在广告中讲好中国故事，我们就有必要探寻中国消费者对广告叙事策略的偏好。

虽然从形式和技术效果来看，中国广告和西方广告似乎没有本质差异，但是从叙事策略的角度来看，中国广告还是表现出独特的文化特征。这是传统文化的沉淀，以及不同价值观交融之后出现的一种演化和变迁。

一、平视的叙事视角

广告叙事视角是指广告在展开叙述过程中的角度。叙事角度分为三种：外视角、内视角、全知视角。在商业广告中，这三种视角的使用根据不同的场景均有所体现。从出现的频率来讲，中国广告使用全知视角最多。这和中国古典叙事方法是一脉相承的，也是中国人习惯接受的一种叙事视角。这是因为中国古代普遍的口头艺术形式是评书话本，所有的评书都是通过全知视角为观众进行讲述的。

同样是全知视角，互联网广告和传统广告还是发生了新的变化。从叙事视角的高度来看，传统广告在叙事上常常有意营造一种高于现实生活的生活场景，可以说有一种受众对广告中的场景是一种仰视的角度。这样做的目的在于让受众在观看时对广告中营造的生活场景有一种向往和渴望。广告创意者将产品融入这样的叙事场景之中，使受众对这个产品带来的一种优于目前的生活状态产生想要实现的愿望，以这样的价值导向来引导消费者的购买欲望。

在近年来的叙事广告中，叙事视角的高度是有所降低的，广告创意者深刻洞察了消费者的内心需求和生活中的困境，姿态从"引领"转化为"陪伴"。这也是将消费者真正看待为"生活者"的转变呈现。例如，京东的广告《你不必"成功"》，从题目到文案，叙事主体通过旁白的方式在画面展现的各种年轻人面对的压力的困境中，阐释核心观点：你不必处处要求成功，因为每个平凡的人都是如此。这和以往的单一向高、向上进行价值追求的视角不一样，它发生了变化。近年来，关注到个体命运和价值的广告文案越来越多，获得很高的关注度。

再如，定位为"青春小酒"的低度白酒品牌江小白。品牌IP江小白从外形到人物性格的设定都契合了中国年轻人的形象。他不是一个成功人士，而是一个和所有年轻人一样,有许多小烦恼和小欢乐的人。这样的叙事人物的设定和产品传达出的风格很好地契合了中国年轻人的需求,该品牌广告用娱乐方式和流行语言共同将中国传统的酒文化进行了改写。

二、循环的时间叙事

广告中的叙事作为一个独立、完整的叙事过程,遵循一定的对时间的表达方式。叙事是一个发展的动态过程,"从而必须以时间序列(succession time)或时间先后顺序为其先决条件。"① 如何表达时间是和文化有着重要关系的。"文化是依赖象征体系和个人的记忆而维持着的社会共同经验。这样说来,每个人的'当前',不但包括他个人'过去'的投影,而是整个民族'过去'的投影。历史对于个人并不是点缀的饰物,而是实用的、不可或缺的生活基础。"②

在西方的叙事结构中,时间通常是线性的,从人物当下所处状态的源头出发,发展路线的总体趋势是往未来单向延伸的,这一观点爱德华·霍尔(Edward Twitchell Hall Jr.)在《无声的语言》中针对时间要素的认知进行了深入论述。这种线性的时间强调的是克服过程中遇到的困境,从而达到未来更好的状态,是一种单向递进向前的状态,所以经常表现主人公通过一定的努力而最终取得了成功,随时间的线性发展,情节和人物也向前发展。

在中国传统文化里面,关于时间的概念倾向是圆形的、循环的时间观念。从历史角度来看,中国作为一个典型的内陆农业国家,形成了相对完整的乡土社会。由于居住地域的稳定性,人们对时间的变化是不敏感的。社会学者费孝通也反复强调了这种稳定的民族历史对中国人性格和思维方式的影响,一代一代循环的稳定性会给人带来很强的心理满足感。

这一时间观可追溯至战国时期思想家列子的经典寓言《愚公移山》,故事的结局也是"子子孙孙无穷尽"。中国的传统价值观倾向在时间的循环中寻找个体的价值和对生命意义的追寻,这也是审美价值所在。

因此,无论是电视广告还是互联网广告,中国广告在经常使用这种循环的时间观增强叙事效果。例如,在20世纪90年代的一个家喻户晓的南方黑芝麻糊电视叙事广告,它就是一个典型案例。叙事主体就是画外音的"我",以黑芝麻糊为连接点,广告前半段是小时候生活场景的还原,后半段是主人公已经成

---

① 米克·巴尔. 叙述学:叙事理论导论[M]. 3版. 谭军强,译. 北京:北京师范大学出版社,2015:202.
② 费孝通. 乡土中国[M]. 北京:中华书局,2013:19.

年之后对小时候的怀念，带动了远离家乡和童年的人对家的怀念。这两段叙事从客观角度来看，时间流逝了几十年，但是其中的稳定性是一直存在的，没有被破坏。该广告通过一种代表记忆的食物相连接的循环的时间和感受，展现了中国人对亲情的依赖。

这种差异特征我们可以通过百事可乐多年来的视频广告直观地体现出来。百事可乐在西方市场投放的广告在叙事场景设定上或为古罗马角斗场，通过角斗选出胜利者，或是一个歌舞比赛的舞台，选手通过不懈的努力最终梦想成真，在比赛中脱颖而出。这些故事的叙事往往将立足点设置为成功的一刹那，将个人此前的所有努力的成果凝缩在取得成功的这一刻，使这一刻成为叙事高潮，这是线性的时间中一个定格一样的体现。

百事在中国的广告叙事策略则完全不同。例如，2015年12月29日，百事中国发布了完整的6分钟视频，讲述了一段"猴王是如何炼成"的故事。这个广告在微信朋友圈发生了裂变式传播，几天之内成为朋友圈出现频率最高的热帖。广告以56岁的演员六小龄童（章金莱）的家族故事为中心，演绎了一段章家四代人的"猴王"传奇。这个家族故事一方面唤起了中国观众对1986版电视剧《西游记》的共同情感记忆，另一方面这种传承性契合了中国人对循环时间观的偏爱。

三、情感化的叙事情境

广告中的叙事同小说一样，是创作者表达的一个虚构的故事。尤瓦尔·赫拉利（Yuval Noah Harari）在《人类简史》中指出："'虚构'这件事的重点不只是在于让人类能够拥有想象，更重要的是可以'一起'想象。"① "要说出有效的故事，其实并不容易。难点不在于讲故事，而在于要让人相信。"② 这也是广告最重要的作用。

在消费意义层面，广告中的叙事策略的作用就在于创造产品的意义，即通过叙事赋予产品意义，而后引起受众的情感共鸣。Boller 认为，所谓叙事广告所产生的情感共鸣，是受众通过想象，将自身投射在广告中体验人物感受。叙事中的要素能够引起受众的情感共鸣，西方和中国表现出很大的差异。

西方广告总体来看强调个人奋斗的价值或者是发扬个性的价值，而中国广告通常通过建立一种受众熟悉的故事背景和氛围来构建和受众的情感共鸣情境。

---

① 尤瓦尔·赫拉利. 人类简史 [M]. 林俊宏，译. 北京：中信出版社，2018：23.
② 尤瓦尔·赫拉利. 人类简史 [M]. 林俊宏，译. 北京：中信出版社，2018：30.

人们仍然希望通过熟悉的感受来增进对一个不熟悉的东西的了解。这是因为在中国的传统社会中，"人们是在熟人里长大的，在社会学里面称为 face to face group（面对面社群）。"① 日本设计师黑川雅之也提出，在稳定的社会群落结构中，"人与人的关系优先于人和组织的关系"②。这样的社会传统，传递的信息是直接的、体验的。这种体验是中国人觉得亲切的，接受度较高。

例如，以刚刚工作的年轻人为受众对象的二手车 App "淘车"的广告就紧紧把握了中国 Z 世代年轻人的心理状态，广告创意者将广告叙事主体设定为和受众同样的社会地位的年轻人，主体面临的经济困境也刻画得非常形象，用自我调侃的语气说出广告词。这让广告观看者产生了强烈的共鸣，也让这个 App 在短时间内得到了很高的关注度。

中国和西方广告叙事中的情感共鸣方式的差异，我们可以通过针对 Apple 在中国和美国发布的几个典型网络视频广告体现出来。在官方网站上发布的 Apple HomePod 的广告中，叙事主人公是一个在舞蹈比赛中落败的少女，独自回到家中，在失意沮丧，用 Apple 手机听音乐的时候，发现了日常生活之中的闪光之处。整个广告的叙事核心是对自我价值的追求，强调的仍然是个人价值的实现。

Apple 在中国投放的广告体现了我们鲜明的情感偏好，在叙事性上把握中国人的心理特征。2018 年，春节发布的广告片《三分钟》是由导演陈可辛拍摄的。剧情立足中国人春节发生的一个普遍的事件：回家。作为火车站乘务员的妈妈因为春节仍然要工作而不能回家，通过在站台短暂的三分钟停车时间，孩子和妈妈短暂见面。追着这支广告的良好传播效果，2019 年，Apple 又由联合电影导演贾樟柯拍摄贺岁广告片《一个桶》。剧情立足春节的另一个普遍事件：返城。通过妈妈给过完春节的儿子在返城时候准备的"一个桶"（内装有家里的土鸡蛋）展现了中国母亲对在外工作的孩子关爱和惦念的朴素情感表达方式。

这一系列的广告主题都是突出典型事件背后的普遍情感，突出了春节"团圆"对每个中国家庭的重要性，激发了受众普遍的情感共鸣。同时，他们利用微博话题，发动网友发布相关对纯洁归家和返程的主题图文，共同造势，达到了良好的传播效果。

在研究东西方文化差异的著作《思维的版图》一书中，作者通过一系列实验得出了这样的结论：东方人比西方人更注重背景，注重主体和背景融合在一

---

① 费孝通. 乡土中国 [M]. 北京：中华书局, 2013：12.
② 黑川雅之. 设计修辞法 [M]. 张钰, 译. 石家庄：河北美术出版社, 2014：125.

起的整个氛围，而西方人更注重单独个体的感知和变化。

这个观点在广告叙事上也体现得较为明显。西方注重的是个体，其他的叙事背景完全是为了烘托主体而存在的，在广告的叙事中，表现的侧重点是叙事主体的个人体验。东方的文化则不是这样，在东方文化中，主体和背景是融为一个整体的。这种整体性在叙事广告中营造了一种氛围，是这种氛围引起了受众的情感共鸣。

因此，在广告叙事的情感共鸣方面，西方广告侧重的是故事的情节和主人公的个人拼搏的历程，常常通过叙事主体的特征引起受众的关注。这种关注的重点是激发受众在感情认知上的情感共鸣。中国叙事广告则侧重情感表达，常通过塑造大家都曾经历的真实体验情境引起受众的情感共鸣。

四、彰显个性的地域叙事

中国各地区虽然从文化源流上一脉相承，但从地域分布上来看，各地区的文化传统、风俗习惯、生活方式等方面都有较大的差异。"中华文化"，实质上是一种以旧式农业文化为主体，包含一定的游牧文化和海洋文化的混合体。费孝通指出，区域文化和传统文化是"多元一体"的关系。

尽管网络普及和大众文化的全球化程度较高，中国地域文化的差异仍旧普遍存在中国人生活的方方面面。具有不同城市文化背景的市民在思维、行为、观念、价值取向等方面也必然存在各种差异，这些构成不同的文化模式。

互联网近几年来经常就各地区的区域特色问题引起激烈讨论，这成为盛极一时的网络热点话题，获得极高的讨论度。例如，针对汤圆应该是甜味的还是咸味的，南方和北方的网友进行过激烈的争论。这种看似玩笑的讨论让品牌在其中看到了可以利用的机会，针对这些热门的话题，针对不同地区的区域特色设定了独具地方特色的广告，可谓定制版广告。其中区域分化的标准有些是根据典型城市的特色，例如，上海、北京、广州的城市特色差异，有些是根据中国人普遍对南方和北方生活习惯的差异，有些是根据有大致相同的生活习惯的区域特色差异，例如，东北、西北、西南等。

广告策划者注意到了方言这个具有特色的角度。2017年，耐克在中国的广告是和当时的综艺节目《中国有嘻哈》中的几位人气较高的选手合作，以篮球场为叙事背景，通过五个地区的方言与rap说唱形式的结合，唱出了中国各地区年轻人的特征。

通过目前的典型案例，我们可以看出，尽管中国的地域特色非常鲜明，但是目前效果较好的案例基本上都是通过"方言"的角度来呈现的，其他角度的叙事方式还尚待挖掘。

五、结论

面对现代商品功能平均化、全球化的趋势，以及中国人独特的文化心理特征，本文通过大量的典型案例分析，通过中国广告过去和现在的纵向对比，以及同样品牌的广告在西方和中国的横向对比进行阐释，提取了在叙事视角、叙事时间观、叙事共感特征，以及地域文化的关注四方面的叙事策略特征。针对在广告中如何讲好中国故事这一方向，本文切实助推中国品牌的本土传播和出海，进一步探索其中的叙事策略特征，这具有重要意义，这也是笔者今后要持续深入研究探讨的问题。

参考文献

［1］费孝通．乡土中国［M］．北京：中华书局，2013．

［2］米克·巴尔．叙述学：叙事理论导论［M］．3版．谭军强，译．北京：北京师范大学出版社，2015．

［3］理查德·尼斯贝特．思维的版图［M］．李秀霞，译．北京：中信出版社，2017．

［4］爱德华·霍尔．无声的语言［M］．何道宽，译．北京：北京大学出版社，2010．

［5］黑川雅之．设计修辞法［M］．张钰，译．石家庄：河北美术出版社，2014．

［6］尤瓦尔·赫拉利．人类简史［M］．林俊宏，译．北京：中信出版社，2018．

［7］张洋．叙事广告的情感共鸣效果研究［J］．新闻界，2014（19）．

［8］施锜．"互文性"理论与设计叙事［J］．包装工程，2014，35（2）．

［9］GREEN M C, BROCK T C, KAUFMAN G F. Understanding Media Enjoyment: The Role of Transportation into Narrative Worlds［J］. Communication Theory, 2004, 14（4）．

走出十字路口：中国品牌发展的基本格局与战略方向[*]

张驰[①]

摘要：对中国品牌多维度的考察表明，新中国成立以来尤其是改革开放以来，中国品牌的发展取得了巨大的成绩，成为世界品牌格局中的重要力量，世界大格局的"东升西降"同样表现在品牌发展上。面对百年变局，中国品牌走到了抉择的十字路口。为此，中国品牌需要在政经巨变的新格局中重新思考品牌的角色定位与价值引导，需要正本清源，摆脱品牌传播的战略摇摆和战术迷思，需要在后新冠疫情时代抓住科技革命的机遇，重塑增长的动力。在品牌转型的过程中兼顾国家战略与市场需要，中国品牌立足二者的聚合点寻找调整方向。在更为复杂多变的环境中，品牌需摒弃单一利益指向的发展理念，而是要寻求生态式的可持续品牌发展道路，打造品牌与多元社会主体间的"命运共同体"。

关键词：中国品牌；价值观；国家意志；品牌传播；共同体

一、问题的提出

新中国成立以来，尤其是改革开放以来，中国品牌实现了突飞猛进式的发展，走出了一条具有中国特点的品牌发展道路，在世界品牌阵营中具有越来越重的分量。与改革开放之前品牌发展的沉寂消亡相比，中国当下拥有一批极具活力的大型品牌。与改革开放之初品牌萌芽弱小之态相比，中国品牌现今的资产价值总额已经位居世界前列，取得了历史性的突破。[②]

---

[*] 本文系国家社会科学青年基金项目（项目号：23CXW028）。
[①] 张驰，中国传媒大学广告学院讲师。
[②] 这一点可以从凯度 BrandZ、Brand Finance 和《财富》杂志等发布的企业和品牌的 500 强榜单中可以看出。

然而面对百年之变局，中国品牌再次走到了一个巨大转折的十字路口。2008年金融危机后，中国的稳步崛起成为世界格局演变的最大趋势。2018年以来，中美之间的博弈，对抗的广度、深度和烈度加剧，进入了中美建交以来最为困难的时刻。"和平与发展"仍是时代主题，但"战争与和平"问题正日益凸显。中美博弈、新冠疫情以及持续加速的科技革命和产业变革共同塑造了中国品牌发展所面临的大变局背景。基于此，中央提出构建双循环新发展格局，以此作为未来较长一段时间中国经济的主要着力点。"十四五"规划和2035年远景目标纲要描摹了未来中国经济发展的基本路线图，其中对建设品牌强国做出了专门部署，特别指出要"开展中国品牌创建行动"。打造"卓著品牌"也是建设世界一流企业的内在要求。[①] 党的二十大报告指出实现高质量发展是中国式现代化的本质要求，国家的高质量发展必然离不开品牌高质量发展的支撑。大变局下，中国品牌发展的现状和格局呈现何种特点？面临哪些关键问题？未来应当如何适应市场消费环境的巨大变化并满足国家对于品牌高质量发展的希冀？本文希望通过对这些问题的扼要梳理，在原创性思考的基础上为中国品牌的未来发展提供参考。

二、多维透视下的中国品牌发展：现状与格局

中国品牌的构成多元而复杂，从何种角度切入并阐释中国品牌的发展现状是一个难题。本文试图从空间、时间以及企业制度三个维度入手剖析当下中国品牌发展的现状与格局。

（一）空间：国内国际共同发展，虚拟与现实相互交织

任何品牌都离不开特定的空间范围，这个空间可以是国内和国际的，也可以是物理的和虚拟的。以此为逻辑起点，我们可以将中国品牌发展的空间维度划分为三个具体方面。

第一，从国内市场空间的竞争上而言，中国（本土）品牌和跨国（外资）品牌间实力的此消彼长是一个重要的观察点。改革开放后，尤其是1992年宣告建立社会主义市场经济的改革方向后，外资品牌大规模涌入中国市场。彼时，中国本土品牌较为弱小，但也依靠边缘市场的突破、价格优势和大规模的广告战，辅以更加贴近中国市场特点的渠道分销策略在不占优的情况下赢得了生存发展的空间。21世纪以来，伴随中国经济高速增长的红利，外资品牌和本土品

[①] 习近平在2022年2月28日下午主持召开中央全面深化改革委员会第二十四次会议上指出，要"加快建设一批产品卓越、品牌卓著、创新领先、治理现代的世界一流企业"。

牌获得了较大的发展，但总体上中国品牌依旧不占优势。进入2010年后，经济逐步从高增长转为"新常态"，中外品牌竞争态势在新一代消费者崛起和文化自信逐步提升的背景下发生改变，消费者品牌消费偏好呈现去洋化的趋势，尤其是以Z世代为代表的新生代消费者更加倾向本土品牌。2023年，79.9%的消费者增加了中国品牌的消费，高于2020年的73.3%，各个年龄段的消费者对中国品牌的消费均有大幅度增加，与2020年相比，"90后"和"Z世代"对中国品牌消费的增加更为突出。①

有学者指出，中国社会进入了"本土时代"②，品牌消费的本土化正是中国社会进入本土时代的一种体现。在竞争激烈的快速消费品市场中，本土品牌在2010年以来的增速仅有一年低于外资品牌。2020年新冠疫情之下，外资品牌的销售额缩水3.1%，本土品牌仅下跌0.5%。③ 显示，2015—2020年，本土品牌在中国多个消费品类中份额上升，在家庭消费品和电子产品方面，市场份额超过50%。2021—2023年，中国本土品牌依旧占上风。④ 在品质方面，49%的中国消费者认为本土品牌相较国外品牌"品质更好"，只有23%的中国消费者则持相反意见，中国本土品牌正在新能源汽车、家电、消费类电子等多个类别占领先优势。⑤ 在不少领域，中国品牌突破了外资品牌的绝对垄断地位。中国品牌第一次拥有了撼动和重构由西方品牌主导的世界品牌格局的可能性。这种重构将首先发生在中国本土市场上，同时延伸至国际市场。据日本经济新闻社实施的2022年"主要商品与服务份额调查"显示，在63个品类中，中国企业有16个品类排在首位（美国是22个），较2009年的12个显著增加，在电动汽车、电池材料、液晶面板等18个品类中的市场份额均有不同程度的上升。⑥

第二，从中国品牌本身发展的地理空间范围而言，经历了一个从国内到国际的巨大转变，中国品牌的国际化从无到有，涌现了一批如华为、海尔、中国中车等具有国际声誉的全球化品牌。总的来看，中国品牌正在得到全球认可。

---

① 知萌咨询.2023中国品牌消费趋势洞察报告［R/OL］.澎湃新闻，2023-05-19.
② 何帆.变量：本土时代的生存策略［M］.郑州：大象出版社，2021.
③ 参见2015—2023年贝恩咨询与凯度消费者指数联合发布的《中国购物者报告》，该报告追踪了中国市场上绝大部分消费品品类市场销售数据，共涵盖26个主要消费品品类。
④ 麦肯锡.未来十年塑造中国消费增长的五大趋势［R/OL］.麦肯锡大中华区官网，2021-03-24.
⑤ 麦肯锡.2023中国消费者报告：韧性时代［R/OL］.麦肯锡大中华区官网，2022-10-10.
⑥ 宋毅.日媒：中企在18个品类市场份额全球占比上升，电动汽车领域最明显［EB/OL］.中国网，2023-09-05.

2018—2021年，前50名的中国全球化品牌在7个发达国家的品牌认知和购买意愿分别上升4.9和1.4个百分点。2022年，前200名中国全球化品牌在以发达国家为主的11个市场的认知度和考虑度分别上升12.1%和14.6%。中国品牌100强有47个上榜品牌在国际上崭露头角（即中国以外的消费者熟悉它们），数量创下历史新高。总体来看，海外业务为中国品牌100强贡献了8.8%的品牌价值，这同样刷新了纪录。2023年，在研究涉及的243个中国品牌中，90%以上的品牌，至少70%的消费者表示愿意考虑它们。① 但从整体来看，与国际一流品牌相比，中国品牌的国际化水平依旧有待提高。在Interbrand2022年世界品牌百强榜单中，中国品牌只有2个品牌（华为、小米）入选，与BrandZ2023年世界品牌百强榜单入选14个相差甚远。其中重要的原因不在于中国品牌的规模，而在于国际收入占比，该榜单入选的要求之一是国际收入占比在30%以上。2023年，中国企业500强海外收入占比为15.84%②，按照埃森哲的出海阶段划分，2023中国企业500强平均处于出海的开拓期的中段（10%—20%），尚未到达腾飞期（20%—50%）和成熟期（50%以上）③。可见，品牌全球化依然是当下中国品牌发展的最大短板之一，也是中国品牌未来突破的重要方向。

第三，中国品牌从物理空间，到虚拟空间再到虚拟与现实互相交织融合的数字化生存。从1994年至今30年的快速发展，中国互联网从一种产业逐步进化为整个社会的基础设施一般的存在，这也极大改变了中国品牌的生存方式。从传播上看，互联网逐步从从属地位到重要的主导地位，互联网广告经营额占据中国广告市场半壁江山；从关系建构上看，互联网重塑了品牌与消费者之间的关系，互动、体验和敏捷成为新的消费者关系经营重点，数字空间成为品牌与消费者价值共创以及消费者品牌沉浸（Brand engagement）的主要平台。从品牌价值交付上看，网购渠道发展迅速，中国成为世界第一的电商大国，线上线下呈现融合发展的态势。中国品牌在数字化转型，尤其是数字传播实践方面处于世界的前沿位置。2021年是元宇宙（Metaverse）元年，元宇宙被视为互联网的下一个时代，虚拟与现实的共生融合前景将为中国品牌提供新的发展机遇。AIGC被称作人工智能的iPhone时刻，给品牌的数字化发展也带来了新的现象。

---

① 参见凯度、谷歌发布的《2021中国全球化品牌50强》《2022中国全球化品牌50强》《2023中国全球化品牌50强》《2022最具价值中国品牌》。
② 高蕊. 国企更好发挥功能作用 我国产业布局持续优化——2023中国企业500强名单解读［EB/OL］. 国资报告杂志社微信公众号，2023-09-21.
③ 埃森哲. 走向全球 行稳致远——埃森哲2022中国企业国际化调研［R/OL］. 埃森哲官网，2022-06-27.

（二）时间：中国现代品牌发展中形成了三类品牌群

中国现代品牌的发展史可以以1840年中国开启近现代化为起点。近200年的中国现代品牌发展饱受挫折，直到改革开放后才迎来真正的连续性发展。根据世界主要的品牌价值榜单，经历40余年的压缩式发展，中国已经成为世界第二品牌强国。Brand Finance数据显示，2023年中国企业品牌占世界500强排行榜价值总额的17.87%，位居世界第二，而2008年仅占2.07%。2022年，中国大陆入选《财富》世界500强榜单的企业数量连续三年超过美国。中国上榜企业的营收占500家上榜企业总营收的31%，首次超过美国的30%。2023年，中国入选财富500强榜单的企业数量仍位居世界第一。① 总体上看，中国现代品牌发展形成了三个互有重叠的主要品牌群。

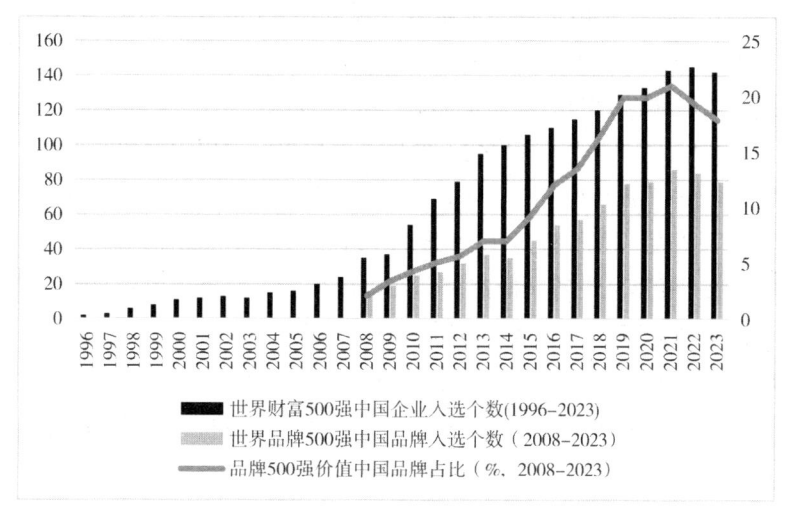

图1 中国品牌发展情况

（数据来源：《财富》杂志，Brand Finance）

一是中华老字号品牌群。中华老字号品牌代表着中国品牌源远流长，独立于西方品牌脉络之外的发展历史，具有深厚历史文化积淀，与中国文化联系紧密。商务部2006年、2011年两次共认定1128家。老字号品牌的发展之路较为曲折，由于历史原因、企业体制机制因素以及自身经营策略等的不足，品牌发展屡陷入困境。2004年，1600多家老字号企业②，其中长期亏损、面临倒闭、

---

① 参见Brand Finance和《财富》杂志官网。
② 在中华人民共和国国内贸易部1991年进行的评定中，全中国有1600余家老字号企业被授牌。

破产的占20%，勉强维持现状的占70%，生产经营有一定规模、效益好的只有10%左右。① 在近几年文化自信提升和国潮兴起的背景下，不少老字号如内联升、五芳斋、豫园等依靠互联网平台和产品创新，重建与消费者的联系，实现了市场增长和品牌焕新。2020年，1128家中华老字号企业年营收过亿的企业占比达32%，75%的中华老字号企业处于盈利状态，14%的中华老字号企业收支相对平衡。② 超过七成已进驻淘宝和天猫，老字号企业在天猫的成交额超过了200亿元，近60个老字号品牌在天猫销售过亿。③ 2022年，近35%的老字号企业年销售额超过1亿元，突破1000万元的占七成以上。④ 可以说，新时代的老字号实现了品牌新生。

二是兴起于改革开放之后的传统制造业品牌群，构成中国品牌发展的中坚力量。改革开放后，中国企业得以融入全球市场，在充分发挥比较优势和后发优势的基础上，制造业企业迅速发展，推动中国成为世界第一制造国。制造业孕育出了一批走向世界的中国制造品牌，尤其以家电、手机等消费类电子行业为领先。依托中国制造业的规模化、低成本的优势，辅以不断提高的产品品质，中国品牌在国际市场上能量越来越大。以海尔为例，海尔2022年国际营收占比达到52%，2009年以来，连续13年成为全球市占率最高的家电品牌。海尔旗下拥有GE白电、斐雪派克等国际品牌，在国内市场上凭借卡萨帝打破了西门子、三星等对高端家电市场的垄断，稳居国内高端家电市场第一。另一家电巨头美的则收购了东芝白电以及库卡，小米在印度等多个海外区域市场占据第一，传音则被视为非洲市场上的手机第一品牌。在汽车制造领域，中国新能源汽车品牌在弯道超车的道路上不断加速。2023年上半年，中国成为全球汽车出口第一大国。

三是20世纪90年代末兴起的互联网企业品牌以及依托互联网而生的新兴品牌，这些品牌为中国品牌的发展注入了新的动力。20世纪末，腾讯、阿里巴巴、百度等互联网企业创立，其后迅速发展成为世界知名的互联网企业品牌，在各类排行榜中往往位居世界前20，其后兴起的字节跳动等代表着中国互联网产业发展的成效。大型互联网平台一方面自身发展为大型品牌，另一方面成为

---

① 龚雯．老字号企业仅有10%效益好［N］．人民日报，2004-06-09（05）．
② 李华清．进博会观察｜"老字号"亮相进博会：人文交流、品牌展示与销售招商［EB/OL］．经济观察网，2021-11-08．
③ 刘鑫．老字号变"潮牌"汉服鞋天猫上架就售罄［EB/OL］．新华网，2021-06-10．
④ 谢希瑶，王雨萧，魏弘毅，等．铸"金字招牌"创"百年老店"——2023开年老字号企业新观察［EB/OL］．新华网，2023-02-04．

触发和推动其他行业品牌创新转型的重要力量，近两年消费品类涌现出的新消费品牌，往往具有浓厚的网生色彩或较为依赖互联网平台，如喜茶、完美日记、三只松鼠等。互联网品牌也成为中国品牌出海的重要生力军，抖音国际版TikTok是唯一一个非美国的全球互联网品牌，2021年全球月活数量达10亿，也是第一个全球下载量达到30亿的非Facebook系应用。

（三）制度：国企品牌与民企品牌的双线并行、共同发展

中国经济和企业发展的一大特点，是拥有世界上规模最为庞大、对整体经济和社会影响最为深刻的国有企业。在中国品牌发展的历史画卷中，依托国企形成的国企品牌占据重要地位。新中国成立至今，国企品牌的发展一波三折。在20世纪90年代末到2000年初，国企品牌通过改革走出困境，2003年成立国资委之后我国进入国资监管时代，央企拔地而起，成为国企品牌发展的典型代表。[1] 20世纪90年代末，国企秉持"有所为有所不为和有进有退"的基本改革原则，从一般竞争性领域退出，聚焦在关乎国家安全和国计民生的战略性领域，在金融、高新技术、支柱性产业、公共品、重大基础设施和重要矿产资源等领域形成了国企品牌占据主导的品牌格局。国企品牌既需要满足市场竞争和消费者需要的要求，又承担国家使命，代表国家利益。民营企业品牌自改革开放之后重新恢复发展，成为中国品牌发展史上一股最为活跃的市场力量，从领域分布上看，民营品牌大多集中于一般性市场竞争领域，与国企形成错位互补。

21世纪以来，无论是国企品牌还是民营品牌均获得快速发展，在国企混改的背景下，国企民企之间的界限趋于模糊，中国的混合型品牌或许成为世界品牌发展的新类型。当下，国企品牌和民企品牌之间发展更为均衡，在中国企业联合会和中国企业家协会发布联合的2023年中国企业500强榜单中，国企和民企平分秋色，其中国企256家，民企244家，两者的差别从2020年的30家缩小至8家，民营企业数量比2013年增加了54家。在Brand Finance世界品牌500强榜单中，入选的中国品牌呈现出类似的特点。回顾新中国成立以来的中国品牌发展史，保持国有和民营两种性质的品牌协同发展、相互配合发挥合力是中国品牌道路探索的一条重要经验。国有企业和民营企业是中国品牌发展的两条腿，缺一不可。在中国品牌的DNA中，民企品牌和国企品牌，如两条双螺旋之间的勾连，相互连接、博弈甚至是转化融合，共同塑造了中国品牌发展的复杂

---

[1] 张驰，黄升民．国有企业品牌70年：历史演进与未来展望［J］．新闻与传播评论，2020（01）：69．

样貌，推动了中国品牌实力的不断提升。

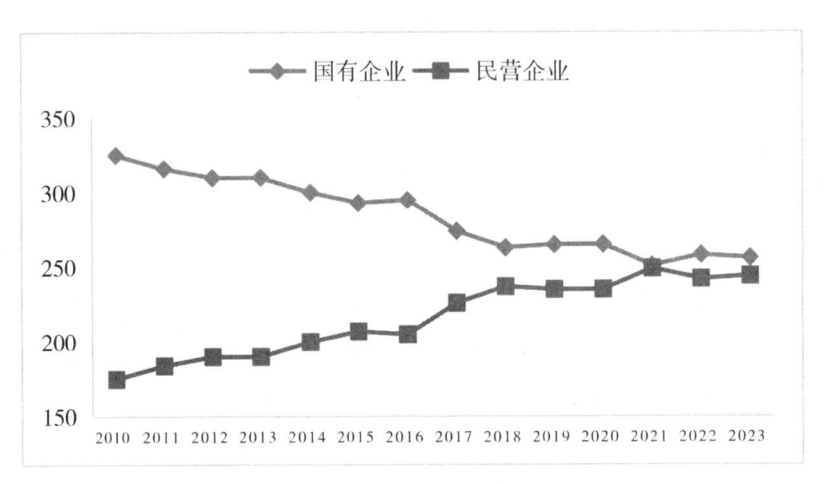

图2　2010—2023年中国500强企业所有制性质分布变化

（数据来源：2010—2023年历年中国500强企业报告）

三、中国品牌：十字路口的挑战与应对

面对百年之变局，中国各类型的品牌均面临着巨大的挑战和机遇。企业如人，也是环境的动物，能否实现持续发展很大程度上在于能否基于自身条件适应环境的变化以及回应时代抛出的问题和挑战。在双循环的新格局中，企业如何识别、判断大变局带来的趋势性改变，加以把握并做出决策尤为关键。

（一）在政经巨变中重思品牌的角色定位与价值引导问题

2018年以来，政经环境发生巨变。首先是中美关系迅速恶化，商业环境变得高度政治化，品牌成为两国博弈的焦点与前沿，华为近两年的际遇非常具体地说明了这一点。国家间的竞争核心在于经济，经济的核心在于企业，企业的核心在于品牌。品牌对内是企业的灵魂，对外代表着一种综合优势。作为一种综合体的概念，品牌既是经济、物质和科技实力的象征，也内包精神价值观、文化和历史。40多年来，中国品牌逐步从低端走向高端，不仅意味着经济利益的获取与成功，还表征着中国国际形象的改善、中国精神文化和价值观全球影响力和号召力的提升。品牌一旦成功，就会产生强大的引领和替代效应以及在经济、文化乃至政治等层面的综合后果。一言以蔽之，在民族—国家的语境中，一国品牌的成功其实意味一个国家在经济、文化和价值观层面的多维度成功。中国经济率先恢复，品牌稳步发展，更是加剧了美国的经济与文化价值观层面的焦虑感。我们从这个角度不难理解为何美国要无所不用其极地打击、防范华为、抖音等中国品牌。其次是国家对社会主义共同富裕目标的重申与强调。40多年的快速发展带来的不仅是空前的财富积累，还带来了严重的贫富分化，[①] 贫富分化又在实质上互为因果式地加剧了所谓"四座大山"问题：教育、养老、医疗、住房。过大的贫富差距不仅在某种程度上造成阶层撕裂、内卷躺平、低生育率等，还直接动摇社会主义中国的意识形态合法性以及国家的长期发展。由此而言，重申共同富裕目标有其深意所在。

以上两点重要变化对品牌提出的问题：第一，在中美博弈和商业问题政治化的情境中对中国品牌发展意味着什么？第二，中国品牌对"社会主义"的承诺，或者说，对国家发展、人民美好生活和共同富裕意味着什么？第三，品牌发展的目的是仅仅服务于商业利益抑或兼顾其他？近年来，华为遭遇打压；阿里巴巴等平台型互联网品牌遭受反垄断重罚，品牌形象和社会舆论短时迅速反转，蚂蚁金服上市搁置；新东方等教育培训品牌在"双减"政策之下刹车；海航破产重组；恒大、华夏幸福暴雷；联想长期"挨骂"。这些现象不断提醒人们重新思考品牌的价值观与责任感。疫情防护、脱贫攻坚、乡村振兴、建党百年、河南暴雨、劣迹艺人、饭圈乱象等也成为与大小品牌相关的考场。

以上对中国品牌发展的启示是，第一，在中美博弈和民族情绪升高的背景下，品牌虽不参与国际政治但会被动卷入。华为自身未必要主动成为国家代表，但事实是美国将华为视为中国的代表。在两国博弈、商业即政治的语境中，企业要建立起与国家更为紧密的联系，自觉站在全局的高度上思考品牌所代表国家利益和国家使命，提高品牌经营的格局和视野。品牌如何在遵循市场规律的前提下彰显、传递国家意志，这是中国品牌面临的最高命题。第二，广告是品牌的表达与操控工具，广告也要讲导向的必然要求，品牌作为言者也要讲导向。导向的核心就是价值观的体现，即品牌作为社会的行动者，自身引导和体现的价值观是什么？品牌不仅提供产品价值，还能够建立与对象之间的情感联系，品牌因此产生了价值熏陶和引导的功能。企业通过品牌的号召力和影响力彰显正确的价值观，这是体现品牌价值、提升品牌质感和延展品牌厚度的重要手段。第三，在经典品牌理论中，品牌的价值被划分为企业消费者的两个价值维度，其社会价值长期受到忽视。事实证明，品牌要更加注重社会效益，思考品牌能

---

① 据相关数据，我国基尼系数长期超过国际警戒线的 0.4，6 亿人长期月收入仅为 1000 元，而我国以相当于美国 70% 的 GDP 创造了《2021 年胡润全球富豪榜》上的 1058 位身价超过 10 亿美元的富豪，比美国多 696 位。

够为解决社会、人民和国家面临的重大问题方面的作用，品牌的可持续发展是商业价值和社会责任的统一。第四，品牌发展要充分融入国家社会经济的整体调整方向中，尤其是在监管日趋体系化和精细化的背景下，做好提前预判，及时调整业务布局，而不是蒙眼狂奔导致品牌败落。总之，在政治经济学的中国语境下，品牌的发展不仅是一个经济问题，还是一个政治问题。

（二）正本清源，摆脱品牌传播的战略摇摆与战术迷思

品牌是传播的产物。互联网极大地改变了原有相对稳定的中心化传播格局，互联网媒体的产业化与传统大众媒体的数字化、融合化两者交错并行，构成了中国媒体产业发展的基本趋势。数字时代，传播环境变得极度碎片化和复杂化，企业在品牌传播实践中呈现了两个需要正本清源的问题。

第一，传播战略上的摇摆。国内外学者都强调传播之于品牌建构的价值，传播是任何品牌的命脉所在[1]，没有传播就没有品牌[2]。在品牌传播的诸多手段中，广告占核心位置。现代，广告几乎就是品牌传播的同义词。[3] 广告是品牌附加价值的重要源泉之一。[4] 我们不难发现，品牌和广告的紧密联系，以及品牌传播在企业品牌经营中的重要性。然而，不少企业却陷入误区，忽略了品牌传播的战略性与长期性，大卫·奥格威（David MacKenzie Ogilvy）曾指出，广告是关于品牌的长期投资。如有企业认为，自身在经过多年的广告投入之后，品牌已经成为行业领先品牌，不需要再进行投入或者减少投入，这是对品牌传播的战略本性认知不足。还有企业在遭遇经营困境之后，第一时间削减或停止品牌传播预算，这种做法同样不可取，而是要充分考虑广告竞争与行业整体的不同情况，有节奏地调整营销策略和媒体投放。国际研究表明，萧条时期减少广告投入的企业想在复苏期一年内恢复到衰退前的销售水平，需要增加60%的广告投入。[5] 在萧条期保持广告和研发投入比正常时期广告投放的效果（主要衡量

---

[1] KELLER L. Consumer Research Insights on Brands and Branding: A JCR Curation [J]. Journal of Consumer Research, 2020 (05): 997.

[2] 余明阳，舒咏平. 论"品牌传播"[J]. 国际新闻界，2002 (03): 63.

[3] 仁科贞文，田中洋，丸冈吉人. 广告心理 [M]. 北京：外语教学与研究出版社，2008: 1-2.

[4] 约翰·菲利普·琼斯. 广告与品牌策划 [M]. 孙连勇，李树荣，译. 北京：机械工业出版社，2000: 16-17.

[5] DYSON P. Cutting Ad Spend in a Recession Delays Recovery [EB/OL]. NBC NEWS 网站，2012-09-24.

利润和市场份额）增加24%，①萧条期间，企业维持或增加广告投放能够加强品牌的市场话语权，②以及增加更好的股票市场回报。③传播的短期性和随意性都是战略上的摇摆。品牌传播的长期而系统的投入是一条重要原则，这也是时间通过广告赋予品牌护城河的手段。新消费（新锐）品牌的兴起给不少品牌负责人一种错觉，那就是依靠互联网以短时间流量为主的投放，甚至是不投放典型意义上的媒体广告也可以成为品牌。但实际上，从网红品牌跨越到真正的主流品牌，网红品牌在品牌传播、线下渠道的布局等方面还需要借鉴主流成熟品牌的经验。对代表国家利益、承担国家使命的国企品牌，如中粮、茅台、广药等而言，它们通过系统而长期，甚至是大量的品牌广告传播投入，塑造强大的国企品牌，这是国企实现高质量发展的应有之义。

第二，传播战术上的两大迷思。一是品效合一的迷思。任何品牌方都希望品牌传播能够达到形象认知的建立以及销售转化的实现，毕其功于一役。在数字化的环境下，数字媒体凭借费用门槛低、投放反馈及时、个性化互动、精准投放、销售转化便利的特点吸引了大量广告主的投入。在大型平台和数字营销服务商的合谋教育之下，品效合一，或者说在传播中直接完成品牌的销售。进一步，部分广告主开始片面地追求效果广告，开始忽视强调认知传达以及形象打造的品牌广告。最后的结果是，做广告变成了做流量，品牌从战略弱化为销售工具。但在流量成本持续攀升和互联网用户数逐步见顶的背景下，效果广告的ROI持续下滑，最终企业不仅没有办法完成一定成本之下的销售转化，还丧失了打造品牌或进一步提升品牌价值的时间和机会。相较之下，品效协同更加符合当下环境中的企业品牌传播实践。

一般而言，广告发生效果可以分为五个部分或阶段，即AIDMA（注意—兴趣—欲望—记忆—行动）模型所描摹的。从根本上而言，效果广告更多的是在"行动"环节起作用，品牌广告则更多的是在前四个阶段起作用，两者相辅相成。即时效果广告从某种程度上而言是长期品牌广告的变现。也有研究表明，在广告主的所有销售中，70%的销售是在中长期发生的，由品牌资产贡献，短

---

① KUMAR, NIRMALYA, PAUWELS, et al. Don't Cut Your Marketing Budget in a Recession [EB/OL]. 哈佛商业评论英文官网, 2020-08-24.
② STEENKAMP M, FANG E. The Impact of Economic Contractions on the Effectiveness of R&D and Advertising: Evidence from US Companies Spanning Three Decades [J]. Marketing Science, 2011 (04): 628-645.
③ CURRIM S, LIM J, ZHANG Y. Commitment to Marketing Spending Through Recessions: Better or Worse Stock Market Returns? [J]. European Journal of Marketing, 2016 (12): 2134-2161.

期直接转化实现的销售只占30%。① 因此，企业片面放大互联网效果广告的作用，用局部的效果广告替代品牌广告或整体的广告，这种组合战略是不合理的。品效合一的迷思引发第二个迷思，即传播平台选择的迷思。媒介的投入是企业营销投入的重点环节。在 AI、大数据和云计算等技术的助推下，选择效果广告为主的数字广告成为一种正确有效、不容置疑的集体意识。广告浪费的问题似乎也在广告智能化和计算广告的发展中得到了解决，各类研究所展现的理论模型，以及各大平台提供的营销解决方案都很完整、美好。然而，智能化的"黑箱"带来的灰色空间以及触目惊心的数字广告造假和欺诈②，表明解决短时间内这一问题并不容易，反而增强了广告效果的不确定性和低效性③。殊不知，广告活动的意义就是通过大规模低成本的传播，减少企业在市场经营中的不确定性。此外，传播平台本身的品质也十分重要，直接决定了品牌传播的高度，"与谁为伍，体现品牌档次与地位"。④

企业与品牌选择不同的平台与打法，为自身带来不同的附加值。企业可以化整为零，积极利用数字化网络媒体进行精细化与个性化的营销投放，获得更贴近的效果转化。但高举高打，选择权威性高的媒体平台进行整合式与矩阵式的品牌传播，重视品牌广告的价值，获得更长远的战略增值，这同样是诸多品牌尤其是大型品牌不可绕开的方案。2022年，88%的广告主认为投放是为了品牌目标，即强化品牌形象及提升品牌认知。⑤ 2023年，中国品牌的首要营销目标中，品牌相关目标（顾客忠诚度、改善客户体验、品牌形象、品牌知名度）合计占比57%，位居第一，超过销售目标（24%）。⑥ 这种转变从一定程度上反映了品牌方对传播的重新思考——数字媒体可能是许多品牌的"捷径"，但过分依赖"捷径"也许并不能助力所有品牌抵达心智抢占的终点。无论哪条路径，其实都是为了给品牌储能，这种更注重价值观的能量在新格局下，将负责既为企业输出形象认知，又为企业输出营销效率。

---

① 凯度中国. Media Reactions 2021 [EB/OL].《国际品牌观察》微信公众号，2022-01-07.
② 明略科技推算2022年中国品牌广告市场因异常流量造成的损失约为250亿元。
③ GORDON R, JERATH K, KATONA Z, et al. Inefficiencies in Digital Advertising Markets [J]. Journal of Marketing, 2021（01）: 7.
④ 丁俊杰. 广告费究竟浪费到哪里去了？ [EB/OL]. 丁俊杰看品牌微信公众号，2021-11-12.
⑤ 秒针营销科学院. 2022中国数字营销趋势报告 [R/OL]. 中文互联网数据资讯网，2021-12-23.
⑥ 参见 Totem Media Brand Survey, [EB/OL]. 中文互联网数据资讯网，2023-01.

(三) 后新冠疫情时代抓住科技革命机遇重构品牌的增长动力

经过多年的发展，中国企业一方面面临着从增量竞争到存量竞争的转换，另一方面又面临着品牌转型的问题。得益于新冠疫情防控，中国经济率先稳步恢复，为中国品牌在后新冠疫情时期的发展创造了有利条件。新冠疫情的一个直接结果是加剧了数字化的全方位渗透进程，如美国的网购率在新冠疫情期间得到了极大的增长，中国则进一步深度融入数字科技革命之中。从产业层面来说，新一轮的科技革命带来了两方面的产业变革：一是触发并开辟了新的产业发展空间；二是打破了原有产业之间的界限，数字化加速了产业间的融合发展。结构性的产业变革之下，大型品牌有三点应对趋势值得关注。

一是求新求变注重产业跨界融合，开辟品牌发展的新空间。在产业界限逐步消弭的时代，跨界竞争成为一种常态，品牌转型过程中也更重视这一点。例如，中粮在立足保障国家粮食安全的核心之上，以全产业链拓展、科技创新、国际化与企业混改作为自身企业与品牌的战略发展方向；格力则力图摆脱高度依赖空调业务的困境，通过收购、兼并等方式融入冰箱、洗衣机、新能源汽车等领域，在品牌形象与理念上则试图更多融入智慧家电与家庭的概念；娃哈哈则通过创新营销方式，进军无糖气泡水等新领域，以期助力娃哈哈的品牌焕新并扭转经营下滑局面。

二是注重数字化转型基础上的精细化运营，从供给端提高品牌服务市场的效率。由于很长一段时间身处发展较为快速的市场环境，中国品牌往往更加偏好规模的扩张，进而忽视了精细化运营，导致品牌虚胖和大而不强的问题突出。数字化技术为企业适应市场变化和提高运营效率提供了新的支持，也成为品牌绩效提高的重要基石。在案例梳理中，传统品牌如娃哈哈、格力、云南白药、联想、吉利和广药依靠数字化转型实现品牌效率的升级。埃森哲和国家工业信息安全发展研究中心的合作研究表明，中国企业数字化转型整体水平稳步提升，平均得分首次突破 50 分（以未来理想数字企业的满分 100 分计）。其中，转型成效显著的中国企业比例持续上升，由 2018 年的 7% 升至 2021 年的 16%。领军企业 2020 年的营收增幅是其他企业的 3.7 倍，远超 2016—2019 年的营收年平均增速的差距（1.4 倍）。[①] 具体到营销上看，93.2% 的广告主认为数字化转型是公司市场营销工作的必然趋势，超过六成的广告主在最新一年的营销新技术投入占总预算的 10% 及以上，同时，超过七成的广告主在营销新技术的预算投入

---

① 埃森哲，国家工业信息安全发展研究中心. 2021 中国企业数字化转型指数 [EB/OL]. 埃森哲官网, 2021-09-23.

新冠较疫情前有明显增长。①

三是注重技术创新,以此驱动产品创新和品牌创新。企业重视技术创新,突破卡脖子技术不仅是国家宏大战略的一部分,还切实关系到每个品牌的可持续发展。中国品牌此前很长一段时间走的是一条低成本的追赶模仿的创新之路,据此完成了快速的补课,但也因此造成了自主创新能力不足,尤其是核心技术的突破不够。过去两年芯片制造环节的弱点在中美博弈中完全放大,华为消费者业务因此遭受严重冲击,2021年上半年消费者业务收入相较于2020年同期近乎腰斩。在调研中,企业注重技术创新、提高研发强度是领头品牌的共同方向。华为在受到制裁后继续保持高水准的研发投入,2020年研发投入强度高达15.9%,投入超过1400亿元,在2021年欧盟产业研发投入记分牌研发投资排名中位列第二,仅次于谷歌母公司Alphabet。广药集团在2021年成为全球首家以中医药为主业进入《财富》世界500强的企业,背后离不开位居中药上市公司前列的研发投入。技术创新是产品创新和品牌创新的基础,如新能源汽车领域,比亚迪长期投入积累了大量三电专利,贯穿产业链上下游,形成了强大的核心竞争力。中国整体上在新能源领域的技术积累方面推动了中国新能源汽车走向海外发达市场,《纽约时报》称中国汽车品牌正在利用向电动汽车的转型挑战长期主导汽车行业的美国、欧洲各国和日本汽车品牌,如上汽名爵已在欧洲16国拥有350家经销商,并且仍在扩张。蔚来汽车和比亚迪也正进军欧洲。②

(四)品牌转型需立足国家战略与市场需要的聚合点

中国依旧是一个转型中的大国,品牌的转型本就是其中一个部分,大到国家,小到品牌,面对百年变局,转型的紧迫性更加明显。问题是如何转型?回答这个问题首先要确定转型的战略方向,寻找方向是困难的,企业有时候并非缺乏相应的转型资源支撑,而是缺乏明确的转型方向或进入了错误的方向,从而导致品牌受挫。笔者曾在梳理中国品牌发展历史的基础上指出中国品牌发展过程中市场与政府博弈形塑的观点,认为中国品牌的发展与西方欧美品牌相比,一个不同点在于政府有形之手从未间断、日益强化和走向潜在的干预和引导,

---

① 艾瑞咨询.2021年中国网络广告年度洞察报告—产业篇[R/OL].艾瑞网,2021-09-14.
② JACK E. China's Popular Electric Vehicles Have Put Europe's Automakers on Notice[EB/OL].纽约时报网,2021-10-13.

这一点与中国经济发展的内在逻辑具有相当程度的一致性。① 据此，企业至少有两个因素需要品牌在转型过程中加以斟酌。一方面要注意市场变化方向。品牌是市场经济的产物，市场的变化方向直接关系到品牌的发展情况，这是品牌发展不言自明的基本法则。另一方面要注意国家战略的变化方向。中国品牌的发展实际上深层次地嵌入在中国政治经济的社会结构之中，品牌的发展受制于社会结构。在这个社会结构之中，国家战略和市场需要的聚合点指明了品牌转型的发力点，两者并非完全冲突也可相互适应。中国品牌在转型中如果不能兼顾两方面，大概率会遭遇发展问题。比如，"双循环"战略是国家层面应对环境巨变提出的应对和转型方案。一方面，国内大循环占据主体地位，起到主导作用。前文所述一些品牌可以鼓励的举措其实都是畅通、夯实国内大循环的内在要求。另一方面，以内循环为主不意味着闭关锁国，而是要在更高水平上打通外循环，在高质量走出去和引进来的基础上促进国内、国际双循环。品牌需要在新格局中寻找属于自己的新机遇。对中国品牌而言，把握"一带一路"倡议的机遇，积极经营"一带一路"沿线国家的市场空间在中美博弈的背景下有了新的意涵。中国品牌也主动融入高质量发展和中国式现代化的新征程中。

四、结语

习近平总书记指出，"世界又站在历史的十字路口"②，要"在历史的十字路口引领人类进步潮流"，③ 人类文明走到了一个特别关键的转折阶段，国家需要引领，品牌同样如此。品牌面临着发展道路的重新选择。品牌则是企业的外化，凝聚着企业内在的生产、技术、资源、文化和历史等因素。站在企业逐利本性的角度，品牌追逐利益最大化似乎无可厚非。长期以来，能否盈利也是评价品牌是否成功的第一标准。但是实践证明，单一利益指向的、遵循丛林法则的品牌发展不仅在西方国家引发恶果，还成为加剧垄断和贫富分化的因素之一，在国内也招致了社会大众的反感，人们陷入不可持续的品牌陷阱，并引发更为严格的监管。站在十字路口，中国品牌未来是走生态的、可持续的和兼顾社会

---

① 黄升民，张驰. 新中国七十年品牌路：回望与前瞻 [J]. 现代传播，2019（11）：1-11，46；黄升民，张驰. 改革开放四十年中国企业品牌的成长动力考察 [J]. 现代传播（中国传媒大学学报），2018（09）：1-12.

② 于璧嘉. 习近平：坚定不移推动构建亚太命运共同体 [EB/OL]. 中青在线，2022-11-22.

③ 倪彦弘. 在历史的十字路口引领人类进步潮流——习近平主席在第七十六届联合国大会一般性辩论上的重要讲话解读 [EB/OL]. 新民网，2021-09-23.

多元主体利益的共同体道路,还是走掠夺的、纯粹的利益最大化的品牌发展道路?中国现代品牌经过百余年的发展,积蓄了很大的规模和能量,这是下一个百年品牌发展的基础和出发点。对品牌而言,过往的生产状态、组织方式和资源观念走向过时,企业品牌必须要有新的观念应对市场变化。大品牌起伏生死、决定性的因素往往不是规模、技术抑或资本积累等,而是在于企业的观念与选择。面对当下的环境,品牌需要以新的观念重新出发。

香港西九龙文化区之场所意义：
兼论戏曲中心之文化意义

林援森①

摘要：西九文化区是香港一项重要的文化建设。西九文化管理局指出，西九文化区分阶段提供不同类型和规模的表演艺术场地（包括戏曲中心、自由空间、艺术公园和演艺综合剧场项目）。其中香港故宫文化博物馆之开幕，港人引颈以待。据故宫文化博物馆馆长吴志华表示，香港故宫文化博物馆将成为"连结的博物馆"。其连结者不是地平线而言，而是一种中国的政治、社会、文化之意义。西九龙文化区本身亦可从一种场所之意义来说明，场所就是城市被赋予意义之时间和记忆。

关键词：场所；西九龙文化区；戏曲中心

一、引语

香港故宫文化博物馆将于2022年7月开幕，这所博物馆千呼万唤，也是西九龙文化区的焦点之一。西九龙文化区位于香港西九龙，香港人常简称西九龙作"西九"，顾名思义，其地处于九龙半岛西面。港英政府于1993年推出所谓的玫瑰园计划。该计划是一项十分庞大的工程，其耗费216亿元（以2008年净现值计算）②。"文化区位于西九龙填海区南端，占地40公顷。西九龙文化区将提供23公顷休憩用地供市民享用，其中包括一个大型的公园及连贯的海滨长廊。西九龙文化区分阶段提供不同类型和规模的表演艺术场地（包括戏曲中心、

---

① 林援森，男，香港树仁大学新闻与传播学系，助理教授。复旦大学，新闻学院，博士，新闻专业。
② 香港特别行政区立法会．就西九龙文化区计划的财务状况及安排提供最新资料［A/OL］．香港特别行政区立法会，2015-05-30．

自由空间、艺术公园和演艺综合剧场项目)。"西九文化管理局指出①。

香港故宫文化博物馆将于2022年7月开幕。据香港故宫文化博物馆馆长吴志华表示，香港故宫文化博物馆将成为"连结的博物馆"②。所谓"连结的博物馆"，吴志华表示："香港故宫文化博物馆定位为一个'连结的博物馆'，旨在连结古今、连结香港与内地、连结世界。"③ 本文以为连结两个字绝不简单，从地平线而言，故宫文博馆连结着西九龙文化区，也跟文化区内之戏曲中心、M+博物馆、演艺综合剧场有着一衣带水的关系，四所建筑均为文化区内轴心建设，同时，整个文化之发展其实抓动着殖民、主权和回归中国的意义。更有趣者，四所建设中之戏曲中心也连结着文化政策变化，以及他者的意义和角度。西九龙文化区本身亦是以一种场所的意义来说明，场所就是城市的一种被赋予意义之时间和记忆。

二、理论说明

场所作为城市之组成部分，其有关记载，西方最早文献的记载见于《雅典宪章》，其中提到城市功能有四项，分别是娱乐、工作、居住、交通④。城市作为最大的意义性场所，可见娱乐与场所之间的关系，也就是我们生活的一部分。伊丽莎白时期，观察家约翰·史鲁（John Snow）曾指出："人们为追求正义和利益而来到城市和联邦，伴随着城市、民间团体和公司的诞生，自然很快就形成了商业；同时，这时的人们不再使用野蛮的暴力，而是利用谈判达成协议，举止更文明，更人性化，并且更公正。"⑤。钱伯斯（Lain Chambers）也提到，公共空间的社会意义正呈现着后现代的独特观点⑥。哈维（David Harvey）指出，我们可以同意公共空间原则，但亦须注意这个为何出现抗争性行动，当中不同的利益如何结合，并呈现在社会空间中，更不应偏袒任何抗争者或官僚⑦。

场所英文称作place，场所有三个基本部分，分别是位置（location）、物质形

---

① 特区政府文化体育及旅游局．西九龙文化区［A/OL］．香港文化体育及旅游局，2022-01-01．
② 文汇报．文物连接古今——访香港故宫文化博物馆馆长吴志华［N］．香港：文汇报，2022-5-22．
③ 文汇报．文物连接古今——访香港故宫文化博物馆馆长吴志华［N］．香港：文汇报，2022-5-22．
④ 薛莹．欢娱与城市［M］．南京：东南大学出版社，2008：2．
⑤ 许纪霖．帝国、都市与现代性［M］．南京：江苏人民出版社，2006：193．
⑥ 许纪霖．帝国、都市与现代性［M］．南京：江苏人民出版社，2006：193．
⑦ 许纪霖．帝国、都市与现代性［M］．南京：江苏人民出版社，2006：193．

式（material form）、价值与意义（value and meaning）①。场所的狭义的定义，我们可称作基地，或包括一般部分，即位置（location）、物质形式（material form）、价值与意义（value and meaning）②。场所的广义的定义，可称作土地或脉络，即场所本身及其与其他场所的关系，即场所环境，这是所谓的社会元素总和。③ 学者刘宇扬教授指出，场所是人与个人记忆物体化及空间化的现象。④ 我们进一步诠释，场所是理解人与生活体验的中介。曼纽尔·卡斯特尔（Manuel Castells）则认为，空间一旦命名为场所，场所是赋予意义的空间。⑤

王斯福（Stephan Feuchteang）则以为，场所的成形是一种城市向中心的过程（a process of centring）。⑥ 同时，王斯福指出，场所及其特征往往触发了当时人们生活的记忆，提醒他们拥有更长的历史和时间感⑦，更重要者这是一种政治性关系⑧。

场所的形成和分类，其形成可分为先行者、跟随者和群众认同。先行者，他们可能是有着目的性或偶然身处某地，并且长期化。跟随者，先行者在某地生活或活动，并且长期化，他们同时吸引另一群志向或目的相同的跟随者，此举令场所的概念形成。群众认同，广大的小区呈现并获得认同，某特定场所产生某些附载的内涵。

针对西九龙文化区而言，这个宏观之大场所，其实就是恢复行使主权积极面向所呈现的一种意义。如上述，戏曲中心有之关怀和向度，也是一种不寻常的城市记忆。

三、西九龙的前世今生

时任英国首相约翰·梅杰与时任中国国务院总理李鹏于 1991 年 9 月 3 日在北京签署《关于香港新机场建设及有关问题的谅解备忘录》（*Memorandum of Understanding Concerning the Construction of the New Airport in Hong Kong and Related Questions*）。该文件是玫瑰园计划中极重要的文件，备忘录指出，港英政府建设

---

① 薛莹. 欢娱与城市［M］. 南京：东南大学出版社，2008：5.
② 薛莹. 欢娱与城市［M］. 南京：东南大学出版社，2008：5.
③ 薛莹. 欢娱与城市［M］. 南京：东南大学出版社，2008：5.
④ 王淑英，殷伟宪. 无解良品［M］. 香港：中文大学社会科学院，2006：15.
⑤ 布鲁克. 文化理论词汇［M］. 台湾：巨流图书有限公司，2003：289-291.
⑥ FEUCHTEANG S. Making Place［M］. Great Britain：UCL P，2004：5.
⑦ FEUCHTEANG S. Making Place［M］. Great Britain：UCL P，2004：10.
⑧ FEUCHTEANG S. Making Place［M］. Great Britain：UCL P，2004：6.

这项机场核心工程，这项工程包括机场、北大屿山高速公路、西九龙填海、西九龙高速公路、西区过海隧道、三号干线（部分）、机场铁路、与机场铁路有关的中区及湾仔填海部分、青衣至大屿山干线、东涌一期发展工程。其中西九龙填海便是今天西九龙区域重要组成部分。同时，这项工程亦有相当政治角度，甚至有舆论质疑港英政府拟利用工作花尽香港库房，因此，备忘录也列明港英政府必须预留未来特区政府之储备，其不可少于 250 亿港元①。至于西九龙文娱艺术区之构思，则始于第一任特区长官董建华，他于 1998 年在《1998 年度香港行政长官施政报告》（以下简称《施政报告》）提出这构想，期望把西九龙打造成一个全面文化艺术中心。据 1998 年香港《施政报告》第 46 段指出："我知道要实现上述目标，必须有适合举办世界级大型节目的场地。政府决定在这方面提供更多支持。为了协助香港发展成亚洲娱乐之都，我们现正计划在西九龙填海区兴建一个设备先进的新表演场地。我们还会研究有关兴建其他大型设施的建议，其中包括兴建一个新的体育馆、一个新的水上活动中心，以及一个多媒体主题公园。这类设施本身既具有特色，又可供举办各种文娱康体活动。"②

好事往往多磨。西九龙计划的发展并不如人意。时任政务司司长曾荫权于 2004 年曾以"创地标，显文化，添悠闲③"为计划口号，来确立西九龙发展的方向，更以标志式巨型幕招徕。计划除了天幕引起争议，其商业结合官方的营运方式也引来巨大回响。最终于 2006 年 2 月 21 日，时任政务司司长许仕仁宣布政府放弃原有计划，也不坚持天幕设计，重新审视计划。媒体当时以政府"推倒重来"来形容计划之转折。政府于 2007 年成立西九文化区管理局，为发展项目，注资 200 亿港元。立法会于 2008 年正式通过《西九文化区管理局条例》，并成立西九文化区管理局。董建华首次提出计划至西九文化区管理局的成立，足足有 10 年光景，这十年的发展看来不过是在争议争议又争议。管理局的成立，确立了计划的具体发展图。

西九管理局交给区议会文件指出，西九聚焦 20 及 21 世纪视觉文化，其中 M+博物馆针对新文化，香港故宫文化博物馆则以故宫博物院珍藏为要。后者在

---

① 中国外交部.关于香港新机场建设及有关问题的谅解备忘录［A/OL］.条约数据库，1991-09-03.
② 香港特区政府.1998 年度香港行政长官施政报告［A/OL］.香港特区政府，1998-10-01.
③ 曾荫权.请以新眼光看西九龙［A/OL］.香港特区政府，2004-12-06.

重建传统的文化观，来融合时代和传统的活力①。文件同时指出："西九文化区将设有零售、餐饮和消闲设施，以及酒店、办公室和住宅项目，适切地与文化艺术设施和其他发展项目互相融合。"②

西九龙的发展有不同的阶段，本文以为现阶段可从三所重要的文化场地和博物院的启用，来确立其阶段性的具体发展，其中包括戏曲中心、M+博物院和香港故宫文化博物馆。戏曲中心于2019年1月20日正式开幕，其作为本港戏曲表演场地，具有重要的意义。M+博物院于2021年11月12日正式开放，其作为现代博物院的元素和意义，标志着西九在逾20年之争议中完成了阶段性成果。至于即将开放的香港故宫文化博物馆，其计划于2022年7月正式开放③。另外，还有一个重要的场所，它就是演艺综合剧场（预计2024年落成）。演艺综合剧场是一所供表演所用的场所，待其完工并开放，西九主要的文化建筑群于焉成形。当然，西九龙文化区是一个十分庞大的区域，除了上述三所文化场地或博物院，还有西九艺术公园海滨长廊、西九艺术公园、苗圃公园和M+展亭，以及周遭之商业文化区。

表1 西九龙文化区用地占比

区域	占总楼面面积%
文化艺术设施	占整体总楼面面积的35%至40%
零售/餐饮/娱乐	占整体总楼面面积的15%至20%
酒店/办公室	占整体总楼面面积的20%至25%
住宅	占整体总楼面面积不多于20%
政府、机构或小区	占整体总楼面面积不少于1%
总计	100%

《略放宽西九龙文化区用地的发展密度》，油尖旺区议会第12/2014号文件

戏曲中心位于西九龙文化区东面入口，其专为戏曲而设的世界级表演场地，建筑由谭秉荣和吕元祥建筑师事务所设计，中心于2018年落成，2019年1月20日正式开幕。

---

① 特区政府文化体育及旅游局．西九文化区［A/OL］．香港文化体育及旅游局，2022-07-01．
② 特区政府文化体育及旅游局．西九文化区［A/OL］．香港文化体育及旅游局，2022-07-01．
③ 文纪乔．香港故宫文化博物馆7月开幕！［N］．香港01，2022-05-12．

M+博物馆占地 6 万平方米，将展出 20 及 21 世纪的艺术品。该馆亚洲首所全球性当代视觉文化博物馆，展品约 1500 件。以 M+博物馆开幕展为例，其由 6 个专题展览组成，包括流行歌手梅艳芳《飞跃舞台》唱片封套喷画①。该馆由瑞士建筑师事务所 Herzog 和 de Meuron，联同香港 TFP Farrells 和奥雅纳工程合作设计。

至于香港故宫文化博物馆，该馆建筑楼面面积约 3 万平方米，以展出故宫文物为要。香港赛马会慈善信托基金会捐赠 35 亿港元来资助。建筑设计则由香港建筑师严迅奇负责。香港故宫文化博物馆展示 900 多件来自故宫博物院的珍贵文物。据网站显示，该馆目前计划展品分为特别展览和专题展览。特别展览包括国之瑰宝之故宫藏晋、唐、宋、元书画、驰骋天下之马文化艺术。专题展览有紫禁万象之建筑、典藏与文化传承、紫禁一日之清代宫廷生活、凝土为器之故宫珍藏陶瓷、龙颜凤姿之清代帝后肖像、器唯求新之古代工艺对话当代设计、同赏共乐之穿越香港收藏史，以及古今无界之故宫文化再诠释。演艺综合剧场则预计 2024 年落成。

四、分析

上述场所定义包括一般部分，即位置（location）、物质形式（material form）、价值与意义（value and meaning）。针对西九龙文化区而言，从玫瑰园计划开始，西九龙文化区当时并未成为主题性项目，西九龙文化区的位置和物质形式则始于这个玫瑰园计划。从第一届提出计划以来到西九文化局的成立，这整整 10 年光景，西九计划在官僚、建制政治力量，以及本港商界利益集团之间持续角力，由官商合营到政府主导，许仕仁宣布政府放弃计划，"推倒重来"，直至西九文化区管理局成立，这是非常时刻。再者，西九文化区管理局成立以后，人事更替，M+展品的争议，绝不仅仅是作一种纯文化角力，也有一种政治性意义。

五、戏曲中心之场所论述：一种后殖民之观察

后殖民主义（Postcolonialism）乃说明受殖民统治结束后的一种社会现象。殖民的定义，殖民从狭义而言，其涉指政治、经济、军事、文化和学术等具体层面的不对等权力关系，但也指涉精神层面的主客关系。"后殖民"现象泛指殖

---

① 香港特区政府. M+博物馆明开幕 首年免费入场 [A/OL]. 香港特区政府公布，2021-11-11.

民化时期之后或去殖民化后的时间和空间,其关注和分析焦点在于社会结构与行动者的相互关系。观察角度从"他们"(they)转变为"我们"(we)。弗朗茨·法农(Frantz Fanon)和萨依德(Edward Said)是后殖民论重要学者。法农早于 20 世纪 60 年代开始提出后殖民论。法农于 1967 年发表《黑皮肤,白面具》(*Black Skin*,*White Mask*),"后殖民主义"成为显学备受注意。法农指出,上层政治体必然控制人民,让他们不能接触或了解合法问题,但知识分子则试图以不同方式采取空间①,并跟上层政治体抗争。知识分子往往先从文化切入议题以文化方式确定其位置及合理性②。萨依德,他是后殖民主义中最具代表性学者之一,其著作(尤其以东方主义为代表)所呈现的强烈主体意识,提出"我是谁"问题。萨依德同样指出,纵使所谓后殖民是在西方概念下所反映出来的概念,但其西方概念本身亦有其内涵意义,但其亦以一套系统知识(a system of knowledge)来呈现③。萨依德也提到,后殖民问题不是一个纯政治问题,我们要从文化等角度来曲线了解④。因此,我们可以想象所谓后殖民,其往往就是一套文化体系⑤。

西九龙文化区戏曲中心的建成,除了戏曲承传者和戏曲迷为之感动,其也有恢复主权的情感意义。戏曲作为我国的一种传统艺术,历史悠久,数以百年计,其代表历代戏曲巨匠那份划时代之贡献,厚度非凡,高山仰止。同时,香港戏曲多以粤曲为主,由于本港人口以中国人为主,而且毗连广东,粤曲自然成为主流,但这袭主流在英国人眼中从来没有分量。香港粤曲得以承传,凭借一群粤曲先辈艰难奋进,今天我们回望过去,看到任、白(任剑辉和白雪仙)和唐涤生横空出现,到底是历史之偶然,还是一种命定论,这值得我们思考。今天,我们听到任、白的《再世红梅记》《帝女花》及《紫钗记》,或许触动了一段悲情,笔者对《帝女花》尤甚感触,一份国破家亡之悲情从曲中燃起来。"……落花满天蔽月光,借一杯附荐凤台上。帝女花带泪上香,愿丧生回谢爹

---

① WILLIAMS P, CHRISMAN L. Colonial Discourse and Post-Colonial Theory: A Reader [M]. England: Longman, 1994: 36.
② WILLIAMS P, CHRISMAN L. Colonial Discourse and Post-Colonial Theory: A Reader [M]. England: Longman, 1994: 36.
③ WILLIAMS P, CHRISMAN L. Colonial Discourse and Post-Colonial Theory: A Reader [M]. England: Longman, 1994: 137.
④ WILLIAMS P, CHRISMAN L. Colonial Discourse and Post-Colonial Theory: A Reader [M]. England: Longman, 1994: 132.
⑤ WILLIAMS P, CHRISMAN L. Colonial Discourse and Post-Colonial Theory: A Reader [M]. England: Longman, 1994: 392.

娘。我偷偷看，偷偷望，佢带泪带泪暗悲伤。……"（《帝女花之香夭》）

香港艺术发展局于 2000 年发表的报告指出，香港 20 世纪 80 年代后期的文化艺术政策是零散的，没有总体性的文化政策，以一种响应导向来处理文化事务，甚至回避社会要求。但到 20 世纪 80 年代之后，英国为了政权交接，要"体面交还香港"，开始大力推动文化基建，如区域市政局和艺术发展局相继成立。戏曲则依然"消极不干预"，甚至曲线阻挠[1]。戏曲作为一种民间活动，在英国人眼中是落伍娱乐，土气十足，不受重视，又遑论资助。香港艺术发展局报告所指，港英政府有时甚至利用民政法例管制过民间戏曲的演出，因搭建戏棚涉及场地安全问题[2]，如是，表演场地的设置近乎零建设。粤曲获得民间认同，过去半世纪，除了民间力量，"左派"支持十分重要[3]。本港名伶辈出，如新马师曾、芳艳芬、红线女、任剑辉、白雪仙，有经典名剧脚本等，如唐涤生的《帝女花》《紫钗记》等。每次表演却总是有这样、那样的问题，因为"地以罕为贵"[4]。若从一种场所设定而言，港英政府对之零支持，场所运用只能散落在民间的表演场地上。戏曲后来受到官方较多的重视，我们可从场所变化来说明。笔者拟从新光戏院、油麻地戏院和戏曲中心来说明变化，我们亦可看到一种情感。首先是新光戏院。新光戏院于 1972 年开业，位处北角。北角是传统内地南来的人的聚居地，先是上海人，后来以福建人为主。六七社会运动，位处北角的新都城是重点大厦，新光戏院正位于新都城对面的侨冠大厦。同时，霍英东于 1980 年出任新光娱乐有限公司董事长，并经营其事业，其后管理人有所更替，但重要者乃 20 世纪 80 年代起，新光戏院开始转型舞台演出。香港粤剧红伶新马师曾联同有京剧名家袁世海于 1984 年在新光合演《华容道》。林家声 1993 年新光戏院告别演出，一连 38 场，座无虚席。恢复行使主权后，戏曲表演场地并没有明显改善，商人罗守辉 2003 年以 1.6 亿港元向侨光置业购入新光戏院及侨辉大厦商场业权。罗守辉于 2005 年曾经一度以租约为由，拟收回物业，改建商场。后来，粤剧界人士汪明荃交涉，时任民政事务局局长何志平又从中斡旋，业主终于愿意延续租期 4 年至 2009 年。其后租约问题不断，但每次都在

---

[1] 香港艺术发展局. 香港文化艺术政策回顾（1950—1997）[M]. 香港：香港艺术发展局，2000-07-15.

[2] 香港艺术发展局. 香港文化艺术政策回顾（1950—1997）[M]. 香港：香港艺术发展局，2000-07-15.

[3] 许国惠. 1950—1960 年代香港左派对新中国戏曲电影的推广 [J]. 南京大学学报，2016，53（02）：137-149，160.

[4] 香港艺术发展局. 香港文化艺术政策回顾（1950—1997）[M]. 香港：香港艺术发展局，2000-07-15.

仆仆道途之争议声中来续约。

如上述，汪明荃等人努力，让新光得以继续成为本港戏曲之场地，其时为2009年。然而，2009年也是本港戏曲场所的重要转折点，因为油麻地戏院的活化，并成为戏曲长期的表演场所。

油麻地戏院于1930年落成，建筑物具有装饰艺术主义。油麻地戏院在1998年7月结束营业，同年由古物咨询委员会评为二级历史建筑。油麻地戏院专门放映邵氏电影，高朋满座。20世纪80年代，戏院加盟金公主院线，放映新艺城电影。但由于时代在发展，戏院没有积极同步发展，设施落伍，未能走上一线戏院的派头，渐渐成为次级戏院。到了20世纪80年代末加入"日活院线"，专门播放欧美及日本的色情电影。该院1998年7月31日正式结业，地政总署接收业权。政府于2009年启动活化计划，拟让油麻地戏院和附近红砖屋一同评定为历史建筑，改建为一所戏曲演出中心，并于2012年7月17日正式启用。香港八和会馆成为油麻地戏院场地伙伴。八和会馆是香港最具声望的戏曲团体，德高望重，汪明荃为主席。至此，本港戏曲始在场地方面得到支持，百年岁月，这年是2012年。今天回想，先辈到底如何挣扎求存，情以何堪。然而，油麻地戏院固然是重要的历史建筑，当时作为20世纪90年代本港一家"主流"色情电影院，今天变成了传统戏曲中心，真的有趣。

到了2019年，西九龙文化区的首所地标戏曲表演场地，即戏曲中心，正式开幕，并投入服务。我们看到戏曲从不被重视，直至较受重视，到今天成为文化政策的重要部分，其跟戏曲之表演场所的变化，有一衣带水的关系。正如萨依德所言，后殖民问题不是一个纯政治问题，而是从文化等角度来曲线了解。西九龙文化区的戏曲中心正是这样的一个例子，其政治因素，也是一个活现的文化个案，也体现了一种"我们"的新意义。

六、结论

从一种场所之论述，我们可以看到西九龙文化区的发展，"我们"如何赋予其某种场所的政治和文化意义，其今天文化区之始近成形，实在得来不易。我们可以从相关官方网页浏览不同文化区的建筑群，相片均在阳光灿烂的背景下呈现，君不见建筑群起地上来，但一种文化记忆无法忘怀。其中的戏曲中心更反映一段半百年来戏曲人如何在不安和艰难的岁月中奋进，不仅仅有这份文化的记忆，还创作出划时代的作品。人间事，不沉沦必奋起。

参考文献

[1] 中国外交部. 关于香港新机场建设及有关问题的谅解备忘录 [A/OL]. 条约数据库, 1991-09-03.

[2] 香港特区政府. 1998年度香港行政长官施政报告 [A/OL]. 香港特区政府, 1998-10-01.

[3] 曾荫权. 请以新眼光看西九龙 [A/OL]. 香港特区政府, 2004-12-06.

[4] 香港特别行政区立法会. 就西九文化区计划的财务状况及安排提供最新资料 [A/OL]. 香港特别行政区立法会, 2015-05-30.

[5] 香港特区政府文化体育及旅游局. 西九文化区 [A/OL]. 文化体育及旅游局, 2022-07-01.

[6] 香港特区政府. M+博物馆明开幕 首年免费入场 [A/OL]. 香港特区政府公布, 2021-11-11.

[7] 薛莹. 欢娱与城市 [M]. 南京：东南大学出版社, 2008.

[8] 许纪霖. 帝国、都市与现代性 [M]. 南京：江苏人民出版社, 2006.

[9] 王淑英, 殷伟宪. 无解良品 [M]. 香港：中文大学社会科学院, 2006.

[10] 布鲁克. 文化理论词汇 [M]. 台湾：巨流图书有限公司, 2003.

[11] 吴志华. 文物链接古今——访香港故宫文化 [N]. 文汇报, 2022-05-22.

[12] 文纪乔. 香港故宫文化博物馆7月开幕！[N]. 香港01, 2022-05-12.

[13] 许国惠. 1950—1960年代香港左派对新中国戏曲电影的推广 [J]. 南京大学学报, 2016, 53（02）.

[14] WILLIAMS P, CHRISMAN L. Colonial Discourse and Post-Colonial Theory：A Reader [M]. England：Longman, 1994.

[15] FEUCHTEANG S. Making Place [M]. Great Britain：UCL P, 2004.

相关附图

附图1 香港故宫文化博物馆（笔者林援森摄）

附图2 戏曲中心（笔者林援森摄）

附图3　M+博物馆（笔者林援森摄）

附图4　M+博物馆入口（笔者林援森摄）

略论国博藏革命历史画与博物馆教育

李文秋[①]

中文摘要：该论文以国博藏革命历史画为研究的切入点，首先，对革命历史画的定义和类型进行论析；然后，对国博组织的五次大规模革命历史画创作及代表作品进行系统梳理，进而分析博物馆教育与革命历史画展览的关系；最后，对革命历史画在博物馆教育中的作用做出简要论述。

关键词：国博；革命历史画；博物馆教育；作用

革命历史画不仅是最具中国特色的绘画类别之一，还蕴含了丰富而深刻的革命文化价值，在新中国美术史上占据着十分重要而特殊的地位。在进入新时代的今天，党的十九大报告明确要求："继承革命文化，发展社会主义先进文化，不忘本来、吸收外来、面向未来，更好构筑中国精神、中国价值、中国力量，为人民提供精神指引。"因此，革命历史画的现实意义进一步得到加强。

一、革命历史画释义与分类

对革命历史画的定义，李天祥教授认为："革命历史画是指反映我国新民主主义革命以来的历史题材的作品，它在迄今的美术史上是个新生事物。它是伟大无产阶级革命时代的产物，标志着工农民众的觉醒，体现了新时代的精神；揭开了美术史上的一个新篇章；开创了美术创作的新纪元"[②]。这种定义虽然在特定的时代背景下具有一定的正确性，然而似乎还可以进一步完善。

首先，革命性和崇高美是革命历史画在题材内容和美学意义上最为显性的特

[①] 李文秋，男，1974年生，博士研究生毕业，研究馆员职称，曾任中国国家博物馆艺术品鉴定中心书画鉴定组组长，著有《康熙朝董其昌传派书法家研究》《元显儁墓志》《妙合神形：明清肖像画》，先后在《美术研究》《美术》《中国国家博物馆馆刊》《中国书画》等学术刊物上发表论文70余篇。

[②] 李天祥，赵友萍. 革命历史画是新时代的产物[J]. 美术, 1983 (07)：17-19, 22-27.

色。但是，这种革命性并非与人性是一种对立关系，也就是说，其在凸显革命性的同时，并不反对人性，而恰恰要歌颂和表现特定的历史阶段和历史环境下，人的崇高本质和丰富内涵。革命历史画"重要的是从历史画中体现出高尚的革命精神，这是革命历史画的灵魂"①。革命历史画以其壮观、昂扬、积极的表现内容，彰显了美学意义上的崇高美。有学者言："革命历史画的美学特色在于崇高。这种崇高是精神上的伟大，即我们民族在革命历史进程中所表现出来的思想、人格、意志、感情的高尚和伟大。如果丢掉崇高，就会使革命历史画失去区别于其他绘画，或优越于其他绘画的特色。"②

其次，革命历史画是一个具有特殊规定性的画种，它表现的是特定的革命历史主题内容、事件、人物和场景。革命历史画的社会功能中比较突出的一点就在于能够为我们国家的社会主义核心价值观提供一种精神上构建的可能性。"它在表现时代内容、时代风貌和时代精神方面以及在社会与精神文明建设方面的特殊功能和作用，是其他绘画不能代替的"③。从创作目的上讲，革命历史画并不是为绘画而绘画，它是为了缅怀、再现、歌颂和赞美革命战争时期重要历史事件和人物的丰功伟绩与崇高精神，将之用绘画的语言记录下来，从而成为我们的精神财富，用以教育后代。"革命历史画的重要意义在于帮助人们了解过去，重温历史的真实气氛，激发人们为了理想、选择自己人生的道路"④。从这个角度讲，革命历史画带有很强的教育性。

最后，革命历史画又是历史性与艺术性的有机统一。基于历史性，革命历史画的内容基本真实、客观，它是真实的"历史"而不是随意的"演义"。因而，从艺术手法上讲，它基本以现实主义或写实主义为主。然而，革命历史画既是历史，又是艺术，我们不能把它当成革命历史的图解。那么，基于它的艺术性，就要求创作者对革命历史内容或主题进行艺术的再现或表现，并包含创作者的艺术感受，这样才能称其为完整意义上的革命历史画作品。

通过上述论析，笔者认为，所谓的革命历史画是指以革命战争时期特定的历史事件、人物和场景等为表现内容，以社会主义现实主义⑤为艺术创作手法，以缅

---

① 李天祥，赵友萍. 革命历史画是新时代的产物 [J]. 美术，1983（07）：17-19，22-27.
② 水天中. 军史画、革命历史画的美学特色 [J]. 美术，1983（3）：15-17.
③ 孙滋溪. 革命历史画需要振兴 [J]. 美术，1983（3）：15-17.
④ 侯一民. 我与革命历史画 [J]. 美术，1996（12）：7.
⑤ "社会主义现实主义"这个术语最早见于1932年5月23日苏联的《文学报》，并在1934年8月全苏作家第一次代表大会上被确认为社会主义的苏联文学创作和评论的基本方法（苏联文学词典 [C]. 南京：江苏人民出版社，1984：7.）。

怀、再现、歌颂和赞美革命战争时期重要事件和人物的丰功伟绩与崇高精神为主要创作目的，并借以教育后世。它是融革命性、历史性、艺术性、教育性为一体的一种特殊的绘画类别。

革命历史画如果从绘画手法的角度来区分的话，主要包括两种类型。其一，纪实性革命历史画。它强调历史的客观真实性，主要以写实主义手法描绘真正存在过的历史人物与真正发生过的历史事件、场景等。例如，董希文的《开国大典》（油画），詹建俊的《狼牙山五壮士》（油画）等。其二，表现性革命历史画。它强调作者今天对历史的主观评价与自我理解，甚至以适宜的虚拟和夸张来表现和突出革命历史主题，但必须有一定的历史依据。例如，全山石的《英勇不屈》（油画），王迎春和杨力舟合作的《太行铁壁》（中国画）等。

二、国博收藏之革命历史画梗概

中国国家博物馆（以下简称国博）是代表国家征集、收藏、保管、展示、阐释能够充分反映中华优秀传统文化、革命文化和社会主义先进文化代表性物证的最高国家机构，是国家最高历史文化艺术殿堂和文化客厅。新中国美术史上最重要、最具代表性、最有影响力的革命历史画基本被收藏在这里。

中国国家博物馆的前身为中国革命博物馆（以下简称革博）和中国历史博物馆（以下简称历博）[1]。1949年以来，中国国家博物馆以革博为主，历博配合，分别于1951年、1959年、1965年、1970年、1977年五次大规模组织革命历史画创作。新中国成立前后，筹备中的革博就承担了革命历史画创作的重要组织者角色。1949年3月，北平军事管制委员会文化接管委员会委托北平历史博物馆代为征集革命文物，为即将建立的革命博物馆做准备。"1950年，筹备中的中国革命博物馆先后在上海、北京两次召开美术工作者座谈会，初步研究如何完成革命史的绘画雕塑工作"[2]。1950年8月11日，筹备处邀请在京的部分美术工作者来馆，座谈革命历史题材美术作品的创作问题。邵宇、古元、吴作人、王临乙、董希文等出

---

[1] 1912年7月9日，民国政府教育部决定设立国立历史博物馆筹备处。1920年11月，国立历史博物馆正式成立。1949年10月，改名为国立北京历史博物馆，隶属中央人民政府原文化部。1950年3月，成立中央革命博物馆筹备处。1958年10月，在天安门广场东侧修建新馆，1959年8月工程竣工，成为新中国成立十周年十大建筑之一。1960年8月，"北京历史博物馆"更名为"中国历史博物馆"，"中央革命博物馆"更名为"中国革命博物馆"。1969年9月，中国历史博物馆和中国革命博物馆合并，称中国革命历史博物馆。1983年初，分设为中国历史博物馆和中国革命博物馆。2003年2月，在中国历史博物馆和中国革命博物馆两馆基础上正式组建中国国家博物馆。

[2] 来自1951年的呈送1950年度工作总结。

席了座谈会。同年，革博筹备处还接到中宣部和原文化部的指示，为举办"中国共产党三十周年纪念展览"向知名美术创作人员征集党史主题美术作品。筹备这个展览是当时革博筹备处工作的重中之重，为此，从1951年3月起，革博筹备处首次组织了以党史主题为核心的革命历史画创作。他们专门成立革命历史画创作领导小组，成员为蔡若虹、罗工柳、江丰、王朝闻等，负责组织北京、华东、华南等地比较知名的美术家为展览进行创作。到1951年6月，这次创作任务便基本完成，最终完成作品100多件。1953年10月21日，革博筹备处致函中国美协，又提出对这批作品的增加和修改的要求。

由于表现力上的优势，这些作品以油画为主。其中创作于1950年的主要有胡一川的《开镣》等。其中创作于1951年的主要有罗工柳的《地道战》和《整风报告》，周令钊的《五四运动》，吴作人的《过雪山》，李宗津的《强夺泸定桥》，王式廓的《参军》，辛莽的《毛泽东在延安著作》，董希文的《抗美援朝》，宗其香的《不朽的英雄杨根思》，冯法祀的《兴国调查》，黎冰鸿的《烧地契》，张漾兮的《巧渡金沙江》等。其中创作于1953年的主要有董希文的《开国大典》，肖肃的《支前》等。其中也有少量国画作品，主要有蒋兆和创作于1951年的《抗美援朝》和《领到土地证》等。

1959年10月前后，历博推出"中国通史陈列计划"，革博筹备处推出"旧民主主义、新民主主义、社会主义三个革命建设时期的陈列计划"。为配合新馆开馆，"革博筹备处提出了陈列所需126件美术作品的创作计划。当年11月，筹备处制订了103件美术创作项目，由中国美协具体负责向全国美术家布置创作任务。自1959年3月起，多次从有关单位借调美术工作人员实施创作。1959年10月21日，又按照新的方案补充、调整陈列，新增绘画作品15件，雕塑9件"①。"1959年4月20日，中宣部专门召开会议，听取历博、革博筹建工作汇报，并指定两馆的历史画创作由蔡若虹、罗工柳负责"②。此后，1960年和1961年，革博又分别对原来的创作目录进行了修改和新增，并陆续组织画家进行创作补充。这次大规模的革命历史画创作，诞生了一批彪炳新中国美术史的优秀作品。油画方面，创作于1959年的主要有蔡亮的《延安火炬》，詹建俊的《狼牙山五壮士》，黎冰鸿的《南昌起义》，艾中信的《东渡黄河》，董希文的《百万雄师过大江》，林岗的《狱中斗争》，吴作人的《孙中山和李大钊》，靳之林的《毛泽东在延安生产》，靳尚谊的《送别》，王恤珠的《红军回来了》，任梦璋的《攻克锦州》等。其中创作于

---

① 出自1959年的中国革命博物馆新增美术作品及辅助陈列品目录。
② 北京博物馆学会. 北京博物馆年鉴[M]. 北京：燕山出版社，1989：174.

1960年的主要有钟涵的《毛泽东到了陕北》等，创作于1961年的主要有罗工柳的《毛泽东在井冈山》和《井冈山》，侯一民的《刘少奇和安源矿工》，全山石的《英勇不屈》，王征骅的《武昌起义》，靳尚谊的《毛泽东在十二月会议上》，邱叔养的《中日黄海海战》，黄金声的《大军回来了》，肖锋的《六三罢工》等。其中创作于1963年的主要有钟涵的《延河边上》等。中国画方面，创作于1959年的主要有叶浅予的《北平解放》，石鲁的《转战陕北》，李可染的《六盘山》，程十发的《台湾林爽文起义》，王盛烈的《八女投江》，刘勃舒的《大青山的骑兵》，方增先的《围攻北站》，李斛的《农民支援北伐军》，宗其香的《巧渡金沙江》，邵宇的《上饶集中营》，闻立鹏的《血债》，杨之光的《红日照征途》等。

20世纪60年代初，随着新形势的演变和国家政策的发展，革博革命史的陈列需要做新的调整。1965年，革博第三次组织了革命历史画创作。这一年还成立了党史画创作组，中宣部指定李兆炳、王宗一、苏一平、蔡若虹、王式廓组成五人小组，负责此次创作，由王式廓担任业务领导和党支部书记。自1965年6月起，创作组从全国各地借调约25名油画创作者到京。1965年7月初，美术创作人员开会讨论了过去革命历史画创作中存在的问题。1965年8月，五人小组在会议上，确定了约14个革命历史画选题并初步拟定了对应的创作人员。到1965年9月19日，革命历史画创作组完成了第一批草图。十分可惜的是，由于"文革"浪潮涌动，1966年4月，这次创作活动被迫中止，最终完成并保存下来的画作十分稀少。

1969年9月，革博与历博两馆合并为"中国革命历史博物馆"（以下简称革历博）。1970年，中国革命历史博物馆逐步开始恢复业务工作，并重新着手酝酿筹办基本陈列"中国通史陈列"和"党史陈列"。这一年8月间，为向建党50周年献礼，"党史陈列"急需重新创作一批美术作品。于是，合并后的革历博组织了第四次革命历史画创作。这次创作从1970年底开始一直持续到1976年"文革"结束。油画方面主要有1971年，邓澍《农村调查》，周树桥《湖南共产主义小组》，卫祖荫《毛泽东领导长沙泥木工大罢工》。1972年，宋志坚《牛栏岗大捷》，王雁《莱阳抗捐》。1973年，梁玉龙《五四运动》。1974年，全山石《重上井冈山》，秦大虎《上前线》。1975年，赵域《毛泽东同志长征胜利到陕北》，马常利《秋收起义》，詹建俊《好得很》，林岗《井冈山会师》，尹戎生《烧地契》。1976年，候一民《毛主席与安源矿工》，李宗津《抢夺泸定桥》。中国画方面主要有1972年邵宇《巴黎公社社员墙》、范曾《毛主席在湖南农民运动讲习所》，1975年范曾《遵义人民迎红军》。

1977年9月，为纪念毛泽东逝世一周年，由原文化部和国家文物事业管理局联合举办"毛主席永远活在我们心中"全国美术作品展览，中国革命历史博物馆协办并作为展览场地。"美展工作小组和中国革命历史博物馆组织了全国各地的美术家进行毛泽东题材的主题性创作,共接受油画80件"①。这是革历博参与组织的第五次大规模的全国革命历史画创作。这次展览的优秀代表作品基本被革历博收藏,作品大多创作于1977年。油画方面主要有吴冠中《重比泰山》、陈衍宁《问苍茫大地谁主沉浮》、李天祥《林祥谦英勇就义》、邓澍、侯一民《毛泽东和朱德在挑粮路上》、尹戎生《夺取全国胜利——毛主席和老帅们在一起》、詹建俊《试看天地翻覆》、靳尚谊《数风流人物还看今朝》、赵友萍、李天祥《山花烂漫时》,《你办事我放心》、张自申《第一次会见》、王路《中南海的灯光》、林岗、庞涛《万里长征诗不尽》、刘天呈《十里长街》。中国画方面主要有黄胄《周总理指挥我们唱革命歌曲》、周思聪《敬爱的周总理永远和我们在一起》、刘勃舒《亲密战友》。

1977年以后,革历博、分开后的革博与历博以及合并后的国博再也没有大规模地组织革命历史画创作。其间,只是偶尔根据陈列的需要约了一些画家进行针对性创作,或者征集和接受捐赠。在前述这五次大规模的革命历史画创作中,1951年和1959年创作的经典作品最多,最后两次的创作,整体上多少有一些"文革"样式化、概念化的色彩。

三、简析革命历史画展览与博物馆教育

新中国成立以来,我国的教育事业虽然取得了丰硕的成果,然而作为中国教育重要组成部分的博物馆教育在中国大陆却显得比较薄弱。《日本博物馆法》第2条第1款中将博物馆定义为:"本法所称'博物馆',指以收集、保管、展示(含培育,以下亦同)历史、艺术、民俗、产业、自然科学等相关资料,于教育考量下供一般大众利用,为推广教育、调查研究、娱乐等进行必要活动,并进行上述所有相关资料之研究调查为目的之机关"。1989年,国际博物馆协会(ICOM)则将博物馆定义为:"博物馆为社会及其发展提供贡献。它是以研究、教育、娱乐为目的,对人类与环境之间的相关资料加以搜集、保存、研究、传达、展示,为非营利性常设公共机构。"② 面向公众和社会的教育显然是博物馆的重要功能之一。但是,长期以来,在以展览为绝对核心业务的传统观念的指引下,博物馆更多是在发挥着一个展览馆的作用,其教育功能和作用并没有得到应有的凸显。

当下,"博物馆教育"显然已成为一个固有名词。博物馆教育属于博物馆学的

---

① 出自1977年的全国美展简报(第一期)。
② 郑凤恩. 近代美术馆发展之研究 [M]. 台北:财团法人台湾省文化基金会,2002:7.

分支，同时，它在更大程度上承载着公众和社会教育的重任，又属于教育学的一个下位学科。由此，博物馆教育可以说是一个游离于博物馆学和教育学之间的交叉学科，具有较强的跨学科性和灵活性。它是以博物馆为媒介和途径面向社会和公众开展的教育。因此，笔者认为，所谓的博物馆教育是以儿童、青少年、成人和老人等不同年龄层次的公众为教育对象，以鉴赏、制作、临摹与创作等为教育手段，通过解说、体验和互动等教育形式，在博物馆实施的教育。

博物馆教育在很大程度上通过博物馆的展览而得以开展。单就革命历史画展览而言，其特色之一就在于具有较强的鉴赏性。鉴赏与欣赏有一定的区别，前者是比后者有更高层次的认知活动，比后者更加深入。相较而言，鉴赏是"赏析"和"鉴别"之意，其目的是通过"赏析"来实现"鉴别"，而欣赏更多的是指一种感官上的认同。鉴赏的内容包括作品的艺术语言、表现手法、题材、内容、作品的象征意义和精神内涵等方面。

笔者这里所说的革命历史画展览具有较强的鉴赏性，是与一般画册、图片和印刷品等相较而言的。在革命历史画展览中，观众可以鉴赏革命历史画原作，同时借助博物馆展厅的情景性气氛映衬和烘托，从而使革命历史画更加彰显浓郁的鉴赏性特点。国博近期举办了"屹立东方——馆藏经典美术作品展"，其中有很多革命历史画经典作品。比如，展出的董希文油画《开国大典》，我们以往更多在历史教科书的彩页上对之熟视已久，甚至有人想当然地认为它是照片。这幅杰作不是照片式的"图示"或"图解"，而是一幅优秀的革命历史画经典。因此，在革命历史画展览中，观众可以亲见这幅杰作的原貌，从而能够情景性地鉴赏这幅作品的形式语言、内容、主题乃至精神内蕴和象征意义。

革命历史画展览在博物馆教育中的作用主要体现在两方面。其一，艺术教育作用。从美术本体的角度看，革命历史画不仅是优秀的美术鉴赏范本，还在特定的历史时刻，成了绘画爱好者走进艺术殿堂的"启蒙良师"。其二，革命历史传统教育作用。由于革命历史画的特殊主题内容和精神内涵，其在爱国主义教育、集体主义教育、革命英雄主义，以及艰苦朴素的优良传统作风等方面的革命历史传统教育作用尤为显著。

四、革命历史画对于博物馆教育之特殊作用

（一）能够强化人们对革命历史画的认知能力

从心理学的角度看，认知是指人们获得知识或应用知识的过程，或者指信息加工的过程。这是人最基本的心理过程。认知包括感觉、知觉、记忆、想象、思维和语言等。按照心理过程，人脑通过接受外界输入的信息，进而经过头脑的加工处理，转换成内在的心理活动，再进而支配人的行为，这个过程就是认知的过程。基于此，在博物馆教育中，学生通过接受革命历史画的形象性和直观性信息，信息经过他们大脑的能动处理，在转换成内在心理活动的同时，也加强了人们对革命历史画的感觉和知觉，增强了他们对革命历史画的记忆，最终增加了他们对革命历史画的认知。当然，从美术本体的角度而言，这种认知主要是指对革命历史画的形式、内容、艺术手法、绘画特点等的感觉、知觉、记忆、想象和思维等。

别具一格的是，博物馆能够营造出一种更加有利于彰显革命历史画作品教育性特点的环境和气氛。这种环境和气氛显然有利于提高人们对革命历史画的认知，诚如瑞士教育家皮亚杰所言："明确心理发展过程是一种客观存在，要研究适合儿童特殊兴趣和需要的智力养料。同时，良好的教育环境对儿童心理发展起决定性作用，并且要通过研究不同年龄、不同发展阶段儿童的思维内容，更有效地发挥教育的这种决定性作用。"[①] 根据这种论点，我们不难发现，皮亚杰所说的核心要义在于"良好的教育环境对儿童的发展可以起到决定性作用"。毫无疑问，博物馆具备这种"良好的教育环境"的条件。

（二）可以深化人们对革命历史传统教育价值的认同感

根据美国教育家布鲁纳（J. S. Bruner）的"认知—发现说"，学生的心理发展既与环境之间互为影响，又独自依照自己独有的认知程序向前发展。教师要在学生智慧或认知的生长过程中起到帮助或促进作用。基于此，学生在认知革命历史画美术本体的基础之上，通过其自身能动性的感觉、知觉、记忆、想象、思维等认知程序，其对革命历史画的认知程度也在不断加深。随着认知程度的加深，革命历史画所独有的革命历史传统教育价值也会在一定程度上得到逐步的"发现"和"认同"。尤为要者，他们借助博物馆的特殊介质、环境和氛围，以及教师的帮助和促进，深化人们对革命历史传统教育价值的认同。

同时，根据建构主义观点，人们在与周围环境相互作用的过程中，逐步建构知识并发展自身的认知结构，这个相互作用包括"同化"与"顺应"两个基本过程。所以，在博物馆教育中，人们通过鉴赏和体验革命历史画，将革命历史画的有关信息吸收并整合进学生已有的认知结构中，从而达到了一种"同化"。再者，人们自身的认知结构又因作为外部刺激的革命历史画的影响而发生重组与改造，从而实现了一种"顺应"。无论"同化"或者"顺应"，它们都能使学生对革命历史画所彰显的革命历史传统教育价值的认同得到深化。换言之，人们对革命历史

---

① 皮亚杰. 教育科学与儿童心理学 [M]. 傅统先, 译. 北京: 文化教育出版社, 1981: 176.

传统教育价值的意义、性质,以及其与人们认知结构的内在关联性等都得到了一种升华,从而臻至"意义建构"的境界。

(三) 一定程度上可以对人们未来的价值取向和行为趋向产生积极影响

我们知道,认知是指人们获得知识、应用知识、信息加工的能动过程。根据认知心理学观点,在认知心理的发展过程中,人脑接受外部传入的符号和信息,这种符号和信息经过大脑的能动性加工和处理,进而转换成人的内在心理活动,最终会支配人的行为。基于这种理论,学生在博物馆教育中经过接受革命历史画所输送的符号和信息,这种符号和信息转经人脑的能动性处理和加工,从而逐渐地转换成一种内在的心理活动,最终会对人们未来的学习和生活中的行为趋向和价值取向产生一定的正面影响。

上文所梳理的五次大规模创作的革命历史画不仅是中国国家博物馆的珍贵藏品,还是新中国70多年以来的文化艺术硕果,具有十分特殊而重要的价值。"不要以为革命历史画就是'遵命文艺',革命历史画是一代革命艺术家用自己生命的投入倾吐出来的忠贞与信念,是他们对历史的理解和对后人的呼唤"[1]。革命历史画所独有的革命历史传统教育价值及其在博物馆教育中的特殊作用,理应被重视起来。

参考文献:

[1] 北京博物馆学会. 北京博物馆年鉴 [M]. 北京:燕山出版社,1989.

[2] 并木诚士,米屋优. 日本现代美术馆学 [M]. 薛燕玲,黄贞燕,译. 台北:五观艺术管理有限公司,2003.

[4] 郑凤恩. 近代美术馆发展之研究 [M]. 台北:财团法人台湾省文化基金会,2002.

[5] 皮亚杰. 教育科学与儿童心理学 [M]. 傅统先,译. 北京:文化教育出版社,1981.

---

① 侯一民. 我与革命历史画 [J]. 美术,1996 (12):7.

价值共创视角下的零售品牌战略*

郭小强①

摘要：本文通过对国内外相关案例进行归纳分析，探讨当前零售品牌战略中的价值共创实践活动，发现在本土零售品牌崛起趋势下，品牌战略的制定体现出的价值共创特征更为清晰，因此零售品牌战略应具有鲜明的价值共创特征。笔者认为零售品牌需从战略着眼进行价值共创，品牌战略中的价值共创特征对于消费者对品牌的认知具有关键作用。在系统研究品牌形象与服务贯彻价值共创、战略决策以及产品显示出的品牌价值自我发掘，以及产品的价值共创切入等方面内容后，指出当前零售品牌价值共创具有战略意义。同时本文也展望了本土新零售市场的潜力，指出本土新零售品牌战略所面临的挑战。

关键词：价值共创；零售品牌；品牌战略

一、引言

零售品牌当下正处于关键的转型期，呈现了日益明显的趋势性。这一发展趋势在品牌战略制定中彰显了明显的价值共创特征，品牌从传统的商品中心逻辑向服务中心逻辑和价值共创逻辑转变。我们想要实现零售服务的价值共创，需要零售商提供卓越的服务、精准的决策，以及吸引力十足的产品组合。

在零售市场中，品牌内涵不断演变。一般而言，品牌包括商品或服务的名称、语句、图形以及相关组合形式的诠释。视觉元素被认为是关键的传播工具，直接展示产品的品牌形象，从而促进销售，提升品牌价值，并影响消费者。麦可·J.贝克认为品牌是商品或服务价值的综合体现，通常以特定的形象符号作为标识。以上观点阐述了品牌信息的丰富和多样性，包含了品牌固有的符号意

---

* 本文系教育部规划基金项目成果（项目号：23YJAZH043）。

① 郭小强，北京工商大学设计与艺术学院副教授。

义，也体现了品牌的价值属性，展示了品牌形象的丰富性。菲利普·科特勒对品牌的阐述，加入了品牌是卖方不断为买方提供一系列产品特点、利益和服务的承诺的表述，探讨了多元化的零售行为主体之间的关系。随着价值共创理念的形成与发展，顾客体验和服务主导逻辑成为探讨价值共创的主要视角。早期的价值共创关注点在顾客和企业之间的价值共创关系上，从单一的销售到消费者转变为品牌价值创建的参与者。随着互联网对零售品牌传播和商业的巨大推动，价值共创主体逐渐趋向丰富和多元化，包括供应商、合作伙伴和顾客等市场参与主体，他们共同推动零售品牌的不断发展。

二、零售品牌服务

零售品牌依赖卓越的服务，旨在建立良好的顾客体验，将顾客管理置于价值共创的核心地位。品牌通过提供优质服务来传递其内在价值，从而建立消费者对品牌的信任。零售品牌通过展示综合品牌形象来增强其积极的服务形象，从而增强与消费者之间的黏性。消费者在与品牌互动的过程中，通过感知和体验品牌形象特质来理解品牌信息，这在品牌战略实践中具有关键作用。品牌形象通过传递信息直接展现在消费者眼前。零售品牌形象对消费者的购买行为产生深远影响，独特的品牌形象有助于企业确立品牌形象、提升品牌竞争力、改善市场表现。分析消费者对品牌细节问题的感知，品牌经营者能够意识到品牌形象表达与消费者体验的一致性。在品牌形象的微小表达环节中，细节的处理至关重要，直接影响消费者对品牌的整体认知。作为零售的重要场景，店面环境起到连接消费者与商品的纽带作用，这也是品牌创造价值的重要空间。例如，星巴克通过创造第三空间为消费者创造了超越生活和工作的全新体验场所。这种场景为目标消费群体提供了清晰明确的服务，其中包括实物陈列和展示细节，以及视觉形象等多种因素，表明品牌形象集中于顾客体验来反映价值共创。在零售场景中，基于价值共创的品牌战略落实于品牌形象。消费环境与空间布局的体验与感受建构品牌形象。柳井正在谈优衣库品牌形象时提出个人见解，特别在销售空间细节处理方面。优衣库首家专卖店致力于打造让顾客自由选择的环境，主通道宽敞笔直，与其他通道狭小且行走不便的品牌专卖店有所不同。店面天花板露出水泥框架，使消费者感到天花板更高且具有空间感。柳井正对销售细节的处理非常具体，展现了优衣库品牌形象上的一丝不苟，提出的具体执行方案是针对性的，具有独特的品牌识别特征。柳井正认为优衣库品牌必须注重基本功能。优衣库在服务和环境方面的运营策略与消费者密切参与和共同创造价值密切相关，具体到天花板和通道等实际要素，成功地实现了消费者参与和品牌价值共创。

价值共创赋予品牌形象更深刻的内涵。基于消费者参与的价值共创体验，企业创造与众不同的市场优势，通过直接与消费者互动和定义共同利益来促进价值共同创造，消费者在价值共创过程中发挥着重要作用。海底捞品牌能够在品牌竞争中脱颖而出，得益于其消费者体验。海底捞通过提供高品质的服务体验，以及专业和独特的服务流程，实现了与消费者的紧密互动和共创价值。海底捞的服务不是传统意义上用餐体验优化，而是融合社交、娱乐和美食的综合性体验。其特色的服务流程，如餐前等待，海底捞为顾客提供丰富的休闲小食和棋牌游戏，以及为消费者提供美容护理服务，为顾客带来额外的享受。其为客户提供定制的调味品，增强了顾客的参与感和满意度。通过这些服务创新，海底捞品牌不仅优化了消费者的就餐过程体验，而且激发了顾客参与，共同塑造了海底捞这一品牌特有的价值共创场景，对品牌战略造成了积极的影响，价值共创成为建构了该品牌形象识别度的关键因素。高黏性的全面服务成为价值共创的特点，体现了重要的品牌战略价值，因而也成为后来零售品牌争相效仿的典型战略范本。

品牌服务的鲜明特征构成了差异化与个性化的品牌形象，因此对寄希望于服务来缔造独特品牌的战略设想，我们需要注意品牌服务的灵活性和适用性。如果将品牌服务简单地理解为程式化的品牌行为，模仿强势品牌，势必导致品牌管理和品牌形象僵化。毫无新意的品牌服务会造成消费者体验的同质化，以至于品牌与消费者之间形成无形的隔阂。因此，价值共创的出发点是通过服务创建消费者与零售品牌之间的新型融合关系，让消费者成为价值共创的独特主体。

三、零售品牌决策

价值共创在零售品牌决策中优化和改进现有品牌战略，在具有相对稳定的特征和趋势性的品牌发展进程中孕育新的品牌成长点。消费者通常对优质品牌持积极印象，从而在消费过程中能够持续构建有效的品牌认知闭环，不断促进和巩固品牌与消费者的积极关系。知名的本土老字号品牌同仁堂，长期以来依靠稳定优质的品牌形象赢得了消费者的广泛认可，其品牌战略保持稳定且持续。为了拓展零售市场，寻找新的品牌成长契机，同仁堂同样面临艰巨的任务，因此推出了"知嘛健康"品牌。这一战略举措面向新消费群体，通过可塑性和灵活性品牌促进消费者体验与参与，优化了老字号品牌的消费体验。借助构建新品牌来优化品牌与消费者沟通，这一战略举措具有普遍适用性。McCafé 是麦当劳旗下的咖啡店品牌。它是麦当劳为了扩大咖啡业务而推出的子品牌，旨在提供高品质亲民的咖啡产品和便捷化服务。McCafé 品牌的诞生体现了品牌战略的积极变化。在 McCafé 和星巴克这两个著名咖啡品牌的品牌战略比较中，我们可以看出，它们在消费者参与、体验和品牌价值创造方面有所区分。星巴克以中高端的咖啡文化和社交体验为特色，营造多元化的社交环境，鼓励消费者参与并共同创造独特的消费价值。星巴克注重从源头到终端的全方位消费者参与，通过独特的咖啡供应链和精心打造的社交空间，构建积极的品牌社区。相比之下，McCafé 侧重于快速服务与便利性，与麦当劳分店的空间组合共同构建了消费者的便捷体验。尽管两者的品牌价值有所差别，但它们都通过价值创造有效满足了不同群体的消费体验与需求。值得一提的是，McCafé 该品牌在形象上引人注目，黑、白和黄色的结合既保留了麦当劳品牌的形象，又具有新的品牌特征。在消费者和品牌之间的价值共创关系基础上，它探索了品牌与品牌之间的价值共创关系，构建了更具优势的强势品牌关联性。

价值共创不仅促进品牌战略决策的创新，而且对纠正品牌主观认知偏差也具有重要的实践意义，显示了这方面的战略实践意义。品牌能够在消费者心中形成持久的良好印象，这是品牌内部价值和外部形象共同作用的结果。过度依赖过去历史经验的做法可能导致严重的品牌问题，这是品牌战略中自我认知的重要组成部分。日本办公家具品牌伊藤喜第十一任总裁松井认为，在市场中企业如果认为某种产品已经取得成功，即使销售有所下滑，也会认为品牌尚可维持。因此，许多公司最终因依赖过去的成功而忽视潜在问题，不得不破产。里斯的著作强调了品牌自我认知对塑造个人或组织品牌形象的重要性。她通过举例，指出聘请市场研究机构调查客户来了解品牌认知，但在调查结果出来后，通常会出现公司负责人对自身品牌认知与客户看法不一致的情况。这种情况并非个案，而是普遍存在的。这反映了品牌战略认知中主客观之间存在根本性问题。品牌管理者通常对品牌充满信心，甚至表现出极度自信。然而，客观事实并非如此，消费者对品牌的认知与品牌管理者的自我印象存在明显偏差，因此管理者客观正确的品牌自我认知至关重要。

当前，未能及时转变思维的品牌的优胜劣汰为我们提供了一些启示，凸显了品牌战略中提升自我认知的重要性。一些线下零售品牌的脆弱显示了品牌自我判断失当和战略意识模糊的现象。经历了亚洲金融危机并屹立不倒的香港泰林电器行，在 2008 年宣布清盘。这家有着 60 多年历史的老字号品牌最终倒闭，安永会计师事务所透露泰林负债超过 1 亿港元。然而，此前的资料显示泰林曾拥有 13 家分店，其在香港本地的电器连锁市场中曾一度排名至第四。泰林电器行专注于自身发展，然而忽视了周围环境的变化，未能及时适应新的变革，在无法顺应趋势性发展中被市场淘汰。

四、基于价值共创理念的零售产品

产品在零售战略角度具有独特的品牌意义，其关键作用在于能够成为品牌战略制胜的重要节点。零售品牌在很大程度上依赖关键产品实现市场突破，突出的产品具有明确的价值共创特征。消费者成为价值创建的主体，消费偏好与品牌决策契合提升决策效果、改善消费者体验。精确的决策并非对市场主观揣测的必然结果，而是消费者需求与预期的客观呈现，消费者在品牌的产品实践中具有主导作用。每一个热门产品背后都对应着一种更积极的需求，并具有带动市场预期的独特性。好的产品源于消费者的需求。产品是消费者最佳兴趣点和最大满足感的体现。产品因其使用功能或外观形象等因素而受到消费者青睐，这促使消费者购买。这可以被视为一种基于使用的价值创造关系。消费者因要使用某一产品而对该产品更加关注，购买后在使用过程中进一步产生好感，对产品有很好的评价，从而加深了购买关系。戴维·阿克阐述了品牌个性的重要性，品牌个性是使品牌与众不同的关键，使其具有独一无二的特质。品牌缺乏对市场本身的尊重，有可能被市场忽视，其产品也必然会湮没在众多同类产品中。品牌在市场中只有足够优秀才能脱颖而出突破消费沟通屏障，获得消费者青睐的机会。有影响力的品牌必然需要清楚认识品牌和消费者之间的距离。品牌战略的任务即运用价值共创突破障碍。

零售品牌的价值共创主体不断丰富，从而创造出强势产品。作为活跃于中国本土饮料市场的标志性产品——红罐王老吉凉茶有很高的市场知名度。该产品在市场中的美誉，证明"怕上火，喝王老吉"产品概念的成功。王老吉产品取得了良好的消费者反馈，红罐包装与麻辣火锅、熬夜看球、夜宵烧烤等消费者的典型体验场景相契合，价值共创主体转变为消费者，在当时的市场中塑造了独特的产品印象。一直以来，该品牌的成功均被认为来自巧妙的广告语创意，然而如若从整体的品牌战略上深究，我们不难发现这样一个典型的品牌内在特征，即消费者作为价值参与主体在品牌塑造中的作用。消费者的体验始终得以突出强调，准确一致地凸显了典型场景中消费者的体验，产品与之相呼应。价值共创主体不断丰富和发展，在另一个典型的本土案例中，价值共创的参与主体则呈现更加多元化，不同的价值共创主体共同构建了品牌知名度。广西名小吃"螺蛳粉"以米粉搭配酸笋、花生、青菜等调味品及加入螺蛳汤食用。这一零售食品的市场容量近百亿元，全国现有门店数量5000多家。2008年，螺蛳粉的手工制作工艺入选了广西非物质文化遗产名录。在经销商、网红达人、消费者等多元参与主体共创过程中，这一地方特色产品的知名度迅速提升，其成为我国众多地方特色产品中的优势品牌。品牌推动产品开发，多元化价值共创主体不断发展。茶饮知名品牌喜茶与知名的街头潮流文化融合推出联名产品，这一共创主体的探索与尝试快速实现了喜茶品牌战略的个性化，推出的联名产品在上市首日销量超过15万杯。这一案例也成为产品开发与品牌价值共创的成功典型，因而被更多品牌竞相效仿。无独有偶，瑞幸咖啡与茅台品牌合作的"酱香拿铁"产品，发展了这一共创关系而获得了巨大成功，"酱香拿铁"单品上市首日销售542万余杯，销售额超过1亿元。不断涌现的成功案例证实构建多元化的价值共创主体对零售产品的重要性。

零售产品的成功揭示了消费价值共识，市场因而呈现一定特征的消费态势。占据品类头部的产品能够成功地吸引市场关注，在形成品牌购买力的同时也被众多跟随品牌竞相效仿。进而，不断出现的跟随型品牌涌入市场带来了更为充沛的消费流动性，在提高消费者情绪价值的同时汇聚成趋势性的消费潮流。就产品层面而言，产品已经远超出单一的作为价格标的物的商品范畴，从而成为品牌价值共创的关键。价值共创塑造了全新的产品特征，产品内在的价值共创主体多样性是品牌战略的重要研究课题。

五、结论与启示

在当前新零售背景下，单一品牌价值主体已经无法适应当前的零售市场变革。中国作为全球最大规模、最具吸引力的零售与消费市场，蕴含着极大的品牌成长潜力和市场机遇，这对全球范围内任意一个消费品牌而言都极具吸引力和市场想象力。因此，在品牌价值共创成功经验基础上，作为本土零售品牌战略的制定与实施者，他们必然提出价值共创的可能并进行尝试，在积极探索价值共创过程中不断实践品牌创新。无论对当今本土创新型消费品牌还是已经占有一定市场份额的成功品牌，在未来的品牌战略中保守套用现成的零售品牌实践路径，会势必错失品牌成长机遇，这一点在当前品牌实践中已经得到证明。欧美零售品牌的海外经验也被证明不能直接复制到我国本土零售实践中。我们可以看到本土零售品牌持续发掘价值共创主体的多元性实践正在继续，价值共创实践丰富价值共创内涵，这为当今本土零售品牌战略提供了启示。

无论在国际零售市场还是在国内零售市场中，品牌战略都在发生趋势性变革。零售品牌的快速成长与迭代越来越明显，正因如此，零售品牌提升价值更为迫切。零售品牌战略研究正是在价值共创过程中得到不断深化的，进而通过探讨零售品牌价值共创趋向的创建主体，品牌战略制定和实施中的价值共创研究更加显现了针对当下零售现状的现实意义。由于篇幅所限，本文在探讨零售品牌战略中的价值共创实践问题上进行了案例归纳与观点整合，具体并未展开。本土零售品牌的实践研究仍有很大空间，以期研究者进行持续的深入探讨。

参考文献：

[1] 罗珉，李亮宇．互联网时代的商业模式创新：价值创造视角［J］．中国工业经济，2015（01）．

[2] 陈冬梅，王俐珍，陈安霓．数字化与战略管理理论——回顾、挑战与展望［J］．管理世界，2020，36（05）．

[3] 钱明辉，徐志轩．基于机器学习的消费者品牌决策偏好动态识别与效果验证研究［J］．南开管理评论，2019，22（03）．

[4] 赵恩北．零售品牌形象、感知价值与消费者惠顾行为关系探讨［J］．商业经济研究，2019（22）．

[5] 钱丽娜．星巴克"第三空间"进化论［J］．经营管理者，2015（08）．

[6] 张婧，邓卉．品牌价值共创的关键维度及其对顾客认知与品牌绩效的影响：产业服务情境的实证研究［J］．南开管理评论，2013，16（02）．

[7] 艾·里斯，劳拉·里斯．品牌的起源［M］．寿雯，译．北京：机械工业出版社，2013．

[8] 戴维·阿克．创建强势品牌［M］．北京：中国铁道出版社，2012．

[9] 大塚英树．否定自己才能生存 柳井正访谈实录［M］．田龙姬，译．北京：中华工商联合出版社，2013．

[10] KOTLER P. Atmospherics as a Marketing Tool［J］. Journal of Retailing, 1973, 49 (4).

[11] KOTLER P, KELLER K L. Marketing Management［M］. Pearson Education Limited, 2016.

[12] PRAHALAD C, RAMASWAMY V. Co-Creation Experiences：The Next Practice in Value Creation［J］. Journal of Interactive Marketing, 2004, 18 (3).

[13] PETERMANS A, VAN CLEEMPOEL K. Designing a Retail Store Environment for the Mature Market: A European Perspective [J]. Journal of Interior Design, 2010, 35 (2).

20世纪早期民族品牌广告的民族性视觉叙事
——基于月份牌广告的考察

巴亚岭①

摘要：遵从和继承中国传统的年节仪式和整合意识，这是月份牌广告发展早期能够嵌入中国社会、发挥广告商业作用的重要文化动因。20世纪30年代，中国民族品牌的月份牌广告的民族性视觉叙事由单纯与洋商竞争、获取商业收益的经济目的和行为转变成政治、文化与商业等因素相交织的目的和行为，近代"文化保守主义"是这一转变的关键动因。具有民族性视觉叙事特征的月份牌广告对民族品牌而言是获得商业竞争优势、与洋商竞争，并在特殊语境下发挥社会文化和政治价值作用的关键因素。这种民族性风格亦为思考当下的国货潮和其他借助民族性符号的广告乃至品牌的创新发展提供了一条可资借鉴的历史路径。

关键词：月份牌广告；民族品牌；仪式；整合意识；文化保守主义

19世纪末20世纪初，月份牌广告在西方资本主义的入侵和刺激下衍生并快速发展，是商家用来宣传品牌和商品、提供商业服务的视觉媒介，具有广泛、深入传播的媒介属性。在承载盈利的经济需求之外，月份牌广告还借助特殊社会语境产生了独特的社会文化价值，具有广告史、社会学、民俗学、艺术学、女性学等方面的丰富内涵，是颇为复杂的内容包裹（package），为近代中国的文化公共领域提供了多样化的养料和资源。它的艺术性和社会性，远比当下所承认的20世纪中国民族品牌的广告所具有的特征更加丰富，也为后世重访当时民族品牌的广告宣传、品牌形象树立提供了重要的图像历史素材。

一、选题缘由

民族品牌的意义与价值不仅是企业本身所创造的经济价值和社会文化价值，

---

① 巴亚岭，女，1993年12月生，天津师范大学新闻传播学院讲师。

还因为"民族品牌是衡量一个国家在世界经济体系中经济实力的重要标志"①，甚或"事关国家利益、国家形象与国家安全"②。广告则是品牌进行公共传播、提高品牌知名度、树立品牌社会形象的重要媒介维度。从这一视角来看，广告不仅是品牌表达的形式，还是社会生活的要素，其在辅助品牌追求经济效益的同时，也将品牌的社会形象，乃至对社会生活产生的重要影响加以应用。

近年来，广告的表现形态、内容形式、运作流程伴随着社会化媒体、5G 等技术的飞速发展发生了巨大变化。③ 在内容多元化、平台多样化、受众碎片化、投放场景化的宏观语境下，广告的文本与内涵愈加需要被细致考量，既要符合用户的喜好，又需要满足时代整体的审美惯习和价值观念。特别是当互联网将连接和传播速度都变得空前快速之时，人们对内容的把关、对视觉元素的正向利用显得尤其重要。广告内容所涉及的伦理与价值观偏差问题被各种社交平台放大，极易引起人们的心理不适并引起较大争议。这种争议不仅使广告偏离了为企业带来经济效益、将接收信息的用户转化为潜在或固定消费者的目的，还给品牌形象和本身带来了极大的负面影响。可以说，广告创意中所蕴含的伦理与价值观实际上被社会整体关切，关乎品牌声誉、发展前景，甚至还关乎社会整体的价值体系建构和维系。发挥广告内涵的正面价值导向作用，对民族品牌的公共价值和商业价值的实现至关重要。

与此同时，有学者论述，全球化竞争时代，中国民族品牌面临更加严峻的挑战，民族品牌缺乏创新性和号召力。当下，民族品牌应挖掘传统文化精髓，结合现代审美和高新科技，通过结合传统文化和世界文化，打造"兼具民族文化内涵和现代审美魅力的新民族品牌形象"④。由此，笔者认为，将视线转移至20 世纪初期，近代中国广告蓬勃发展的时期，从中汲取民族品牌宣传的实践经验和能量，对思考当下和未来的民族品牌的传媒经济、广告发展定然有较大好处。

晚清以降，本土广告受到了来自欧美的较为成熟的广告形式与内容影响，中西方广告文化之间的双向融合程度不断加深。但因近代中国政局多变，广告

---

① 杜艳艳. 中国近代民族品牌建议与广告传播的反思 [J]. 当代传播, 2013（02）: 97-99.

② 陈培爱. 民族品牌研究的新视阈——评《中国近代民族品牌的广告传播研究》[J]. 中国广告, 2018（12）: 114-115.

③ 姜智彬, 马欣. 领域、困境与对策：人工智能重构下的广告运作 [J]. 新闻与传播评论, 2019, 72（03）: 56-63.

④ 陈振旺, 瞿继伟. 全球化时代传统符号在民族品牌形象设计中的价值和应用策略研究 [J]. 艺术百家, 2014, 30（S1）: 88-92.

在作为商业化的大众传播媒介之余，还对当时的政治、经济和社会文化进行了多方面的反映，亦被不同的社会力量运用，来实现政治或文化层面的传播目的。作为"被视作中国近代商业广告之滥觞"的月份牌广告形式，对民族品牌不仅具有商业作用和价值，还承担了其在政治与文化等层面的社会责任，对社会文化和公共话语空间发挥着关键作用。因此，本文拟关注20世纪早期，中国民族品牌的月份牌广告呈现的民族性视觉内涵的文化动因，深层次地探索其民族性视觉叙事策略和呈现特征，深化对月份牌广告和当时民族品牌的理解与认知，为当下品牌广告的视觉设计、创意结构，特别是"国货潮"中如何树立民族品牌形象、确立民族品牌社会价值，提供来自历史的经验和部分可资借鉴的元素。

二、仪式继承和转换：月份牌广告商业属性与传统文化的初融

月份牌广告先期以文化接近原则、获取商业效益为目的，主动扎根中国传统文化，进而与中国既有的文化习惯相衔接，最终得到了中国民众的接受和认同。面对来势汹汹的外国资本，民族品牌因商业竞争之需要，将月份牌广告的概念和实践引入了自身的经营法则与宣传策略范畴中——采用中国本土形象代言、在广告中融入大量民俗与典故等中国历史文化精髓，进行商品广告的"本土化执行"。[1] 此方法促使商业文化、民族品牌本身及其产品能深度嵌入中国社会空间，并确立独特销售主张，从而确保与洋货相抗衡的关键文化动因，这可以追溯到中国传统文化中的年节仪式与整合意识两个方面。

（一）月份牌广告的视觉图式与载体建构

欧美资本主义进入中国市场后，借鉴了此前在各自国内的广告经验，用西方特色的视觉文本作为广告的主视觉图像。语义空间、文化结构和审美习惯的差异，导致这些内容未能迅速得到中国民众的接受和认可，甚至起到了完全相反的作用。于是，外国资本主义开始对其招贴广告进行本土化处理和跨国式重新运作。相关公司开始雇用本土画家，成立专门的广告部门，结合当时中国社会流行的《点石斋画报》《飞影阁画报》等画报中的图像趣味与风格，对广告图式进行了改造和重新设计。月份牌广告由此基于欧美国家的广告宣传经验和率先尝试，借助具有中国传统文化修养的本土画家力量和年画、年历、春耕图等中国传统张贴媒材的视觉结构特征，初步确立了以民族性视觉叙事为标准的整体风格。此广告实践，则为近代中国的民族品牌提供了模仿范本。

在视觉样式层面上，不管是洋商的月份牌广告还是民族品牌的月份牌广告，

---

[1] 张笑. 跨文化传播在中国近代广告中的表现［J］. 编辑之友，2016（08）：5.

它们都有相对固定且具有中国传统文化特质的图式结构。若将单纯呈现绘画图像的衣架海报排除在外，月份牌广告通常是"长方形的类似传统中国画的框架，最底下是日历，最上方印着广告产品的生产商"，① 中间是美女及相关人物的图像。与追求创新、标新立异的美国月份牌广告创作特征不同，近代中国的月份牌广告是基于已有图像模式的延续性发展，它遵循严谨的直线型格式，即中国传统标准年历画的构图方式，具有相当程度的规范性和民族性特征。事实上，这一具有明显边框感的格式在月份牌广告几十年的发展过程中从未有过严重的争议，几乎延续其生命的始终。直到20世纪40年代，绝大部分月份牌广告还保持着"上方标题、中间图像、左右和下方放置日期或商品信息"的视觉样式。

民族品牌，如南洋兄弟烟草股份有限公司的月份牌广告，还颇重视应用传统文化题材，这种选材特征可以在传统年画的创作笔法上找寻到踪迹。比如，《三国演义》中的关羽和张飞、《隋唐英雄传》中的秦叔宝和尉迟恭后来都成了门神画中的门神形象，月份牌广告也经常从《二十四孝》等启蒙读本或伦理教义中选取具有道德教化意义的典故，如《乳姑不怠》，还从民间传说、戏剧、史传中挑选民众耳熟能详、带有娱乐和谈资属性的场景或故事情节，如《贵妃醉酒》等，对这些题材使用新笔法进行视觉化再创作。总的来说，月份牌广告中的具体人物形象会随着军事行动等社会因素、社会流行趋势而发生变化，但根源于传统文化民族属性的人物刻画风格却未发生本质上的改变。

与中国传统文化结构中的整合意识的对接，是月份牌广告这种具有稳定结构和民族性的视觉叙事特征的关键文化动因。中国传统的整合"植根于中国以小农经济为代表的自然经济结构的单一性，植根于这种经济结构的运动所固有的喜一不喜多、喜静不喜动、喜定不喜变、喜稳不喜乱等秉性"②。不管是在经济模式、政治秩序还是在日常生活的时间安排上，循环与统一、安稳与恒定都是中国人的意识和思维方式中不变的思维根基。近代社会的生活风俗、社会性别文化与整体的消费潮流随政治、经济的巨变不断发生改变，普通民众开始习惯于购买和使用工业产品，但传统思想所依托的社会基础仍然顽固，中下层社会民众仍旧处在传统整合思想的窠臼当中，变迁并没能从根源处动摇普通民众意识中的整合意识。甚至正如卢汉超研究近代上海普通市民的日常生活时所指出的，上海存在着颇多极其传统的生活空间，这些处于谋生或最基本的生存阶

---

① 李欧梵. 上海摩登：一种新都市文化在中国（1930—1945）[M]. 毛尖, 译. 杭州：浙江大学出版社, 2017：104.
② 姜义华. 论中国近代化现代化进程中传统文化的双向运动[J]. 复旦学报（社会科学版）, 1988（03）：1-9.

段的市民群体，以"有利可图"的生活方式生存在传统文化的阈限之中。① 因而，在根深蒂固的传统整合思想影响下，民众对符合中国民俗风格的月份牌广告加以接受，月份牌广告能保持相对稳定的形式和内容，便不足为奇。

月份牌广告从形式到内容的民族性视觉叙事表征，反映了月份牌广告载体对中国传统社会秩序的确认和遵守。其中，对传统形式与符号的移植和再造，对特定历史人物形象的再现，以及通过与整合意识相对接而表现出的视觉样式的稳定性，暗示着源于中国传统文化的民族性符号与内涵是被时人所接受和欢迎的，是有实际效果的宣传策略。对民族品牌而言，这些具有民族属性的视觉元素与其国别身份有着天然关联，便于其民族身份认同感的塑造和品牌优势的确立。

（二）月份牌广告的媒材传播与年节仪式的承继和创造

岁末时节张贴各类年画是中国关键的年节仪式之一，这有着深刻的历史渊源和文化意义。农耕经济时代，人们将年画或者门神画作为神性的物质性代表，将对未来的希望寄托于神灵身上，祈求在神灵的庇佑之下来年能风调雨顺和生活富足，表达对未来美好生活的期许和憧憬。19世纪末期，苏州桃花坞地区的木版年画事业因太平天国运动遭受了重大损失，画师和雕刻技师到大城市谋生，直接带动了上海小校场的版画发展。木版年画技师的空间流动，导致年画的表层形式与深层仪式特征被部分转移到了小校场木版画上，以及在小校场木版画基础上发展的月份牌广告的视觉叙事之中。这一历史背景加上月份牌广告在传播时间上与年画的重叠、传统年画式微与月份牌广告发展二者几近同时发生的复杂衍进关系等，共同说明月份牌广告对年画这一仪式性载体进行了时代性更新，并且一定程度上继承了中国年节时期张贴年画的仪式行为。

广告主通常在年尾刊登广告，告知消费者即将赠送新一年的月份牌。因此，月份牌广告首先在张贴的时间节点上继承了年画仪式，还有关键的一点是，月份牌广告通过想象式的视觉建构手法，塑造了非常舒适、休闲且摩登的城市生活，符合人们对未来美好生活的期待，从而延续了人们放置于传统年画中的美好期待这一精神诉求。月份牌广告是新型城市广告图像，它在页面上放置的是具有日常生活实用性的中西合历，周边镶嵌的是现代商品，记录的是城市生活潮流，这些特征促使月份牌广告与年画之间的期待本质不同，特别是实现期待的方式上稍有不同，主要体现在神性的弱化层面上。原本对神灵庇佑的期待转

---

① 卢汉超. 霓虹灯外：20世纪初日常生活中的上海 [M]. 段炼，吴敏，子羽，译. 上海：上海古籍出版社，2004：273-274.

变成了对个体努力的强调，它号召人们通过自己的行动和努力，以个体力量，尤其是通过消费活动，获得美好的幸福生活或社会地位。不可否认，月份牌广告与年画的载体传播特征和思维方式上的密切联结，促使其在广泛的视觉实践过程中部分代替了张贴年画、祈求富足的民俗，成为此前由年画所构成的年节仪式的组成部分。

年节仪式和整合意识是深嵌在中国民众生活习惯和意识结构中的行为规则和价值观念。"仪式是各象征形式表现的堆积，是情感、价值和意义的综合表述"，① 对仪式行为的操练，是形成相应共同体、延续某种文化的持久性动力。洋商为了实现商业目的，提高广告的经济效益，其广告需要跨越文化边界"入乡随俗"。民族品牌为了与资本雄厚、生产能力与宣传水平皆较成熟的西方企业竞争，需要独特的品牌诉求与竞争点，因此选择以民族性视觉策略获得消费支持与文化支持。针对民族审美品位，贴近民众的文化背景自然而然成了民族品牌月份牌广告设计、传播过程的核心步骤。其中主动靠近、继承和改造传统文化结构中具有典型性的内容，是颇为高效的执行策略。因此，继承和改造传统的年画仪式和人们认知中根深蒂固的整合意识，共同为民族品牌月份牌广告在视觉设计、传播，以及媒材对人们生活的多方位渗入等方面提供了契机，而月份牌广告则据此表现出了浓厚的民族性特质，创造出了一种新的生活仪式行为。

民族品牌月份牌广告的这种视觉叙事手法与广告策略是实现其商业价值、树立民族品牌乃至发展民族产业的重要步骤。在这个意义上，延续和更新传统仪式，是民族品牌月份牌广告形成民族性视觉叙事和得以进入中国社会文化空间的首要动因。20世纪早期和20世纪30年代，民族品牌月份牌广告应用传统符号的主观目的的改变，表明不同时期、不同社会语境下月份牌广告中民族视觉特性内在动因的差异。

三、深度契合：民族危机语境下的回向传统与文化保守主义

曾有学者指出，在线性和时间递进式的历史发展脉络中，传统的中国思维习惯于从中国经验、记载，抑或传说中去寻找对策和精神依据，近代东方的民族意识就主要表现为对"民族文化的自我保护和自我批判的矛盾结合"②。民族文化和精神是在漫长的历史中积淀而成的，与中国人民的生活浑然一体，因此

---

① 马敏. 政治象征/符号的文化功能浅析 [J]. 华南师范大学学报（社会科学版），2007 (04)：10-14，157.

② 乐正. 近代上海人社会心态 [M]. 上海：上海人民出版社，1991：18.

表现为一种无意识的精神力量和导向价值,在面临文化与政治、经济等多重危机之时,其价值便迅速浮出地表,被人们广泛采用来实现相应的目的。

月份牌广告的出现、兴起直至式微,在自身发展演变之外,也是社会外在的力量,特别是时代和政治在其视觉文本上的一种动态演示。① 20 世纪初期,月份牌广告就曾因辛亥革命、中华民国成立等政治事件出现过表达特定政治目的的政治性月份牌。周慕桥也曾通过使用"民国万岁"等文字进行图像装饰,来隐喻政治,参与社会运动。② "九一八事变"后,国民革命第十九路军奋勇反抗日军侵略,谢之光设计了歌颂十九路军英勇守卫国土的《一挡十》月份牌,这是 20 世纪 30 年代民族危机空前严重时政治性月份牌的先声。到了 20 世纪 30 年代晚期,在月份牌画家的主体性觉醒和集体努力下,民族品牌的月份牌广告领域出现了微妙的题材转变趋势——开始通过在中国历史传统中寻找相关故事和文化资源的方式,表达政治诉求和愿望,对民众进行政治参与动员,积极承担社会和民族责任。这种转变体现出了 20 世纪 30 年代中国社会颇为流行的近代文化保守主义内涵,也即,"在整个大众文化中,战争的发生促成了传统形象的回归"③。

吕新雨在对 20 世纪 30 年代江浙地区的文献进行研究时指出,"以文化保守抵挡乱世之劫,文献展是文化保守主义与现代民族主义结合的一次重要突围。"④ 在当时,我们以中国文献、文物作为主要对象进行展览,实质上旨在通过征用这些民族文化历史事物所蕴含的地方认同和国家认同,构建普通民众的文化自信和民族自豪,并以之激励民众积极承担救亡图存的责任。正如吕新雨所分析的,文献展、博览会等行动的背后是"国家工业化的缺席"。从历史中寻找自信、挖掘认同感,是因为近代中国的经济、工业等方面并不足以给国人带来强烈的精神支撑。也有学者在考察近代中国的公园时指出,在与殖民主义斗争和公园本土化运动之后,中国近代公园已然成为"教育大众、培养民族主义精神的政治空间"。20 世纪 30 年代,中国建筑界掀起了一股文化复兴的思潮,

---

① 洪长晖. 国货运动中的月份牌广告与民族现代性想象 [J]. 浙江传媒学院学报,2015,22(02):34-37,146.

② COCHRAN S. Transnational Origins of Advertising in Early Twentieth-Century China. Inventing Nanjing Road: Commercial Culture in Shanghai, 1900-1945 [M]. Ithaca: Cornell University Press, 2000: 37-60.

③ 卡罗琳·凯奇. 杂志封面女郎——美国大众媒介中视觉刻板印象的起源 [M]. 曾妮,译. 天津:天津人民出版社,2006:171.

④ 吕新雨. 错位:后冷战时代的中国叙述与视觉政治 [M]. 上海:华东师范大学出版社,2017:6.

全国各地的传统建筑增多,以期与西式建筑相抗衡,此时"民族主义体现于公园建筑所呈现的传统文化精神之中"。① 可见,近代中国文化各界采取回向传统和文化保守主义的政治性目的与意义十分鲜明,企图通过回顾历史——"向后看"——以历史上强大的国力经历和传统文化激励普通民众,使不占据工业和战争机器优势的国家重获战斗气势,给予普通民众胜利的希望,激发民族情绪。简言之,民族存亡攸关时刻,文化保守主义成为该时期实现民族认同和社会动员,争取民族独立的重要策略。

事实上,工业缺席、民族危亡的政治危机和传统文化结构与价值的根深蒂固,是月份牌广告在20世纪30年代的民族危机语境中以"回向传统"的方式寻求文化自信的主要原因。"以激发民族的文化自信,激励人们保家卫国""以文化保守抵挡乱世之劫",体现在民族品牌的月份牌广告上即再现具有爱国主义精神、忠诚、勇敢的各种人物形象和典故,这种视觉手法和其背后的民族精神使民族品牌的月份牌广告整体呈现出不同于民族文化和商业初步融合时期的民族性视觉风格。

当时的普通民众受教育水平低、识字率低,征用中国传统文化中的内容对其加以视觉形式的刻画、呈现和传播,能够有效地扩大政治内涵的受众群体,使政治说服与传播目标发挥更大的效益。此外,这种符合人们审美,能够被普通人理解的传统文化内容没有明显的中外政治对抗意象。在严苛的内容审查制度语境中,具有政治价值和政治内涵的传统文化内容成为规避政治风险兼表达个人爱国情感和政治主张的合理选择。从这两个视角来看,文化保守主义成为该时期月份牌广告民族性叙事的核心动力,月份牌广告因社会思潮和政治格局的多方面影响和建构,在这一时期实现了与民族性视觉叙事的深度契合。

"20世纪30年代,救亡作为启蒙,以文化保守主义的方式出现,是此时的国家主流。"② 文化民族主义在中国与文化保守主义上基本是一个东西,中国的民族主义是反殖民主义的产物,是对西方的一种回应。③ 其他文化形式,如电影、戏剧、报刊报道等,为了呼唤团结抗日、共救国难而选择的民族性视觉内容或活动,直接证明了这一社会主流思想,并在当时塑造了一个整体攻势和文

---

① 陈蕴茜. 日常生活中殖民主义与民族主义的冲突——以中国近代公园为中心的考察[J]. 南京大学学报(哲学. 人文科学. 社会科学版), 2005 (05): 82-95.
② 吕新雨. 错位:后冷战时代的中国叙述与视觉政治[M]. 上海:华东师范大学出版社, 2017: 7.
③ 陶东风. 现代中国的民族主义——兼论全盘西化与文化保守主义[C]//东方丛刊(1995年第3辑). 首都师范大学中文系, 1995: 11-37.

化氛围。这一社会思潮亦是民族品牌月份牌广告努力表达群体政治诉求、民族情感的民族性视觉叙事的动因。在文化保守主义的外壳下，月份牌画家们利用民族性视觉叙事，实现了民族品牌月份牌广告在获取经济效益的同时，表达个体或群体的政治诉求与民族情感的折中，完成了月份牌广告及品牌自身与中国社会语境和文化结构的深度链接，增强了媒介载体本身的社会存在合法性与提高了文化价值，并使民族品牌的历史责任感和文化责任感得以体现。

月份牌广告所选用的传统形象，因其历史积淀和本身广泛的传播域具备巨大的意识形态力量。可以说，月份牌广告体现的文化保守主义是由殖民政治、西方文化扩张的外在影响，以及中国惯用的从历史经验中寻找可依赖资源的传统观念所综合导致的，是对危机的反应和迅速应对的策略。近代中国社会的真实发展状况，则一定程度上决定了这种"文化保守主义"，将国内之危机与困局的信息加速传递，使民众知晓，才能调动民众力量和动员广大民众。

四、余论

19世纪末20世纪初，采取民族性视觉叙事手法是洋商月份牌广告作为新生事物进入中国文化空间、作为日常的视觉审美对象的关键路径。对民族品牌而言，它则是发展民族商业，与洋商进行"商战"，具有文化筹码与重要的宣传优势。月份牌广告的民族性视觉叙事建立在与传统年节仪式和文化结构中的整合意识的初层融合基础上，盈利是核心驱动力。而20世纪30年代晚期，在政治、文化和社会力量的影响下，顺应近代文化保守主义，回向传统以寻求历史文化资源来发展启蒙与革命，使月份牌广告体现出了与民族性视觉叙事的深度洽合趋势，此时的政治和民族目标隐秘又巧妙地通过传统典故、传统人物和景色等文本得以传达。民族品牌将月份牌广告作为一种图像符码，在争取权利的同时，参与近代中国社会文化的革新实践。

总体而言，月份牌广告每一阶段视觉形式的特征，甚至是不同阶段的视觉叙事转型，都与其时的文化潮流、社会语境、政治变动密不可分。这一紧贴社会综合发展局势的设计风格，包括主题、题材、手法等，对现今民族品牌的广告视觉设计而言有所裨益。经济基础与社会建构有密切关系，社会的稳定发挥是经济发展的必要基础，民族品牌需要对社会稳定与良性运行贡献自身力量。正确的观念、立场，对民族性内涵的正确运用，从历史中选取优秀、正向的资源，坚持有所取、有所弃的文化保守主义，是民族品牌广告宣传再创新的同时，实现社会和商业价值的必经之路，是促动"国货潮"和增加国货经济动能的有利选择。

此外，在"艺术上，民族化意味着通过融合本土和西方的技法创造出一种中国风格的绘画"，[①]民族性叙事特征并非完全摒弃西方文化中的视觉形式与符号，还包括在西方文化的浸润下发生微妙改变和融合的内容。这种界定方式拓宽了民族品牌月份牌广告"民族性"的意指范围，使我们能将更广阔的文化符号和象征体系纳入其民族性叙事的内部空间中。经由中西融合的民族性视觉叙事图像还隐喻了月份牌广告进入世界想象图景的途径，亦可为现今民族品牌的广告在创新与坚守传统的困境中提供新思路。

参考文献

［1］龚建培.摩登佳丽：月份牌与海派文化［M］.上海：上海人民美术出版社，2015.

［2］张伟，严洁琼.晚清上海生活史［M］.上海：上海科学技术文献出版社，2020.

［3］梁庄爱伦.20世纪早期上海月份牌与视觉文化［M］.王树良，巴亚岭，译.上海：上海人民美术出版社，2023.

［4］张磊.曼陀铃女郎：月份牌女性形象的跨文化移植与殖民意象再造［J］.艺术设计研究，2020（03）.

---

① CHANG-TAI H. Oil Paintings and Politics：Weaving a Heroic Tale of the Chinese Communist Revolution［J］. Comparative Studies in Society and History，2007，49（04）：783-814.

文本、意象与仪式：
基于社交媒体的城市文化 IP 建构研究

刘搦辰[①]　汤文晶[②]

摘要：具有强辨识度和高吸引力的城市文化 IP 对城市形象的树立、城市的发展至关重要。"网红城市"的兴起显示社交媒体有助于城市文化 IP 的建构，但是并没有直接呈现出社交媒体的构建过程与作用机制。因此，本文从文化记忆理论与符号学角度出发，将城市文化 IP 深度分解为文本系统、意象系统和仪式系统三个维度，通过理论与样本案例的梳理得出社交媒体可以丰富城市文化 IP 的文本系统、加固城市文化 IP 的意象系统和维持城市文化 IP 的仪式系统三个维度的结论，进一步提出应从张力与弹性、历史延续性的共识、仪式感与补偿机制来完善文本系统、意象系统和仪式系统的建议，并提倡三者之间的良性循环。

关键词：社交媒体；文化 IP；文本系统；意象系统；仪式系统

西安、长沙、重庆等城市借社交媒体成功"走红"之后，城市文化 IP 的价值凸显[③][④][⑤]，成为"网红城市"实现"长红"的依托。城市文化 IP 可以使单薄的城市概念变得厚重，也更容易被大众识别、记忆与传播。那么城市文化 IP 基于社交媒体又该如何实现长久的建构呢？本文认为社交媒体可以从文本系统、意象系统、仪式系统三个维度助力城市文化 IP 的发展。

---

① 刘搦辰，女，1984 年 8 月生，中国传媒大学广告学院博士、河南工业大学新闻与传播学院广告学讲师。
② 汤文晶，女，2003 年 2 月生，河南工业大学新闻与传播学院 2020 级广告学学生。
③ 李民. 地域文化视角下的城市形象传播——以齐鲁文化资源的创造性转化为例［J］. 青年记者，2021（04）：48-50.
④ 宋朝丽. 新文创时代城市文化发展新模式［J］. 出版广角，2019（12）：14-17.
⑤ 常铮. 从鼓浪屿书店看城市文化再开发模式［J］. 装饰，2018（10）：136-137.

一、社交媒体与城市文化 IP

随着媒介技术的革新，以短视频内容为主的社交媒体凭借其生产传播一体化、沉浸式竖屏体验、算法推送机制等特点成为塑造城市文化 IP 的重要手段。"大唐不夜城"的抖音相关视频播放量超 161 亿次①，永兴坊摔碗酒的单条短视频播放量高达 8111.3 万次、大雁塔的单条视频获得 9400 万播放量②，"抖音之城"西安凭借这些出圈的文化 IP 为城市带来了相应的文化效益、社会效益与经济效益。另外，具有"西蜀第一街"之称的锦里、武侯祠、宽窄巷子使人们能充分感受到文化滋养下的安逸成都；现实版"千与千寻"的吊脚楼洪崖洞、李子坝穿楼轻轨、8D 魔幻街道则是在重庆令人惊叹的山城地形文化基础上形成的；长沙打造的"超级文和友"高度还原了"20 世纪 80 年代的长沙"风貌，怀旧与人间烟火气的标签更是吸引了周杰伦、谢霆锋等众多明星前来打卡。这些借助社交媒体而走红的"网红城市"，用文化资源提供城市 IP 的养分，依靠拥有"现象级"热度的文化 IP 为城市引流，提升城市形象，促进长久发展。

我们可以从"网红城市"的文化 IP 建构中看出其发展形式与传播手法，但是遵循雷同的建构模式会产生文化 IP 同质化的传播趋势。比如，在信息推送过程中，由于强趣味性、泛娱乐化的信息往往能够快速引起受众的注意，因此出现在社交媒体的短视频，其拍摄手法多以"洗脑音乐+娱乐表演"为主。以传播城市文化为主要内容的视频在流量的加持下，也出现轻松娱乐的解读方式，打卡地的固定拍摄手法产生大量相同的视频。这些视频虽然能够快速产生裂变式传播，但是其模式化的形成机制使城市文化 IP 失去内在魅力，而且如果打卡类视频引发的打卡热潮只是让人们停留在对城市文化的浅层认知上，那么在人们对打卡视频的新鲜感消退的同时也内耗了对此文化 IP 的热情与好感。因此，我们应该将文化 IP 进行剖析，深入其构建的维度，找到创新发展的路径。

二、城市文化 IP 的文本系统、意象系统与仪式系统

（一）城市文化 IP——以城市文化为内涵的符号

IP 是 Intellectual Property 的简写，字面意义是指知识产权，随着互联网的发展和新媒体的不断崛起，各类文化产品层出不穷，呈现泛娱乐化的态势，用字

---

① 巨量算数.2022 抖音数据报告［EB/OL］.巨量算数，2022-12.
② 巨量算数.2022 美好城市指数白皮书［EB/OL］.巨量算数，2022-08.

面释义已经不能全面诠释 IP。① 在中国媒体的传播语境中，它被赋予了与形象识别更为紧密的意义。陈彦在《2018 中国文化 IP 产业发展报告》中将文化 IP 的概念定义为一种文化产品之间的连接融合，是有着高辨识度、自带流量、强变现穿透能力、长变现周期的文化符号。② 基于此，本文中的城市文化 IP 指的是文化 IP 与城市自身特色相结合形成具有高辨识度的城市文化符号，这些文化符号是城市文化底蕴的一种符号化与具象化的呈现，有助于城市内涵的发展、城市形象的树立。

（二）城市文化 IP 的三个维度——文本系统、意象系统与仪式系统

社会学家哈布瓦赫（Maurice Halbwachs）和艺术史家阿比·瓦博格（Aby Warburg）的"集体"记忆理论和"社会"记忆理论拒绝将集体记忆从生物学角度理解为可以遗传的"种族的记忆"，③ 而是把关于集体记忆的话语从生物学的框架转向文化的框架。扬·阿斯曼（Jan Assmann）则进一步指出文化记忆"包含某特定时代、特定社会所特有的、可以反复使用的文本系统、意象系统、仪式系统，其教化作用在于稳定和传达那个社会的集体文化，集体文化的建构则依托于各种文化层面上的符号和象征（文本、意象、仪式）"④。因此，文化借助文本系统、意象系统、仪式系统得以传承。文本系统指的是各种物质和非物质的符号形式，物质的符号形式包括广场、纪念碑、雕塑等，非物质的符号形式包括文学作品、历史叙述等。这种物质和非物质的符号在文化记忆中也被称为硬记忆和软记忆。⑤ 意象系统则包括上述硬记忆和软记忆所指向的社会建构物（民族情感、价值观、身份认同等精神内涵）以及将硬记忆和软记忆与社会建构物相匹配的规则。但无论是文本系统还是意象系统都无法自动发生关联，这需要有专门的阐释活动，而仪式系统就是一系列阐释活动的综合。⑥

索绪尔认为符号是由能指和所指构成的，包括符号形式和符号内容，即一个完整的符号阐释包含能指、所指以及能指和所指之间的组合关系，符号通过符号的阐释过程发挥作用。从这点出发，文本系统可以理解为符号的能指；意

---

① 何玲芳. 基于文化 IP 塑造的南昌汉代海昏侯国遗址公园旅游开发研究［D］. 南昌：南昌大学，2021：2-9.
② 腾讯网. 2018 中国文化 IP 产业发展报告［EB/OL］. 腾讯网，2018-09.
③ ERNEST H G, WARBURG A. An Intellectual Biography［M］. London：The Warburg Institute，1970：323.
④ 简·奥斯曼，陶东风. 集体记忆与文化身份［J］. 文化研究，2011（11）：3-10.
⑤ 亚历山大·埃特金德，张佑慈. 文化记忆中的硬记忆与软记忆：俄罗斯与德国的政治悼念［J］. 国外理论动态，2016（06）：38-46.
⑥ 黄华新，陈宗明. 符号学导论［M］. 上海：东方出版中心，2016：1-3.

象系统可以理解为符号的所指,以及暗含能指和所指匹配起来的规则;文本系统与意象系统作为能指和所指要想发挥符号的作用,就需要进行一系列阐释活动;仪式系统就可以理解为一系列具体的符号阐释过程。基于此逻辑,文化符号可以从文本系统、意象系统、仪式系统这三个层次被解析,根据城市文化IP的概念,城市文化IP是一种城市文化符号,因此本文将借助社交媒体的传播特性,阐释城市文化IP如何从文本系统、意象系统、仪式系统三个维度完成建构。

三、社交媒体如何借助文本、意象和仪式系统建构城市文化IP

通俗地讲,城市文化IP中的文本系统、意象系统与仪式系统分别代表着城市的文化资源、文化内涵以及文化活动。在文本系统层面,物质符号形式和非物质的符号形式共同构建了一个"城市文化资源场",它是城市文化IP能够被社交媒体塑造与丰富的基础;在意象系统层面,"城市文化资源场"被社会文化赋予情感、文化自信与认同、身份认同等精神内涵,在群体中传递文本系统所指向的意象系统是社交媒体加强城市文化IP的内在逻辑;[①] 在仪式系统层面,社交媒体通过一系列阐释活动成为连接文本系统与意象系统的重要平台,使文本系统中的文化资源与意象系统中的文化认同得以维持。

基于以上理论铺垫,本文以抖音为例,在抖音平台依次搜索中国原国家旅游局2022年公布的"中国优秀旅游城市"名单中的城市名称,共计34个。然后针对34个城市,我们通过抖音平台上视频数量、点赞数量和收藏数量的总和进行排名,最后选取了前四名的城市——西安、长沙、成都、重庆作为分析的主要案例。接下来,我们通过点赞数降序排名的方式,分别选取四个城市排名前十的视频,即总共40条短视频的内容作为进一步观察案例。我们在选取的点赞数前十的视频内容中,以城市文化IP打卡地的介绍不能完全重复为原则,将出现的次数进行降序排列,即得出表1。

[①] 李卫飞,方世敏,阎友兵,等. 红色旅游传承红色记忆的理论逻辑与动态过程[J]. 自然资源学报,2021,36(11):2736-2747.

表1 排名前十视频中的打卡地点及出现次数

城市	打卡地点	出现的次数	城市	打卡地点	出现的次数
长沙	超级文和友	8	西安	大唐不夜城	7
	茶颜悦色	7		城墙	6
	橘子洲	7		大雁塔	5
	岳麓山	7		兵马俑	5
	五一广场	7		钟楼	4
	谢子龙艺术馆	6		鼓楼	4
	解放西路	5		永兴坊	3
	长郡中学美食街	5		碑林博物馆	3
	湖南省博物馆	4		陕西历史博物馆	2
	太平街	4		回民街	2
	李子健美术馆	1		华山	1
	文坪庙	1		世园会	1
	渔人码头	1		昆明池	1
	梅溪湖	1		白鹿仓	1
成都	宽窄巷子	7	重庆	长江索道	9
	武侯祠	7		洪崖洞	9
	锦里	7		李子坝轻轨	7
	九眼桥	6		解放碑	7
	熊猫基地	6		白象居	6
	春熙路	6		八一路	6
	太古里	6		魁星楼	6
	人民公园	5		鹅岭二厂	5
	建设路	3		交通茶馆	5
	金沙遗址博物馆	2		海棠溪筒子楼	4
	浣花溪	2		千厮门大桥	4
	三星堆博物馆	2		马房湾	3
	鹤鸣茶馆	2		奎星楼街	3
	杜甫草堂	1		磁器口	2
	双流彭镇老茶馆	1		罗中立美术馆	1

基于选取样本的视频内容以及数据，在网络观察法的基础上，我们反复审视每个文化IP打卡地在社交媒体中的形成与发展过程，通过文本系统、意象系统与仪式系统构建维度的理论指导，分析得出以下研究发现。

（一）社交媒体丰富城市文化IP的文本系统

城市文化IP的文本系统可以分为物质符号与非物质符号，由该城市所拥有与挖掘出的文化资源组成。这些资源包括建筑、文物、景区等物质符号和美食、民俗活动、文化表演等非物质符号。城市文化IP的塑造除了要挖掘作为根基的文化资源外，还要将文化资源聚合成文本系统并向外传播。基于研究发现，社交媒体通过以下过程逐渐丰富城市文化IP的文本系统，不断夯实城市文化IP的基石。

首先，在传播技术不断升级、传播方式迭代更新的互联网时代，文本系统作为符号的能指，可以在社交平台以指数级的增长速度被呈现。以抖音平台为例，日活用户早已超过6亿、日均视频搜索量也已突破4亿。[①] 抖音、小红书等社交媒体平台可以通过智能流量推荐法，包括基于用户个人偏好的精准推荐，基于视频点赞、转发、评论等数据指标的叠加推荐以及基于用户社交关系进行裂变式的传播。因此，基于巨大的流量池和共同文化背景的算法推荐，文本系统得以大范围而且快速地被受众识别。例如，在西安的文化IP样本视频中，摔碗酒是西安的一种风俗文化，当地的永兴坊每日最高的摔碗数量可达2万只，平均需要排队两小时才能体验摔碗酒文化。当这项西安的非物质文化资源成为城市文化IP的文本系统在抖音播放之后，一条15秒的民俗文化永兴摔碗酒短视频火爆全网。

其次，当文本系统被大规模识别后，社交媒体用户会助力生成城市文化IP新的文本系统。一方面，受众在具有一定认知的基础上，对原有文本系统进行新特色的挖掘。抖音以及小红书等平台内容创作模式使用户成为平台内容的主要生产者与传播者，那么在社交媒体的激励制度下，无论是线上受众或是线下游客，他们都可以基于不同视角抓取文化资源进行文本系统的编辑，从而实现规模化的不尽相同的文本系统创作。文本系统在社交媒体平台上规模化传播后，也会反过来促进城市文化资源的发展，而文化资源的发展又会形成新的文本系统并被传播于社交媒体平台。比如，官方可以根据社交媒体中广受欢迎的热门内容对文化资源进行改造升级。在重庆的文化IP样本视频中，当重庆的东水门大桥通车后，因山城地形文化而形成的独特交通工具重庆长江索道借力社交媒

[①] 搜狐网.2020抖音数据报告[EB/OL].搜狐网，2021-01.

体成了网红打卡地。于是，官方根据用户上传的内容，专门针对索道轿厢进行外观涂漆改装、更换 LED 灯饰，提升景区景观照明系统，满足游客争相体验这一景点的需求，那么改装和更换轿厢的长江索道也就出现在了后续产生的文本系统中。再比如，环山而建的重庆轻轨因为山势高度穿楼而过形成的李子坝轻轨站，由于独特的视觉冲击在社交媒体上获得广泛关注，引发许多游客到李子坝轻轨站打卡，那么官方根据游客的打卡视频进行拍照地点的修建，于是更逼真和震撼的拍摄视角被编辑在社交媒体平台的文本系统中。另一方面，官方会主动迎合社交媒体平台的热点话题开发全新的文化资源，成为城市文化 IP 的新文本系统。比如，在西安文化 IP 打卡地"大唐不夜城"的东侧，官方于 2022 年 4 月底正式启动"长安十二时辰"唐文化主题街区，此主题迎合了在各大社交媒体收获高关注度与讨论度的热门电视剧《长安十二时辰》。在贴合西安原有古都风韵的基础上，新增该主题的文化街区，此举动不仅自带热点话题标签实现引流，还丰富了西安城市文化 IP 的文本系统。

（二）社交媒体加固城市文化 IP 的意象系统

在城市文化 IP 的构建中，如果说作为城市文化符号的文本系统属于显性层面，那么意象系统就属于隐性层面。当意象系统理解成符号的所指时，这个所指需要被受众理解，当意象系统同时又是城市文化 IP 的一个维度时，这个所指还要被受众认同。这个认同包括能指和所指之间组合的文化符号认同以及文化内涵的认同。因此，城市文化 IP 得以建构的底层逻辑则是受众对该文化 IP 的理解和认同。文化认同是指社会共同体成员对一定知识、情感和信仰的共有和分享[1]，其成员会与集体文化进行身份和文化意义上的匹配。乔纳森·弗里德曼又认为文化认同是人们在历史、语言和种族等因素基础上"社会性建构"而实现的。[2] 那么基于研究发现，社交媒体的传播方式不仅可以易于受众理解文化 IP 的意象系统，而且通过双向建构以及身份与文化意义的匹配来产生文化认同，从而加固城市文化 IP 的意象系统。

曼纽尔·卡斯特尔（Manuel Castells）（台译：曼威·柯司特）也认为，所有认同都是建构性的[3]，而当认同的过程发生在社交媒体平台时，则是基于官方和用户双向建构而成的。首先，官方通过社交媒体多方位展现城市人文景观与

---

[1] 扬·阿斯曼. 文化记忆：早期高级文化中的文字、回忆和政治身份 [M]. 金寿福，黄晓晨，译. 北京：北京大学出版社，2015：133-158.

[2] 乔纳森·弗里德曼. 文化认同与全球性过程 [M]. 郭健如，译. 北京：商务印书馆，2003：109.

[3] 曼威·柯司特，夏铸九，黄丽玲. 认同的力量 [M]. 台北：唐山出版社，2002：7-8.

传递文化内涵，为文本系统构建相适应的意象系统。其次，社交媒体用户也会基于自身的理解将富有文化内涵的文本系统上传于社交平台，无形中与官方一起构建城市文化 IP 中的意象系统。这个双向构建过程也会相互影响、彼此循环，当受众因为官方的传播对意象系统产生理解后，会在一系列的文化实践活动中去体验，由于社交媒体的互动性，官方也会采纳受众的理解与体验并考虑将其纳入意象系统中，受众会看到新的意象系统而再次投入相应的文化实践活动中。例如，在重庆的文化 IP 磁器口的样本视频中，官方推出火锅文化节后，火锅作为一种美食文化吸引了全国各地游客去体验，游客在体验过程中基于重庆火锅麻辣的特色研发出不同的火锅搭档，最后火出圈的就是各种甜品的搭配，于是重庆火锅店新的美食风向就是各种各样夺人眼球的冰镇甜品，继麻、辣之后"甜"跻身于火锅的文化中。

社交媒体平台的视频因适应现代人的媒体使用习惯而便于用户理解。首先，短、快、新镜头的编辑适应碎片化的时间；其次，视频中空间叙事的手法营造了一种空间逼真感；再次，视频会配以社交媒体成熟的音乐特效和文案解说；最后，视频在 App 的竖屏沉浸式体验模式中得以展现，从而使短视频用户能够置身于视频所传递的场景中，最大限度地理解文化 IP 中所蕴含的文化价值；但是文化认同不会就此直接显现，在文旅融合的过程中是需要通过"体验"来完成的。[1] 游客作为社交媒体用户，可以将体验的过程分享在社交媒体上，而且社交媒体中的大部分内容也是用户创作的。那么用户上传的视频文本中的能指和所指一般都来源共同的生活语境，采用约定俗成的组合规则，因此易与其他用户进行文化意义的匹配。文化认同的本质体现在主体间通过社会个体相互交流、相互沟通而形成的集体共识中。[2] 社交媒体具有及时互动的留言和评论功能，便于用户相互沟通与交流进行身份认同，加以本是同为游客的基础身份更易于激发情感信任，从而产生文化认同，社交媒体使城市文化 IP 中意象系统得到加固。

（三）社交媒体维持城市文化 IP 的仪式系统

城市文化 IP 中的文本系统和意向系统需要长期稳定的输出，才得以在大众心中建构。仪式系统因灵活性和吸引力能够使文本系统与意象系统连接起来。社交媒体的传播特性能够维持灵活的仪式系统，因为新媒体语境正是对传统仪

---

[1] 傅才武，钟晟. 文化认同体验视角下的区域文化旅游主题构建研究——以河西走廊为例 [J]. 武汉大学学报（哲学社会科学版），2014，67（01）：101-106.

[2] 王玲宁，陈倚群. 社交媒体使用对阿拉伯大学生的中国文化认同影响 [J]. 现代传播（中国传媒大学学报），2022，44（02）：138-144.

式进行"去仪式化"改造之后，再通过对现实生活的"再仪式化"过程实现了柯林斯所提出的"互动仪式链"。詹姆斯·凯瑞指出传播是一种现实得以生产、维系、修正的符号过程，传播并不是表面上的信息传递，而是社会关系和社会生活得以维系的一切仪式性活动。① 因此，基于本文的研究，我们发现社交媒体的各种传播就是维系城市文化IP的仪式性活动，从而组成城市文化IP的仪式系统。

一方面，社交媒体不仅满足线上的传播活动，还能提供点赞、转发、评论以及实时直播等互动机制深化互动仪式活动。抖音等社交媒体通过标签设置与激励机制，集中营造相关话题的热度，引导用户参与话题的内容创作与互动。2018年，西安官方与抖音App签署了战略合作协议，借助抖音推出"Dou Travel"计划，创建"抖in美好西安""跟着抖音玩西安""抖出西安范儿"等互动讨论话题。抖音采用标签发掘的激励机制发起"跟着抖音玩西安"挑战活动，激发用户拍摄创意短视频来加入传播的互动仪式中。柯林斯在互动仪式链理论中提出：仪式能够激发情感，而情感又会进一步回应和提升人们对仪式的感觉②。社交媒体基于兴趣、社交关系的引流机制会引导相互关注的人群加入IP联动的活动中，激发共同情感，比如，城市文化IP与明星IP、影视IP、游戏IP等热门IP的结合。在"熊猫基地"的文化IP样本视频中，成都作为"熊猫之都"，联合动画影视IP打造大熊猫文化。成都通过社交媒体"熊猫滚滚""功夫熊猫"等话题的讨论激发熊猫动画电影粉丝的兴趣，通过线上仪式活动的发酵，人们在熊猫国际旅游度假区的游玩中获得了更大的心理满足。

另一方面是社交媒体与线下仪式活动的互动，社交媒体推动了线下活动的进程，线下的活动为社交媒体提供了互动讨论的话题。2022年春节，西安在"网红城市"的流量加持下，开展了"西安年、最中国"的新年主题活动，许多人因社交媒体的互动宣传而参与线下活动，体验完的游客挑起的"充满年味儿的文化盛宴——西安年"互动话题又再次引爆朋友圈。在互动的仪式中，参与者渐渐将西安的文化资源与文化内涵联系起来，在体验中形成文化认同，使文本系统与意象系统的对接得以完成。对线下的游客来说，他们总是希望能够参与那些消耗尽可能少的而积极情感能量产出最大的仪式。因此，线上的分享与讨论可以继续作为积极情感的产出，人们将在体验中获得的情感移植于社交媒体中，期待获得补偿以及得到更多的积极情感。从此意义出发，社交媒体也

---

① 凯瑞.作为文化的传播[M].丁未，译.北京：华夏出版社，2005：24-29.
② 兰德尔·柯林斯.互动仪式链[M].林聚任，等译.北京：商务印书馆，2012：79-87.

维持着线下仪式系统的延续。易烊千玺、周冬雨两人的"粉丝"在重庆的铁路中学、海棠溪筒子楼、奎星楼街、南滨西路的打卡照，特别是"粉丝"及影迷们在线下实地场景中的相遇，会立即与线上饭圈群体以及影迷群体进行分享，获得更多的情感，延续着话题的讨论。

四、总结

本文在样本视频的选取与分析的基础上，通过上述内容阐释了社交媒体丰富城市文化 IP 的文本系统、加固城市文化 IP 的意象系统和维持城市文化 IP 的仪式系统三个维度的结论。基于其完整的阐释过程，本文进一步形成了一个"基于社交媒体的城市文化 IP 建构维度"的框架，具体见图 1。

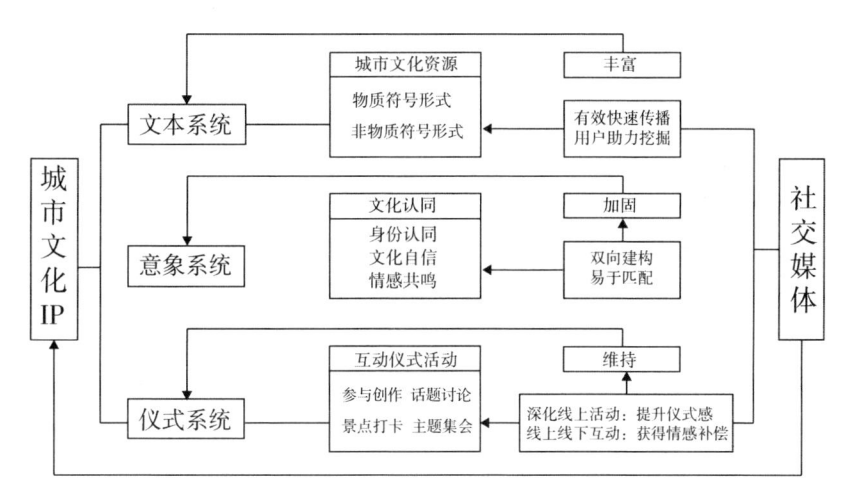

图 1 基于社交媒体的城市文化 IP 建构维度框架

并非每个城市都经历过重大历史事件，拥有深厚积淀的历史文化资源，学者们认为文化认同既是原生的，也是建构的。[①] 在不具有先天文化资源优势的背景下，城市文化 IP 的建构更需要官方在依托现有资源的基础上发挥主观能动性，充分利用社交媒体的特性激发用户参与，共建城市文化 IP 的文本系统、意象系统与仪式系统。

（一）创建有张力与弹性的文本系统

城市文化 IP 的文化系统不能止于描述地方美食、景点建筑、民族风俗等表层形式，应在文本系统的形成中关注文本的张力和弹性。有张力的文本系统既

---

① 曼威·柯司特，夏铸九，黄丽玲. 认同的力量 [M]. 台北：唐山出版社，2002：7-8.

83

具有可深度挖掘的文化资源，也能够与当下流行文化产生链接，以确保该文本系统在流量加持下形成广泛传播，并在传播中连接受众，使文本系统指向的文化内涵能被受众感知与认同。

文本系统的弹性，即具有适应城市发展与受众文化需求变化的能力，而非随意都可复制的"热点"。我们可以从以下三点关注文本系统的弹性：首先，官方应主动关注社交媒体中的热点内容，引入符合城市自身地域文化和风格的优秀流行文化IP，打造城市独特的新兴文化热点。其次，在文本系统传播的热度潜伏期，官方配合社交媒体的激励机制，鼓励媒体用户参与互动传播，创造适应受众文化需求变化的文本。最后，政府相关部门积极响应社交媒体的内容，管理与组织线下活动，来适应城市的发展。

（二）发展具有历史延续性共识的意象系统

相对于作为文化IP基础的文本系统，意象系统是城市文化IP中的灵魂，需要基于民众的认同来发挥精神领域的作用。虽然文化的认同具有建构性，人们想要促进文化认同，离不开全员之间拥有某种历史延续性的共识[1]，因此发展具有"历史延续性的共识"的意象系统可以支撑一个成功的文化IP。以游客视角拍摄的不倒翁互动表演，其样本视频中的"不倒翁小姐姐"身上有极具唐文化细节的服饰、头饰与扇子，并配以古风的背景音乐，唤起万千观众心中"贴花钿，点面靥"的唐代美人形象。西安就是依托十三朝古都历史文化在中国人民心中形成积淀，其兵马俑、大雁塔、鼓楼才得以在短时间内占据各大社交媒体的热门搜索榜单。在强烈的民族历史感情中，文化认同在无形中便开始形成，城市文化IP的意象系统深入人心并持久。

（三）开发提升仪式感和补偿机制的仪式系统

符号的能指和所指，文本系统与意象系统的结合也需要阐释的过程，这一阐释过程就是仪式系统。游玩拍照、景点打卡，这些表示社交媒体已融入城市体验的仪式活动中。基于线上的活动，社交媒体平台可以利用虚拟场景技术、创意化直播深化互动仪式和创造临场感，提升仪式感来增加城市文化的情感。基于线下的活动，社交媒体可以从仪式情感角度出发，与线下活动实时互动、分享信息，并通过地理定位技术与智能算法提供与线下活动相配适的补偿机制，帮助游客减少活动中的情感消耗，产出更多的积极情感。

在文本系统与意象系统需要长期输出的时候，社交媒体维持灵活的仪式系

---

[1] 苏黄菲菲. 集体记忆视域下中华民族文化认同的理路 [J]. 社会科学家, 2020 (07): 157-160.

统，并且能够建立良性的循环，即社交媒体通过丰富城市文化 IP 的文本系统、加固意象系统、维持仪式系统，完善城市的文化 IP，依据城市文化 IP 中的三个系统所构建的城市形象与文化氛围也会反过来影响城市的文化资源、人们的文化认同和现实的仪式活动。这些拓新的文化资源、文化认同和仪式活动又通过社交媒体再次进入城市文化 IP 的文本系统、意象系统和仪式系统中。

短视频营销传播研究：千禧一代的品牌意识、品牌形象与购买意愿

邸铭[①]　王桦[②]

摘要：短视频的井喷式发展，使短视频传播成为广告主的重要投放渠道之一。本文以媒介经济学的品牌传播理论为研究视角，以武汉市千禧一代人群为研究对象，通过前期的文献研究，确定假设与模型，再通过问卷收集数据，然后以结构方程模型（Structural Equation Modeling，简写为 SEM）与偏最小二乘结构方程建构模型（Smart PLS）为工具对模型和假设进行验证，以此来探讨千禧一代接触短视频广告后，对品牌意识、品牌形象、购买意愿之间关系的影响，并建议广告主从短视频广告的显示娱乐内容的能力、传达信息的能力、精准投放的能力、产品信任的能力等方面提高短视频广告的传播效率。

关键词：短视频广告；品牌意识；品牌形象；购买意愿

心理学研究曾证明，人类存在"生动性偏见"，具有视觉显著性的信息容易左右人们的判断。[③] 网民对内容"碎片化"的需求，加上算法推荐技术的加持，短视频在近几年获得井喷式发展。根据第 47 次中国互联网网络发展状况统计报告显示，截至 2021 年 12 月，我国网民数量达到 10.32 亿，短视频用户数量 9.34 亿，占网民规模 90.5%，[④] 短视频无疑成为最吸引人们注意力、最有效的传播形式之一。短视频通过对广告的精准分发促使广告主改变营销策略，加大对短视频的广告投入，短视频营销逐渐成为市场营销的主要渠道之一。

据 Quest Mobile 中国移动互联网 2021 年度报告数据显示，短视频行业月活

[①] 邸铭，河北经贸大学新闻与文化传播学院讲师。
[②] 王桦，河北经贸大学新闻与文化传播学院硕士研究生。
[③] 刘俊．"新媒体化生存"的需求［EB/OL］．中国传媒大学白杨网，2019-04-04．
[④] 中国互联网络信息中心．第 49 次中国互联网网络发展状况统计报告［EB/OL］．中国互联网络信息中心网站，2022-02-25．

量已达9.25亿,时长份额接近26%,成为仅次于即时通信的第二大行业。[1]伴随着流量的增长,短视频媒介广告收入也在同步攀升,已成为网络媒介投放的重要渠道。由此可见,本文研究短视频用户的广告态度和行为具有重要的意义。广告作为一种被回避的信息形式,提供了被观看或忽略的可能性,这项研究有助于为广告主提出增加广告观看时长与机会的建议。

一、相关研究综述

本文以媒介经济学的品牌传播理论为研究视角,对短视频赋能品牌营销进行经济学分析,以此说明本研究的价值及意义。本文借鉴学者罗伯特·杜科夫(Robert H. Ducoffe)的广告态度与行为的测评模型,对相关变量进行综述。

(一)品牌传播理论相关综述

喻国明认为,媒介经济是一种品牌经济。[2] 芝加哥学派加里·斯坦利·贝克尔(Gary Stanley Becker)指出,品牌经济能够对各种各样的人类行为做出解释。[3]孙曰瑶认为,品牌是形成消费者持续购买商品的重要理由。[4] 王海忠认为,传播是品牌力塑造的主要途径。[5] 安德烈亚斯·卡普兰(Andreas M. Kaplan)与迈克尔·汉莱茵(Michael Haenlein)进一步指出,品牌传播的核心是建立、巩固和改善消费者与品牌之间的关系,而这种持久的关系取决于媒介的选择以及商品与服务的质量。[6] 因此,在传播技术的推动下,媒介的更迭对品牌传播具有突出的影响。当今,短视频无疑是品牌传播的重要途径之一。

许敏娜认为,短小精悍的内容承载、视听融合的沉浸体验、裂变式网络传播以及用户参与互动等媒介特性使短视频迅速成为一种新型的网络互动传播的方式。[7] 马传明指出,短视频赋能品牌营销,已成为品牌与用户互动的重要社交

---

[1] Quest Mobile 研究院. Quest Mobile2021 中国移动互联网年度大报告[EB/OL]. Quest Mobile,2022-02-22.
[2] 喻国明. 媒介经济是一种品牌经济[EB/OL]. 新浪财经,2006-10-08.
[3] 贝克尔. 人类行为的经济学分析[M]. 王业宇,陈琪,译. 上海:上海人民出版社,1995:15.
[4] 孙曰瑶. 自主创新的品牌经济学研究[J]. 中国工业经济,2006(04):59.
[5] 王海忠. 品牌管理[M]. 北京:清华大学出版社,2014:23.
[6] KAPLAN A M, HAENLEIN M. Users of the World, Unite! The Challenged and Opportunities of Social Media [J]. Business Horizons, 2010, 53 (01):59-68.
[7] 许敏娜. 品牌形象传播视域下的短视频营销策略提升[J]. 视听,2020(04):165-166.

方式。① 张文法认为短视频营销传播对品牌提升有四大优点，即成本低、传播效率高、针对性强、互动效果好。② 知萌咨询《2021 短视频营销趋势白皮书》数据显示，近六成用户因观看短视频产生消费行为。③

综上所述，短视频作为品牌传播的重要途径之一，对其研究具有一定的价值和意义。千禧一代作为伴随互联网共同成长的一代人，已经成为社交媒体使用与消费的主力。我们对千禧一代人群在接触短视频广告后对品牌意识、品牌形象、购买意愿之间关系的影响进行研究，不仅可以为广告主提供直观的可行性建议，而且还为短视频的品牌传播研究做出一定的理论贡献。

（二）相关变量研究综述

罗伯特·杜科夫认为信息、刺激和娱乐是对网络广告态度的决定性变量。④ 许多学者认可罗伯特·杜科夫的影响变量，并有学者加入广告定制这一变量进行考量。⑤

1. 信息

罗伯特·杜科夫将信息定义为广告告知消费者一些替代产品的能力，信息量则是向用户提供有用信息的程度，影响消费者的购买意愿。⑥ 图林·额尔德姆（Tülin Erdem）发现消费者在有购买意愿时会通过某种媒介或亲朋好友寻求产品信息，通过交换数据获取信息量。⑦ 吉尔特·霍夫斯泰德（Geert Hofstede）证实了信息在回应各种社交媒体上的广告时的重要性，认为社交媒体是一种很好的营销传播媒介，因为它的互动性可以显示更详细的产品信息。⑧

---

① 马传明. 短视频营销对品牌建设的影响——以掌阅抖音矩阵为例［J］. 出版广角，2020（14）：77-79.
② 张文法. 短视频品牌营销效果提升路径研究［J］. 中国广播电视学刊，2020（02）：78-79.
③ 知萌咨询. 2019 短视频营销趋势白皮书［EB/OL］. 中国互联网数据资讯网，2019-01-17.
④ DUCOFFE R H. How Consumers Assess the Value of Advertising［J］. Journal of Current Issues and Research in Advertising，1995（01）：1-18.
⑤ FISCHER E，REUBER A R. Social Interaction Via New Social Media：(How) Can Interactions on Twitter Affect Effectual Thinking and Behavior?［J］. Journal of Business Venturing，2011（01）：1-18.
⑥ DUCOFFE R H. How Consumers Assess the Value of Advertising［J］. Journal of Current Issues and Research in Advertising，1995（01）：1-18.
⑦ ERDEM T. Brands as Signals：A Cross-country Validation Study［J］. Journal of Marketing，2006（01）：34-49.
⑧ HOFSTEDE G. The Hofstede Model：Applications to Global Branding and Advertising Strategy and Research［J］. International Journal of Advertising，2011（01）：85-110.

2. 刺激

洛拉·麦考德（Lola McCord）认为刺激可以被描述为一团混乱和令人讨厌的内容大小。① 史蒂文·爱德华兹（Steven M. Edwards）的研究表明，人们对广告有抵触心理，所以他们会刻意避开商业广告，横幅广告和弹出式广告等网络广告常常会令人产生厌恶的情绪。② 罗伯特·杜科夫指出恶意的横幅广告能够转移用户的注意力并破坏娱乐体验，站在用户角度来讲，广告是一种不受欢迎的渗透。③ 马斯特·科斯特延斯（Marcel Corstjens）认为社交媒体上的广告会侵犯消费者的隐私。④ 由此可见，影响用户使用体验的广告往往会引起人们厌恶的情绪。

3. 娱乐

洛拉·麦考德认为现有的社交媒体可以定义为娱乐媒体，娱乐性是增强用户黏性的重要因素。⑤ 李尚美（Sangmee Lee）认为赋予广告娱乐性会消减用户的抵制情绪，增强人们对产品的好感。⑥ A. 丽贝卡·鲁伯（A. Rebecca Reuber）的研究表明广告的娱乐价值可以消耗用户的情感水平，具有创意的广告能够使用户更加关注产品本身。⑦ Kim 认为广告主可以购买优质内容进行广告植入，从而获得更多的目标用户。Kotler 通过对主流社交媒体的广告研究证明，广告植入是社交媒体营销传播中最常见的娱乐形式，它为获得更多的精准曝光量开辟了

---

① MCCORD L. Adding Value in the Information Age：Uses and Gratifications of Sites on the World Wide Web ［J］. Journal of Business Research，2016（03）：187-194.

② EDWARDS S M. Forced Exposure and Psychological Reactance：Antecedents and Consequences of the Perceived Intrusiveness of Pop-up Ads ［J］. Journal of Advertising，2015（03）：83-95.

③ DUCOFFE R H. How Consumers Assess the Value of Advertising ［J］. Journal of Current Issues and Research in Advertising，1995（01）：1-18.

④ CORSTJENS M. The Power of Evil：The Damage of Negative Social Media Strongly Outweigh Positive Contributions ［J］. Journal of Advertising Research，2017（04）：433-449.

⑤ MCCORD L. Adding Value in the Information Age：Uses and Gratifications of Sites on the World Wide Web ［J］. Journal of Business Research，2016（03）：187-194.

⑥ LEE S，KIM K J. Customization in Location-based Advertising：Effects of Tailoring Source，Locational Congruity，and Product Involvement on Ad Attitudes ［J］. Computers in Human Behavior，2018（05）：336-343.

⑦ REUBER A R. Fischer E. Social Interaction Via New Social Media：(How) Can Interactions on Twitter Affect Effectual Thinking and Behavior？ ［J］. Journal of Business Venturing，2019（01）：1-18.

新的途径。①

4. 定制

广告定制，可以理解为针对不同人群特征的广告个性化推送。不同背景的用户人群有不同的特征，因此，广告主需要遵循用户的需求、个人资料和消费模式进行广告推送。② 罗伯特·杜科夫认为，当广告信息在广告主和营销人员之间共享时，广告就能有效地发挥作用。③ 另外，广告主应该关注更个性化的特定广告，但要避免被认为适应性较差的广告。④ 社交媒体具有定制化的优势，可以改变广告的推送方式，根据每个用户的位置和人口特征等实现精准推送。

5. 品牌意识

品牌意识又称品牌知名度，是品牌在消费者记忆中留下的印象，通常被描述为品牌识别或记忆。⑤ 新媒体的崛起，加强了广告主与消费者的互动，成为广告主有力的沟通工具。⑥ 品牌方通过社交媒体传播和渗透广大用户群可以建立和提高品牌知名度。⑦ 当下，短视频无疑是增强用户品牌意识的重要阵地。

6. 购买意愿

以往的研究表明，购买意愿是衡量广告效果的重要指标，并且会受广告态度的影响。如斯科特·麦肯齐（Scott B. MacKenzie）等人研究发现，广告态度会影响品牌意识和购买意愿。⑧ 此外，曾富等人发现，在社交媒体环境中，广告价值与行为意图呈正相关。具体地说，社交媒体的广告价值也会形成用户的购

---

① KOTLER. Brand Awareness-Brand Quality Inference and Consumer's Risk Perception in Store Brands of Food Products [J]. Food Quality and Preference, 2014（32）：289-298.

② RAO B, MINAKAKIS L. Evolution of Mobile Location-based Services [J]. Communications of the ACM, 2003（12）：61-65.

③ DUCOFFE R H. How Consumers Assess the Value of Advertising [J]. Journal of Current Issues and Research in Advertising, 1995（01）：1-18.

④ LIU F, Li J Y, MIZERSKI D. Self-congruity, Brand Attitude, and Brand Loyalty: A Study on Luxury Brands [J]. European Journal of Marketing, 2012（07）：922-937.

⑤ HUANG R, SARIGöLLü E. How Brand Awareness Relates to Market Outcome, Brand Equity, and the Marketing Mix [J]. Journal of Business Research, 2014（01）：92-99.

⑥ TSIMONIS G, DIMITRIADIS S. Brand Strategies in Social Media [J]. Marketing Intelligence and Planning, 2014（03）：328-344.

⑦ STEPHEN A T, TOUBIA O. Deriving Value From Social Commerce Networks [J]. Journal of Marketing Research, 2010（02）：215-228.

⑧ MACKENZIE S B, LUTZ R J, BELCH G E. The Role of Attitude toward the Ad as a Mediator of Advertising Effectiveness: A Test of Competing Explanations [J]. Journal of Marketing Research, 1986（02）：130-143.

买意愿。① 米拉德·德加尼（Milad Dehghani）的研究还发现，用户的购买意愿与其他用户的线上分享和推荐呈正相关。②

二、概念模型与假设

基于以上文献综述的讨论，我们确定本文的变量，最后提出本文的假设和概念模型。罗伯特·杜科夫的经验研究认为刺激对广告价值产生负面影响。③ 此外，巴拉特·拉奥（Bharat Rao）和路易斯·米纳卡基斯（Louis Minakakis）在另一项实证研究中证明，刺激与广告价值呈负相关，而信息与广告价值之间存在正相关关系，进而影响人们的购买意愿。④ 理查德·沃特斯（Richard D. Waters）认为广告价值与信息、娱乐、刺激三个因素相关，娱乐和信息是从社交媒体广告的积极方面来衡量的，分别代表情感价值和认知价值。⑤ 基于此，本文从信息、娱乐、刺激、定制四个因素来测评短视频广告价值，并建立短视频广告、品牌意识、品牌形象、购买意愿之间的关系模型。

（一）短视频广告与品牌意识、品牌形象的关系

根据之前的研究，精准广告不仅可以增加信息、乐趣和可信度，而且还可以减少干扰，更好地符合用户的兴趣和偏好。根据李尚美最新研究表明，精准技术并没有对广告价值产生直接影响，而是通过非正式性、可信性和娱乐性产生了间接的影响。⑥ 潘蒂亚·福鲁迪（Pantea Foroudi）认为品牌形象在提高品牌知名度（品牌意识）、组织形象以及生存、盈利和增长方面产生了积极的效

---

① ZENG F, HUANG L, DOU W Y. Social Factors in User Perceptions and Responses to Advertising in Online Social Networking Communities [J]. Journal of Interactive Advertising, 2009 (01): 1-13.
② DEHGHANI M A, RAMEZANI I, SALI R, et al. Evaluating the Influence of YouTube Advertising for Attraction of Young Customers [J]. Computers in Human Behavior, 2016: 165-172.
③ DUCOFFE R H. How Consumers Assess the Value of Advertising [J]. Journal of Current Issues and Research in Advertising, 1995 (01): 1-18.
④ RAO B, MINAKAKIS L. Evolution of Mobile Location-based Services [J]. Communications of the ACM, 2003 (12): 61-65.
⑤ WATERS R D, CANFIELD R R, HARDYE E, et al. Applying the Dialogic Theory to Social Networking Sites: Examining How University Health Centers Convey Health Messages on Facebook [J]. Journal of Social Marketing, 2011 (03): 211-227.
⑥ LEE S, KIM K J. Customization in Location-based Advertising: Effects of Tailoring Source, Locational Congruity, and Product Involvement on Ad Attitudes [J]. Computers in Human Behavior, 2018 (05): 336-343.

果，尤其是在较大的品牌组织中。① 根据凯瑟琳·普伦蒂斯（Catherine Prentice）和桑德拉·玛丽亚·科雷亚·洛雷罗（Sandra Maria Correia Loureiro）的观点，品牌形象为消费者创造了体验，并使消费者对该品牌产生了情感反应。品牌形象在提高产品识别和消费者对特定产品或服务的购买意愿方面发挥着重要作用。② 贾法尔·查布（Jafar Chaab）等研究证明，通过整合广告，广告主可以让用户知晓产品的每一个新开发或改进的地方，让用户保持对产品或服务的忠诚度，从而增加用户对所选产品的重复购买行为。③ 因此，在此基础上，本文提出以下假设。

H1：短视频广告对品牌意识有正向影响。

H2：短视频广告对品牌形象有正向影响。

（二）短视频广告与购买意愿的关系

广告价值作为一种衡量广告效果的方法，它被罗伯特·杜科夫定义为"相对主观评价"的"广告对消费者的价值或效用"。④ 广告价值高的短视频广告之所以能带来流量的持续增长，是因为用户完全把注意力投入信息的接受上，消除了无关的想法。⑤ 用户评估的信息如果符合他们的需求，则有可能达成购买意愿。国内外学者多注重研究广告态度与购买意向之间的关系，很少研究广告价值和购买意愿的关系。因此，我们的实证研究假设如下。

H3：短视频广告对购买意愿有正向影响。

（三）品牌意识与购买意愿的关系

品牌意识可能会对用户的购买意愿产生强烈的积极影响，因为多数用户认为高知名度品牌的产品具有很高的质量。广告可以帮助用户第一次购买产品或

---

① FOROUDI P. Influence of Brand Signature, Brand Awareness, Brand Attitude, Brand Reputation on Hotel Industry's Brand Performance [J]. International Journal of Hospitality Management, 2019（76）：271-285.

② PRENTICE C, LOUREIRO S M C. Consumer-based Approach to Customer Engagement：The Case of Luxury Brands [J]. Journal of Retailing and Consumer Services, 2018（43）：325-332.

③ CHAAB J, RASTI-BARZOKI M. Cooperative Advertising and Pricing in a Manufacturer-retailer Supply Chain with a General Demand Function：A Game-theoretic Approach [J]. Computers and Industrial Engineering, 2016（99），112-123.

④ DUCOFFE R H. How Consumers Assess the Value of Advertising [J]. Journal of Current Issues and Research in Advertising, 1995（01）：1-18.

⑤ HOFFMAN D L, NOVAK T P. Marketing in Hypermedia Computer-mediated Environments：Conceptual Foundations [J]. Journal of Marketing, 1996（03）：50.

服务，从而获得满意度收益。① 用户不断重复购买和使用该产品可以极大地提高品牌认知度和客户忠诚度，从而创造竞争优势。基于此，在某产品中获得较好满意度的用户可能会有更大的购买意愿，之后会主动去商店寻找产品。随着用户对产品信息的正面传播，品牌知名度（品牌意识）会在很大程度上得到提高，这反过来又会促使用户愿意花费更多的钱来购买产品。事实上，品牌意识提高了产品的感知质量、产品的品牌价值以及用户的购买意愿，在此基础上，本文提出以下假设。

H4：品牌意识对购买意愿有正向影响。

（四）品牌形象与购买意愿的关系

维拉·维迪拉（Vera Verdilla）和阿尔巴里（Albari Albari）的研究表明，随着品牌形象的发展，品牌形象也可以被定义为由用户记忆中包含意义的品牌联想所反映的对品牌的感知。Khan等人认为，在品牌上形成积极的形象至关重要，因为预期消费者心中拥有的积极形象会对品牌的存在表现出积极的态度。强烈的品牌形象会使用户购买该品牌的产品。据此，本文提出以下假设。

H5：品牌形象对购买意愿有正向影响。

最后，我们根据以上五个假设，确定本研究的模型（图1）。

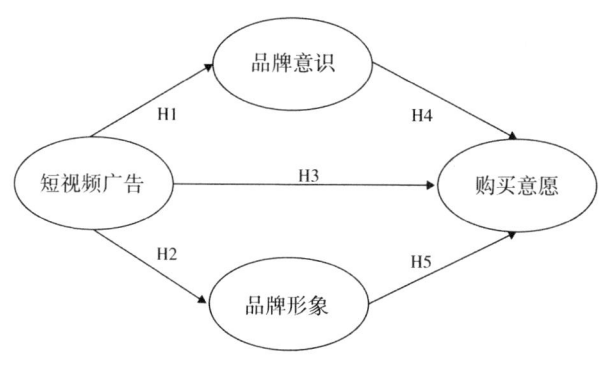

图1 研究模型

三、研究方法

基于图1，研究模型考察了短视频广告、品牌意识、品牌形象和购买意愿之间的关系。为验证假设与模型，本文采用问卷调查的方法搜集数据，并进行分析。

---

① KAKKOS N, TRIVELLAS P, SDROLIAS L. Identifying Drivers of Purchase Intention for Private Label Brands [J]. Social and Behavioral Sciences, 2015 (17): 522-528.

（一）数据收集

我们选择武汉市的千禧一代发放问卷进行数据收集，有以下合理性：第一，千禧一代作为伴随互联网共同成长的一代人，已经成为社交媒体使用与消费的主力，他们年龄普遍在18岁至35岁；第二，武汉作为华中地区的中心城市，拥有来自全国各地的大学生及工作人群，且武汉市是一个工业城市和技术发展的城市。本文采用有目的抽样的非概率抽样方法，根据特定的标准选取样本单位，得到具有期望特征的样本。

本研究共发放问卷200份，有效回收192份，其中181人观看短视频，有效占比94%。根据性别，其中女性占57.6%，男性占42.4%；根据受访者的年龄，其中以18岁至25岁为主，占比45.9%，26岁至30岁占比30.2%，30岁至35岁占比23.9%；根据每天使用的频率，其中37.3%的人每天观看短视频大于5次小于10次，25.1%的人每天观看短视频大于10次小于15次，19.8%的人每天观看15次以上，只有17.8%的人每天观看小于5次；根据受访者愿意查看广告的持续时间，54.5%受访者持续时间不到3秒，39.7%的受访者认为持续时间停留在3~10秒，剩下的5.8%的受访者在短视频上观看广告的时间超过10秒。

（二）数据分析

为更加合理地检验假设，本文采用SEM与Smart PLS工具进行分析。约瑟夫·海尔（Joseph F. Hair）等人认为，Smartpls应用全过程（PLS-SEM）能够处理不存在识别问题的反思和形成行为。[1] 我们在PLS中必须分析两个模型，即评估外部模型或测量模型和评估内部模型或结构模型。在全结构方程建模模型中，除了验证理论外，我们还解释了潜在变量之间存在或不存在的关系。

四、外部模型（测量模型）

外部模型是定义每个指标块如何与潜在变量关联的模型。我们通过外部模型评价来检验模型的效度和信度。本文分析所使用的指标是通过构成潜在结构的指标的收敛性和判别效度以及指标框架的复合信度来评价外部模型的反思性指标。收敛效度的评估是通过测量负载因子和平均方差提取值（AVE）来进行的。负载因子值表示各指标得分与其结构的相关性，其中效度较好。验证性研究负载因子值大于0.7，探索性分析负载因子值为0.6~0.7。我们推荐的AVE值必须大于0.5，即可以解释50%或50%以上的指标方差。判别效度的评估是

---

[1] HAIR J F, HULT G T M, RINGLE C M, et al. A Primer on Partial Least Squares Structural Equation Modeling (PLS-SEM) [J]. In Long Range Planning, 2014 (02): 184-185.

通过比较每个构念所提取的平均方差的平方根与模型中构念与其他构念的相关性来评估的。如果每个构形的 AVE 根都高于相关构形和其他构形,该模型则具有足够的判别效度。可靠性测试是通过观察复合可靠性的值来完成的。当验证性研究的复合信度值大于 0.7 时,信度可接受,0.6~0.7 值对探索性分析仍适宜。

根据 Smart PLS 软件处理得出数据表 1,从表中可以看出,该模型满足外部模型的准则。从模型的外部检验可以看出,该模型具有良好的效度和信度。

表 1　信效度检测结果

序号	标准	数值	结果	
1	负载因子	≥0.6	BA1＝0.877	PI1＝0.828
			BA2＝0.865	PI2＝0.897
			BA3＝0.745	PI3＝0.899
			BI1＝0.765	YA1＝0.710
			BI2＝0.778	YA2＝0.786
			BI3＝0.852	YA3＝0.798
				YA4＝0.863
2	复合信度	≥0.6	BA＝0.871	
			BI＝0.842	
			PI＝0.912	
			YA＝0.876	
3	平均方差提取（AVE）		BA＝0.684	
			BI＝0.632	
			PI＝0.763	
			YA＝0.627	
4	平方根	大于变量之间的相关值	AVE 平方的值小于变量之间的相关值	

在本研究模型中,短视频广告（YA）由四个领先指标反映,即显示娱乐内容的能力（YA1）、传达信息的能力（YA2）、提供有针对性的广告的能力（YA3）、能够提高产品信任的能力（YA4）,从四个指标的整体结果来看,提高产品信任的能力的广告具有最显著的负载因子,为 0.863。

品牌知名度（BA）由三个领先指标反映,分别是品牌意识（BA1）、品牌识别能力（BA2）、用户对品牌每一个细节的理解能力（BA3），从负载因子的结果可以看出，品牌意识的值最高，为0.877。

品牌形象（BI）由三个领先指标反映，即能强化品牌形象（BI1）、该品牌在社会上有良好的声誉（BI2）、在某行业有良好的声誉（BI3），从负载因子的结果可以看出，在某行业有良好的声誉的值最高，为0.852。

购买意愿变量（PI）由三个领先指标反映，即购买产品考虑的因素（PI1）、短期购买产品的意愿（PI2）、获得促销优惠时购买产品的可能性（PI3），从负载因子的结果来看，获得促销优惠时购买产品可能性的值最高，为0.899。

五、内部模型（结构模型）

在进行了外部模型测试后，我们需要进行内部模型测试。内部模型的评价是对变量之间的关系进行描述，是对正面影响或负面影响的分析。在内部模型中，检验有两个标准，即内生潜在变量的R和路径系数的估计。

内生潜在变量R方是外生构造的可变性对内生构造的可变性解释的评估标准。在对R方进行评估后，我们通过检验路径系数对模型进行评价，通过Bootstrapping技术来确定变量之间的影响。在这个检验中，一个变量的t统计量如果高于5% alpha时，那么这个变量就会影响其他变量，即如果该变量的t统计值超过1.96，则该变量是有影响的。

在此分析中，短视频广告与品牌意识关系的R方值为0.335，这表示短视频广告作为外生变量只能解释33.5%的内生变量与品牌意识的关系，而剩下的66.5%是由研究变量之外的其他变量决定的。关于品牌形象，短视频广告只能解释24.9%，其余的受研究之外变量的影响。短视频广告、品牌形象和品牌意识同时影响57.2%的人的购买意愿，剩下的42.8%的人受本研究未检验的其他变量的影响。

根据表2，我们使用Smart PLS处理结构模型得出的结果表明：品牌意识与购买意愿关系的路径系数为0.113，t值为1.171（小于1.96），p值为0.242（大于0.05），说明品牌意识对购买意愿无显著影响。品牌形象与购买意愿关系的路径系数为0.097，t值为1.139（小于1.96），p值为0.255（大于0.05），说明品牌形象对购买意愿无显著影响。由此可以得出，品牌意识和品牌形象变量并不是短视频广告和购买意愿的中介变量。短视频广告与品牌意识的路径系数为0.572，t值7.399（大于1.96），p值为0.000（小于0.05），说明短视频广告对品牌意识有显著影响，可以解释为，短视频广告的持续使用会增加57.2%的品牌知名度，而t值会从1.96增加到7.399或更多。短视频广告与品牌形象关系的路径系数为 0.488，t 值为 5.485（大于 1.96），p 值为 0.000（小于 0.05），说明短视频广告对品牌形象有显著影响，可以解释为，短视频广告的持续使用会增加 48.8% 的品牌形象，而 t 值会从 1.96 增加到 5.485 或更多。短视频广告与购买意愿关系的路径系数为 0.732，t 值为 12.689（大于 1.96），p 值为 0.000（小于 0.05），说明短视频广告对购买意愿有显著影响，可以解释为，短视频广告的持续使用会增加 73.2% 的购买意愿，而 t 值会从 1.96 增加到 12.689 或更多。

表 2　内部模型

变量	原始样本	样本均值	标准差	t 值	p 值
品牌意识→购买意愿	0.113	0.104	0.097	1.171	0.242
品牌形象→购买意愿	0.097	0.104	0.085	1.139	0.255
短视频广告→品牌意识	0.572	0.575	0.077	7.399	0.000
短视频广告→品牌形象	0.488	0.494	0.089	5.485	0.000
短视频广告→购买意愿	0.732	0.738	0.058	12.689	0.000

六、研究结论、建议与局限

基于假设检验的结果，我们可以得出，短视频广告影响品牌意识和品牌形象，而品牌意识和品牌形象不影响购买意愿，短视频广告与购买意愿直接相关。因此，从这个结果来看，品牌意识和品牌形象并不是中介变量。短视频广告在提高品牌知名度和吸引企业品牌形象方面具有显著的作用，短视频广告可以增强用户的购买意愿。针对假设检验的结果，我们根据外部测量模型的短视频广告变量提出相关建议。在外部测量模型中，短视频广告由四个领先指标反映，即显示娱乐内容的能力、传达信息的能力、提供有针对性的广告的能力、提高产品信任的能力，从四个指标的整体结果来看，提高产品信任的能力的广告具有最显著的负载因子。

（一）显示娱乐内容的能力

广告要求短视频广告具有愉悦用户的能力，广告的娱乐化能够减少用户的抵制情绪。随着千禧一代人群消费主体的崛起，商业环境变得年轻化、娱乐化，广告形式也应从"硬性"向"柔性"过渡，原生广告的盛行恰巧说明了这一点。短视频广告在融入平台内容的同时，还应加强与用户的互动，从而吸引用户的注意力，如小游戏的设计、剧情对话的衔接等。

（二）传达信息的能力

广告要求短视频广告具有向用户提供有用信息的能力。用户对多、繁、杂的广告信息通常表现出厌恶情绪，设计师竭尽所能地在广告中加入各种创意和修饰来吸引用户的注意力，往往适得其反。短视频广告应考虑用户对信息的承受能力和消化能力。研究表明，千禧一代人群越来越表现出对"回归自然"简约风格的喜爱。① 因此，短视频广告简约化尤为重要。

（三）精准投放的能力

信息爆炸时代，将广告信息精准地提供给消费者已不是难题，短视频平台根据算法已经达到了这个目的。但是，长时间根据用户信息推送内容，用户容易形成审美疲劳，而且不利于广告主开辟新的消费市场。因此，广告主应和广告投放平台充分协商，不断优化推荐算法，在做到目标用户精准推送的同时，也应挖掘投放目标用户之外的人群，来扩大市场范围。

（四）产品信任的能力

根据信息经济学原理，广告传递的产品质量信息有直接和间接信息两种。直接信息主要是指产品的具体信息，如价格、功能、规格、生产商等；间接信息是指音乐、色彩、情节、字体等广告传递的表现因素。因此，我们建议广告主在严把产品质量的前提下，在广告传递时充分利用短视频的特性，充分利用间接信息引起用户的情感共鸣，从而让用户对产品产生信任。

（五）研究局限

这项研究的局限在于，目前对短视频广告进行深入讨论的研究还很少，研究变量只有短视频广告、品牌知名度、品牌形象和购买意愿。本研究仅在武汉市进行，可能与我国西部及东部地区的结果有所不同，因此需要进一步的深入研究。

参考文献

[1] 王海忠. 品牌管理 [M]. 北京：清华大学出版社，2014.

[2] 张远. 扁平化设计的前世今生 [J]. 现代装饰（理论版），2015（5）.

[3] 许敏娜. 品牌形象传播视域下的短视频营销策略提升 [J]. 视听，2020（4）.

[4] DUCOFFE R H. How Consumers Assess the Value of Advertising [J]. Journal of Current Issues and Research in Advertising, 1995（01）.

---

① 张远. 扁平化设计的前世今生 [J]. 现代装饰（理论版），2015（05）：152.

[5] HOFFMAN D L, NOVAK T P. Marketing in Hypermedia Computer-mediated Environments: Conceptual Foundations [J]. Journal of Marketing, 1996 (03).

[6] WATERS R D, CANFIELD R R, HARDYE E, et al. Applying the Dialogic Theory to Social Networking Sites: Examining How University Health Centers Convey Health Messages on Facebook [J]. Journal of Social Marketing, 2011 (03).

[7] HAIR J F, HULT G T M, RINGLE C M, et al. A Primer on Partial Least Squares Structural Equation Modeling (PLS-SEM) [J]. In Long Range Planning, 2014 (02).

[8] KAKKOS N, TRIVELLAS P, SDROLIAS L. Identifying Drivers of Purchase Intention for Private Label Brands [J]. Social and Behavioral Sciences, 2015 (17).

[9] CHAAB J, RASTI-BARZOKI M. Cooperative Advertising and Pricing in a Manufacturer-Retailer Supply Chain with a General Demand Function: A Game-theoretic Approach [J]. Computers and Industrial Engineering, 2016 (99).

[10] 喻国明. 媒介经济是一种品牌经济 [EB/OL]. 新浪财经, 2006-10-08.

[11] 刘俊. "新媒体化生存"的需求 [EB/OL]. 中国传媒大学白杨网, 2019-04-04.

[12] 中国互联网络信息中心. 第49次中国互联网络发展状况统计报告 [EB/OL]. 中国互联网络信息中心网站, 2022-2-25.

时代变局下的民族品牌认同研究

魏祺航[①]

摘要：民族品牌是具有中华民族文化底蕴的特色文化品牌，在文化自信与品牌强国领域发挥着重要作用。在品牌竞争环境日趋复杂的局势下，民族品牌的发展问题亟须以宏观战略层面的品牌认同来回应时代变局。民族品牌认同是一种在关系生态下思考品牌的理念，既是过程建构，也是结果归旨。为实现其双重内涵，我们需要在时间层次上促成消费者的积极认可，驱动与消费者的双向认同，实现消费者的地域文化认同，在空间圈子中形成华夏儿女"家国依恋式"的内圈认同与国际受众"多元文化身份"的外圈认同。我们在此基础上进行品牌IP化运营，以人格化IP孵化催生表层形象上的情感感知，以故事化IP推广增进深层文化上的情感连接，以场景化IP维护拓宽底层关系上的情感延伸。

关键词：时代变局；民族品牌；品牌认同

民族品牌加深中华文化底蕴[②]，生长于优秀传统文化背景下，是讲好中国故事、传播好中国声音的载体，是塑造可信、可敬、可爱的中国形象的窗口。当下，文化经济一体融合的局势变化加速了民族文化产业的洗牌，改变了消费者的消费心理与购买行为，民族品牌的竞争环境越发复杂。在这个"不确定"感时刻威胁着人们"本体安全"的变局下，民族品牌认同作为一种战略层面的指引纲领与解决方案成为民族品牌发展的关键发力点。那么，民族品牌认同如何能够回应时代变局？它具有怎样不可或缺的价值？如何厘清认同维度把握民族品牌认同的深层结构内涵？在此基础上，民族品牌认同的具体建构路径又有哪些？这些将是本文尝试讨论的焦点问题。

[①] 魏祺航，女，湖南师范大学新闻与传播学院博士研究生。研究方向为文化品牌传播。
[②] 戴贤远. 民族品牌文化底蕴的移情化延伸[J]. 经济管理，2003（21）：50-51.

一、时代变局下,民族品牌认同的价值

随着新冠疫情全球化、文化经济一体化等局势变化,在民族品牌发展中,生产者与消费者之间的信任关系日益成为一个突出问题。民族品牌认同的建设与实现能够紧密双方的互动关联,并以关系性思维回应时代变局,并通过延长品牌生命周期,促进民族文化、民族产业与民族品牌的价值整合来应对时代变局的挑战。

(一) 时代变局催生民族品牌认同

民族品牌植根于中华民族深厚的文化沃土与华夏儿女丰富的人文生活中,是以文化资源为基础、文化精神为核心打造的具有中华民族特色的文化品牌,包括荣宝斋、稻香村、全聚德、同仁堂、瑞蚨祥这些历史悠久、世代传承的经典老字号品牌,百雀羚、佰草集、六神、回力、老干妈这样的老国货新国潮品牌,以及华为、格力、小米等具有浓厚民族性的高科技智能品牌。民族品牌作为具象化中国符号,既是文化意义的表达,也是产业价值的体现,更是对国家形象的集中展示,民族品牌的生产与消费起着重要的文化自信与品牌强国作用。

随着物质财富充裕丰盛,人们的消费需求逐级转向马斯洛所谓的高层次心理满足,物质与精神各项需求在媒介科技的助推下互相依赖、反哺与融合,消费者进入费瑟斯通所描绘的"日常生活"与"商品美学"合流的审美化消费世界中[1],民族特色文化的风格化、精细化、定制化等特征满足消费者个性与感性的张扬释放,民族品牌走进更多消费者的视野。与此同时,文化多样化、经济全球化、疫情常态化等局势的变化却使品牌竞争环境日趋复杂,民族品牌发展面临诸多挑战。对生产者而言,如何将品牌文化对接民族历史文化底蕴并进行现代时尚表达,如何完善自我成长并不断走向外部世界成为当下需要思考的重要命题;对消费者而言,线下生活被迫线上迁移,消费习惯被迫中断改变,品牌选择越发错综纠结,变局所导致的"不确定"感使消费者对民族品牌值得"信赖"的需求表现得尤为迫切。从这个意义上讲,民族品牌的发展不再是促使产品和服务"卖出去"的营销手段与战术布局,在当下亟须成为一种战略层面的指引纲领与解决方案,必须从"受者"视角出发与消费者达成物质与情感利益共享的联盟,通过"品牌认同"获得最广泛的品牌影响,反哺品牌的价值增量。

---

[1] 迈克·费瑟斯通. 消费文化与后现代主义 [M]. 刘精明,译. 南京:译林出版社,2000:97.

认同存在于关系当中，或者说认同本身就是一种关系。① 民族品牌认同承载于生产者（被认同者）与消费者（认同者）的信任关系之中，在"断裂"变局下亟待坚固这种双向互动的信任关系，使其既成为一种归属性的结果，也沉淀为一种建构性的过程——既是民族产品或服务及其文化底蕴被消费者所认知、理解与自觉悦纳，最终实现品牌信赖并完成品牌购买的结果，也是生产者为实现归属结果而通过品牌生产意义并不断与消费者搭建信任的关系建设过程。概言之，民族品牌认同是一种具有双重内涵的关系性思维：既是过程建构也是结果归属，二者统合于认同关系之中。

（二）民族品牌认同具有整合效用

民族品牌认同的建构性过程与归属性结果总在进行中，过程导向结果，结果体现过程，二者彼此促进，不断拉近生产者与消费者的心理距离，维系着双方的信任关系并使其更具开放性与可塑性。可以说，消费者对品牌认同的追逐紧密了民族企业与消费者的共情沟通，加强了企业的职业操守与道德情怀，推进了品牌生产由外在社会监管到内在自我规约的转型，在横向发源上协调品牌发展进程，在纵向结构上整合中国特色文化发展模式。

一方面，民族品牌认同协调品牌横向发源的各个环节，彰显品牌特殊性，提升品牌自主发展能力。民族品牌是民族文化资源在一定区域范围内产业集群生长的高阶形态。民族品牌认同加速了民族文化资源的创意转化、科技提升与市场运作，实现了由民族特色文化资源到民族文化产业的价值升维，打造了富有民族特色的文化产品或文化服务品牌，凸显了民族品牌天然独有的资源优势与后天独优的品牌魅力，推动品牌持续活化，延长品牌生命周期。

另一方面，民族品牌认同助力民族文化精神的继承与发扬，在纵向结构上整合文化繁荣、产业增值与品牌升级，探索出中国特色文化发展道路。对中华文化传播而言，如何继承传统又与时俱进、融汇百家又独具个性，激发民族优秀传统文化的当代价值与世界意义依然是亟盼解决的问题。品牌认同有助于企业追溯品牌文脉，挖掘品牌精神，以更加开放的眼光关注文化作为产业符号生产的内容价值，在保持文化特性的基础上提炼出永远活着的当代价值，为中华文化源源不断的内在传承与外在传扬提供了更多可能性。对民族文化产业发展而言，品牌认同能够优化产业结构，更好地平衡产业发展的经济性与文化性，鞭策其更多地肩负社会责任来实现经济效益与社会效益的统一。对民族品牌发

---

① 崔新建. 文化认同及其根源 [J]. 北京师范大学学报（社会科学版），2004（04）：102-104，107.

展而言，品牌认同有望破解品牌文化挖掘度不足、产品同质化竞争等现存问题，增强品牌的竞争动力和比较优势。换言之，民族品牌认同能够整合民族文化传播繁荣、民族产业提质增效、民族品牌特色发展，而这三者发展的良性循环也能够助推品牌认同的过程建设与结果达成，并创建美美与共的认同关系。民族品牌最终打造出中国特色文化发展道路，联动文化繁荣、经济发展、民族团结、社会稳定、生态活化，引领城市可持续发展，形成一种循环转化、协同共生的整合发展模式。

二、时代变局下民族品牌认同的维度

民族品牌认同的过程建构与结果归属，究其实质，乃是品牌利益相关者的关系建设及其关系成果。其关键在于关系网络的联结深度与口碑广度，可以通过三重时间层次与双重空间圈子的梳理娓娓道来。

（一）民族品牌认同的时间层次

随着与品牌接触时间深度的增加，消费者只对那些能够进入"心智领域"的民族品牌逐渐青睐并笃定。品牌认同通过三重时间层次步步深入，与消费者的认知判断相契合，与消费者的文化心理相对接，与消费者欣赏的地域形象相贴切，在长久的互动关系建设中实现认同升级。

第一层次是通过品牌形象再现和表征消费者，促成消费者对品牌的积极认知，加深对品牌的理解与确信。其一，以产品和服务为基础实现对品牌物化载体功用与技术的"硬"认同，即消费者对品牌能解决最基本需求的认可，对品牌制作工艺、操作水平和生产规模的质量信赖，是品牌一切价值创造的基础。其二，以品牌文化为内涵实现对品牌象征符号的审美价值"软"认同。消费者能够对品牌的名称、包装、音乐、代言人等"差异化"音视觉符号直接识别，企业（生产者）在此基础上延伸品牌精神符号，让品牌呈现的生活态度与消费者的生活渴望相映射，实现消费者对品牌所象征的价值观念的认同。小米传达的"为发烧而生"就是这样引起阵阵消费热潮的。其三，无人机配送、智能机器人的使用普及、服务态度的周到、消费隐私的保护等服务保障能够带给消费者更多的认同体验，价格适当、物美价优的高性价比更是直接的认同吸引法则。

第二层次是激发消费者完成品牌购买体验，并形成双向认同的趋势。在这个时间层次中，企业逐渐培养起消费者的消费习惯与偏好，通过品牌体验影响，塑造消费者新的认同架构，在双方亲密沟通中深化品牌形象，强化品牌认同，最终与消费者价值共创，实现消费者对品牌与自身形象和内涵的双向体认。以当下年轻人的口头禅"颜值即正义"为例，Z世代消费者更注重产品的"美颜"特色，如花西子雕花口红，这样能与品牌功能、内涵相匹配的"创意美"颇受欢迎。企业设置了"品牌体验官"，还不断邀请消费者参与产品的设计研发，进一步提升了消费者的审美能力，驱动品牌与消费者达成双向认同。

第三层次基于深层情感连接而形成对中华文化底蕴的自觉吸收，实现品牌地域文化认同。民族品牌生长在中华文化背景下，品牌文化中所包含的生活经验与生活方式是中华文化底蕴的缩影，满足消费者的信念寄托与未来希冀。消费者透过品牌文化领略了五千年浩瀚文明，形成共同的地方依恋，通过品牌认同实现中华文化认同，进而延伸对我国经济、社会、生态等关联方面的"辐射"认同，实现对品牌城市形象与整体中国形象的欣赏。正如，稻香村的"中国味"让游子回忆起家乡味道；大益普洱茶助力普洱市"世界茶源"城市形象；佰草集、百雀羚的中草药护肤理念使消费者惊叹东方美韵的平衡和谐之道；华为的鸿蒙系统、麒麟芯片在构建"万物互联的智能世界"的同时，吸引人们留恋美丽神秘的上古传说。

（二）民族品牌认同的空间圈子

随着与品牌所在空间距离的扩展，消费者只对具有传播广度及美誉度的民族品牌百般回味。民族品牌认同的空间圈子包括圈内圈外双重发展格局，由内而外明晰消费画像、建设信任关系、实现认同结果。

在世界经济持续低迷、全球市场萎缩、保护主义上升等市场环境复杂变化的背景下，习近平总书记提出要加快形成以国内大循环为主体、国内国际双循环相互促进的新发展格局，通过畅通国内大循环，推动国内国际双循环，培育新形势下我国参与国际合作和竞争的新优势。[①] 作为肩负实现传统文化复兴与经典回潮现象的民族品牌，它更需要在宏观大背景下积极响应国家战略号召，以民族品牌认同提升市场竞争力。由此，民族品牌认同包括内圈认同（中华文化圈内）与外圈认同（中华文化圈外或国际文化圈）双重空间发展格局。根据内外圈子的消费特征，我们又可以不断定位消费者画像，细分为"古风圈""哈迷族""御宅族"等亚文化圈、同学圈、老乡圈、家庭圈、工作圈、学习圈等纷繁多样的文化圈子。我们要在加快建设全国统一大市场[②]基础上充分利用国内国际两个空间圈子，关注空间圈子中的消费文化，由内圈认同推向外圈认同，提升

---

① 中华人民共和国中央人民政府. 中华人民共和国国民经济和社会发展第十四个五年规划和2035年远景目标纲要［EB/OL］. 中国政府网，2021-03-13.
② 中华人民共和国中央人民政府.《中共中央 国务院关于加快建设全国统一大市场的意见》发布［EB/OL］. 中国政府网，2022-04-10.

民族品牌美誉度。

民族品牌的内圈认同是一种华夏儿女"家国依恋式"的品牌认同。中华文化博大精深、地域特色多姿多彩，从夏、商、周到秦汉时期就形成了以方国辖区命名的齐鲁文化、荆楚文化、巴蜀文化等地域亚文化。中国消费者无论生长于何种文化背景下，总是充满了关乎血缘、亲缘的集体家国认同感。内圈认同要以文化自觉与文化濡化激发中华文化认同与民族品牌认同，使消费者透过品牌文化对中华文化有"自知之明"并产生"自信自豪"，再形成对承载着中华文化底蕴的品牌的"自发传播"，继而提升品牌购买力、增强民族凝聚力。可以说，无论消费者处于何地，民族品牌总能陪伴消费者发现中华文化之美，启迪消费者与优秀传统文化对话与反思，唤起消费者对家乡、祖国的眷恋与爱护，作为精神港湾，它化为消费者日常生活的一部分。

民族品牌的外圈认同是一种国际受众"多元文化身份"的品牌认同。德国学者斯宾格勒将世界文化划分为中国文化、印度文化、欧洲古典文化、西方文化等八大文化形态[1]，世界各国文化迥然不同，但人类文明多有相通。外圈认同可以借助在华外国人与海外华侨华胞这些"桥梁人群"的力量加强文化融通，将中华文化作为新的文化养料补充进消费者原有的文化结构中，以文化扩散与文化适应潜移默化他们新的自我身份形成、群体身份追寻以及多元文化身份确认。概言之，无论国际消费者身为何种民族与身份，他们都能通过品牌体会人们的共通情感，感受人类的命运与共。

三、时代变局下，民族品牌认同的建构

认同关系源于情感共鸣，关系网络的深度与广度实践于消费者对品牌文化及其背后中华文化底蕴的情感体验中。我们要推进民族品牌关系化建设过程，实现"越是民族的越是世界的"认同结果，需重视文化内容价值，整合时空维度发展 IP 经济。我们将文化资源内容扩展为一个可以多维度开发且更具广泛应用的人性化 IP，转换为一种有故事性的、人格载体的新型生产资料，借助跨界价值再造，不断延伸内容链条。

（一）"人格化"IP 孵化

"人格化"IP 孵化就是输出品牌的人本态度，坚守品牌的人格信用，发掘品牌的人性来对接消费者的情感，并持续占据消费者的心智与情智，包括挖掘

---

[1] 奥斯瓦尔德·斯宾格勒.西方的没落［M］.齐世荣，等译.北京：商务印书馆，2001：31.

民族文化资源、定位 IP 价值内涵、塑造可视化 IP 人格形象三个环节。

首先，要精耕资源、盘活存量。我们深入实地进行调研与评估，充分挖掘方言、绘画、雕塑、剪纸、建筑、戏曲、神话、宗教、礼仪、饮食、中医药等民族文化元素，建立数字资源库并进行筛选与更新。

其次，梳理优秀传统文化与消费者当下品牌认同建构的关联，定位新时代 IP 的价值内涵。民族文化精神是品牌发展的性格底色，我们要以精神内涵定位品牌文化价值，以消费者乐于接受的方式回应他们的认同需求。

最后，塑形象、立人设。我们要基于文化资源与价值内涵塑造打动人心的 IP 形象，如同迪士尼"米奇和他的朋友们"对全世界的大人和儿童都有吸引力。角色设定一要符合品牌特色与理念，传播积极向上的正能量，还要丰满形象特征，让 IP "活"起来。这个 IP 角色既可以是真实人物也可以是 AI 虚拟人物，既可以是单一形象也可以演化组合为系列形象，不仅有姓名、性别、星座等基本信息，还有颜、有趣、有优缺点，能与消费者自然亲近，自觉代入。角色要传达真情实感，让 IP 从"活"起来到"火"起来。IP 形象不一定真实，但必须真诚，要成为品牌代言人，要融入品牌故事中，走进消费者的日常生活场景之中，呈现给消费者更易于理解和喜爱的民族文化特色。河南卫视推出的"唐小妹"IP 形象就贯穿了《唐宫夜宴》《元宵奇妙夜》《清明时节奇妙游》《端午奇妙游》等节日系列主题，IP 形象深入人心，激起较高回忆率，掀起人们去河南旅游的消费热潮。

（二）"故事化"IP 推广

"故事化"IP 推广是将品牌所传达的思维模式、行为规范与生活态度等文化内涵，以故事叙述的方式扩散出去，来以民族品牌讲好中国故事，来以中国故事推广民族品牌。

首先，故事叙述要找到共源同享的文化记忆符号。吉登斯认为，"所有个体都在种种形式的惯例基础上发展着某种本体安全的框架"[1]，当变局将维持人们本体安全的惯例打破，回归惯例、追溯记忆成为获取消费者共鸣的破解之法。换言之，品牌故事要对接怀旧、乡愁、爱与自由这些人类共通的文化主题，使不同消费者根据自己的理解和意愿调整为一种共享的情感符号，就像回力品牌坚持"永远的陪伴，永恒的记忆"，来唤起消费者的同频共振。

其次，细分并定位消费者的情绪诉求与情感体验。消费者的感受如何被品

---

[1] 安东尼·吉登斯. 现代性与自我认同 [M]. 赵旭东, 等译. 北京：生活·读书·新知三联书店，1998：49.

牌故事驱动，是想要获取同情、展示抒情，还是收集点赞、炫耀身份，抑或单纯吐槽、发泄？我们只有厘清诉求、个性体验，才能在讲述中将消费者的过去"存量"情感、当下"即时"情感与未来"欲望"情感拿捏稳妥，争取消费者的品牌心灵归属。

最后，与消费者互动共创故事化的 IP 情节。一方面，在剧本设定上要坚定真善美的价值观念引导，借助语言表达呈现出来。语言是媒介手段也是思维方式，要以消费者熟悉的乡音、方言、音乐、舞蹈与其对话，关注作为个体和群体的"人"在社会消费中探索与发展的可能性。另一方面，在剧情走向上要将民族企业的社会责任（CSR）嵌入故事之中，具备开放性让消费者填补自己的感受，激发品牌与消费者价值共创的想象力。江小白印有 UGC 文案的表达瓶、鸿星尔克慈善赈灾引发消费者"野性消费"的爱心回馈、敦煌石窟"数字供养人"让广大消费者"众创"为敦煌文化的守护者……这些共同书写的品牌故事更具社会传播效益，消费者也会有更强烈的付费与分享欲望，爆款 IP 就这样在口碑传播与社交分享的持续发酵中孕育出炉。

（三）"场景化" IP 维护

"场景化" IP 维护通过沉浸式体验的场景探索将品牌内容优势延伸进众多行业领域中，借助跨界联名整合品牌文化资源，从"横向"与"纵向"两个方向扩大内容的辐射范围和影响力度，为品牌续航远行。

"横向维护"是将同一 IP 内容与周围其他关联内容连接打通，延伸至影视、游戏、玩具、教育、日用品、快消品等细分领域中，增强消费者对 IP 统一化的体验与偏好，实现内容重复开发与价值增值。比如，老字号民族品牌"全聚德"将同治年间创始人杨全仁的创业故事与品牌历史拍摄成《老店》《天下第一楼》《传奇大掌柜》等电影、电视剧，改编为话剧《天下第一楼》，编辑成《全聚德的故事》《画说全聚德》《媒体话说全聚德》等书籍，用非遗皮影艺术进行演绎，打造品牌展览馆，让更多消费者身临其境了解独特的品牌文化与中华饮食文化。[①] 全聚德以新 IP 形象萌宝鸭开发出的文创茶、马克杯、餐具、雨伞、徽章、冰箱贴、帆布包、毛绒公仔、子母包等系列文创周边，萌宝鸭动画片、萌宝鸭文创体验区等各种类内容产品也得到了大批消费者的喜爱。[②]

"纵向维护"以城市系列 IP 内容拓展消费者群体，使经典 IP 常看常新，IP

---

① 张景云，张希.中华老字号品牌的文化营销：以全聚德为例［J］.商业经济研究，2017（16）：55-57.
② 新浪财经.首届全聚德"万物萌动"文创节启动 上线多款萌宝鸭系列文创品［EB/OL］.中国网财经，2022-02-21.

形象能够不断丰满，IP 故事能够一直讲下去，集结品牌自身的力量最大限度拓宽内容产业链的价值。民族品牌是城市历史积淀的人文见证，是特色城市发展的重要组成部分，因此可以开发"文化+旅游""文化+体育"等 IP 内容来塑造城市形象、彰显品牌特色。例如，稻香村的故宫福兽糕点礼盒、农夫山泉故宫瓶等成功联名促使民族饮食品牌与旅游品牌在相互碰撞中激起涟漪，在文化的现代演绎中让消费者获得亲切感，引领城市文化旅游风潮。我们还可以将老字号餐饮品牌联合起来推出同城或跨城精品旅游路线，搭建相关饮食主题公园与沉浸式酒店，消费者能够在其中体验到品牌历史故事以及衍生的电影、游戏中的特定场景，穿戴剧集中的服装、道具，接收任务和故事线参与故事演绎。再如，民族品牌可以联合冠名赞助奥运会、世博会、特色节事等重大会议或赛事，与"B 站"、抖音等短视频平台合作进行直播及后续跟进，将城市赛事活动与品牌内容创作融合起来，以内容连接消费者，通过消费者连接更多的消费者。

四、结语

作为具有中华民族文化底蕴的特色文化品牌，民族品牌起着重要的文化自信与品牌强国作用。在变局下，民族品牌的发展问题日益成为生产者与消费者之间的品牌认同问题，我们只有对品牌认同关系进行反思与追问，才能将危机转化为品牌发展的新跳板。据此，我们需厘清民族品牌认同的时空维度并进行品牌 IP 化运营，以人格化 IP 孵化催生表层形象上的情感感知，以故事化 IP 推广增进深层文化上的情感连接，以场景化 IP 维护拓宽底层关系上的情感延伸，最终延长民族品牌生命周期，整合中国特色文化发展道路，引领特色城市可持续发展。

中西复调：20世纪初期哈尔滨电影院的"三重空间"文化研究

焦朦[1]

摘要：20世纪初期的哈尔滨是一座移民城市，中西文化在此交融和碰撞，奠定了这座城市的文化底色。电影院是一种地方性的空间实践产物，在与城市文化的交织互构中，形成了自身独特的"城市性"。本文以20世纪初期的哈尔滨电影院为研究对象，从建筑空间、文化空间和公共空间这"三重空间"出发，阐释城影互构关系中哈尔滨电影院"中西复调"的文化特色。

关键词：哈尔滨早期电影，哈尔滨电影院，影院空间，影院文化

加拿大卡尔加里大学电影学教授乔治·梅内克（George Melnyk）曾提出电影的"城市性"（Urbanity）概念，原指电影作品中表达出来的能够反映城市个性的"城市光晕"（City's Aura）。[2] 这一概念的外延，后又被扩充至整个电影文化产业系统中，"城市与电影之间相通的现代性、时尚性、公共性、艺术性等特征同样也是电影'城市性'的外延"[3]。影院文化同样具有城市性，一方面，从电影院与城市之间的原初关系来看，电影院诞生于城市，城市是电影院的文化母体，城市的人文、地理、风俗等都对电影院产生重要影响。另一方面，电影院也内含着城市文化，对社会文化心理产生深远影响。

20世纪初期，哈尔滨影院文化的城市性体现在其与城市文化的交织互构中，形成了一种"中西复调"的文化特色。"复调"（Polyphony）是一个音乐术语，是欧洲18世纪以前广泛运用的音乐体裁，指的是音乐中两段或两段以上的旋律同时进行，彼此相关但各自独立所形成的一种对位和声关系。本文所谓的"中

---

[1] 焦朦，女，1987年10月生，博士，北京外国语大学国际新闻与传播学院博士后、助理研究员。

[2] MELNYK G. Film and the City：The Urban Imaginary in Canadian Cinema [M]. Edmonton：Athabasca University Press, 2014: 23.

[3] 张经武. 电影的"城市性"理论 [J]. 北京电影学院学报, 2019（09）: 39-48.

西复调"是指哈尔滨影院文化所彰显的一种中西文化相互对立又彼此共存的特征，其中又内含着中国文化对西方文化的追赶、学习和对抗。

一、煜然勃兴：20世纪初期的哈尔滨电影院业

哈尔滨曾被喻为"东方莫斯科""北中国的上海"①，中西文化的交融和碰撞奠定了这座城市的文化底色。1898年，因为沙俄在东北修筑中东铁路，作为枢纽站的哈尔滨才由一个小渔村开启了城市化进程，并在30年间一跃成为国际化的移民城市，外侨人数最高达到20多万人，电影院这一西方事物也是伴随着俄国侨民的大量涌入而被引进哈尔滨。有学者指出，"20世纪初期哈尔滨的电影放映市场是基本不受上海影响的独立体系，它是俄国人借由中东铁路经陆路而传播发展起来的。"② 这一说法揭示了20世纪初期哈尔滨影院文化不同于中国其他城市影院文化的本质原因就在于传入的来源和路径。

目前，关于中国第一座专业电影院的诞生地众说纷纭，其中有多位学者提出中国第一座专业电影院于1905年诞生在哈尔滨，是由一位名为科勃采夫（П. В. Кобчев）的俄国随军摄影师创办的，要早于1908年创办的上海虹口活动影戏园。③ 另有记载，"至1912年中华民国成立时，在4亿中国人民中，电影院还不到20家，北京还没有1家电影院，上海只有2家，哈尔滨有8家。"④ 根据《中华影业年鉴》统计显示，20世纪20年代中期，全国共有电影院140家，上海为首位共有39家，其次是北京拥有13家，哈尔滨名列第三为12家。⑤ 1934年，中央宣传部也曾发布全国电影院数量统计结果，此时全国电影院总数为238家，各重要城市128家，其中上海40家、天津20家、广州16家、哈尔滨有12家，哈尔滨影院数量位列第四。⑥ 可以说，直至20世纪30年代，哈尔滨电影院的数量一直位居全国前列，在早期中国电影放映格局中占有举足轻重的地位。

---

① 胡适. 漫游的感想 [M]//韩淑芳. 老哈尔滨. 北京：中国文史出版社，2018：272.
② 张经武. 被遮蔽的哈尔滨：中国专业影院之诞生与早期电影文化格局 [J]. 北京电影学院学报，2016（01）：80-89.
③ 关于哈尔滨第一家专业电影院参见李述笑的《哈尔滨历史编年（1896—1949）》、姜东豪的《哈尔滨电影志》、李兴耕的《风雨浮萍——俄国侨民在中国（1917—1945）》和孙建伟的《黑龙江电影百年》等著作。
④ 乔治·萨杜尔. 电影通史：第三卷：电影成为一种艺术：下 [M]. 唐祖培，译. 北京：中国电影出版社，1982：236.
⑤ 程树仁. 中华影业年鉴 [M]. 上海：中华影业年鉴社，1927：33.
⑥ 民国二十三年全国电影院分布图 [J]. 电影与播音，1942（05）：10.

二、建筑空间：哈尔滨电影院与都市现代性建构

建筑空间是空间实践的物质性体现，它是物理的、具体的、可感的。20世纪初期，哈尔滨电影院在建筑空间形式上塑造了现代性的都市景观，也给市民带来了现代性的感官体验。然而，因为二元化的城市空间特点，哈尔滨的电影院建筑空间在位置、环境、分布等地理因素方面又呈现出中西有别的特点。

（一）都市现代性：电影院的空间景观与感官体验

20世纪初期，电影院作为物质文明的象征，不仅是整体都市景观的重要组成部分，参与建构都市现代性，而且它们也是市民的消费对象，深度影响着社会文化心理。

一是电影院建筑风格的西方化。20世纪初期哈尔滨的电影院尤其是道里区和南岗区的电影院大多为西式建筑外貌，汇集折中主义、巴洛克式、新艺术运动等多种建筑风格。如皆克坦斯电影戏园（见图1）在建筑外观上呈现了圆顶、尖顶错落有致的特色，它采以浮雕、砖饰、瓦饰、铁艺等装饰艺术，作为城市地标颇引人注目，是市民接触西方物质文明的重要介质。

二是电影院空间形式的规模化。哈尔滨早期电影院很多都是商业综合体的组成部分，如1918年创办的新世界电影戏园是一个集电影院、酒店、饭店于一体的大型商业综合体；[①] 再如，马迭尔、巴拉斯、敖连特和吉干特等电影院有容纳超千人的空间规模，大西洋电影院更是能容纳近2000人（见图2）。相较于同时期鱼龙混杂、狭小局促的茶馆、戏院等娱乐场所，这种大规模、现代化、多功能的电影院为观众提供了多元化的电影消费体验。

图1 皆克坦斯电影戏园的建筑外观　　**图2 大西洋电影院的广告**

三是电影院内部装饰的科技化。电影本身是一种科技和艺术的产物，电影院同样也用新式的设备和奢华的装饰营造了观众对科技和艺术的想象。早期报

---

① 殷仙峰. 哈尔滨指南 [M]. 哈尔滨：东陲商报馆，1922：插页.

纸刊登了大量宣传影院环境的广告，如国泰电影院"改设超等座位及最新式设备，一切完全美术化，诚道外之皇宫也"①。平安电影院"不惜巨资，与爱士金洋行订购最新式特大冷气机，凉风徐徐，不知有夏"②。由此可见，影院经营者将电影院打造为科技和艺术相结合的消费空间，让哈尔滨市民接触了现代文明的生活方式。

四是电影院影像消费的官能化。专业电影院借助银幕、光柱、放映机和留声机等结构性要素，通过黑暗幽谧的环境和集中的视觉焦点，为观众营造"洞穴假象式"的观影体验。有声电影的出现更是实现了声画对位，通过"耳朵的娱乐"强化了观众的听觉感知。美国电影理论家米莲姆·汉森（Miriam Hansen）认为，早期电影院为观众提供了一个"感官反应场"③，使身处电影院的观众能够与其他人形成集体式共鸣和互动。同样，这一时期的哈尔滨电影院给由私人空间走向公共空间的市民带来全新的官能体验。

（二）中西有别：道外区与道里区的电影院

任何一个建筑空间都有地理学基础，与其所处的地理环境一同实现意义建构。哈尔滨素有二元城市的特性，中东铁路将哈尔滨城市空间一分为二，中东铁路沿线以西的道里区、南岗区为俄占铁路附属地，其中道里区是城市中最繁华的地区，呈现鲜明的欧俄特色，朱自清曾写道："道里纯粹不是中国味儿，街上满眼都是俄国人。"④ 中东铁路沿线以东、紧邻松花江南岸一带的道外区为中国人聚居区，自 20 世纪 20 年代被辟为商埠以后，剧院、影院、妓院等娱乐场所繁盛起来，逐步发展为商肆林立、楼阁绵延的奢靡喧嚣之区。就像胡适在途经哈尔滨时发现的那样，在这座城市中存在着一种东西方文明之间的界限，在地理位置上它是道外区与道里区的区隔，在文化上它是人力车文明与摩托车文明的界限。⑤ 这条"中西有别"的界限也体现在道外区和道里区电影院的空间设置、分布和环境上。

一是创办时间的错位。20 世纪早期哈尔滨的电影业主要垄断在俄国人手中，俄国人创办的电影院多设在道里区，创办时间较早，如科勃采夫电影院创办于 1905 年，皆克坦斯电影戏园创办于 1906 年。中国人在哈尔滨创办电影院的时间

---

① 国泰有声电影院的广告 [N]. 滨江时报, 1933-10-07 (3).
② 平安电影院的广告 [N]. 滨江时报, 1937-07-24 (7).
③ 张英进. 再读早期电影理论：追寻都市现代性的感官体验 [J]. 当代电影, 2008 (08): 74-80.
④ 朱自清. 西行通讯 [M] //韩淑芳. 老哈尔滨. 北京：中国文史出版社, 2018: 267.
⑤ 胡适. 漫游的感想 [M] //韩淑芳. 老哈尔滨. 北京：中国文史出版社, 2018: 272.

较晚，1915年，王佩萱才在道外区创办第一家电影院，1916年朱安东开设了吉江电影茶社，但两者都非专业电影院，且经营时间较短。1925年以前，道外区专业电影院仅有光明电影社一家。道外区和道里区电影院创办时间上的错位，与区域发展不平衡有直接关系，也与中外资本实力悬殊密切相关。

二是分布形式的差异。俄国人在最初规划道里区时以中央大街为核心，将其按照城市商业中心来打造。由此，道里区电影院多设在中央大街上，如马迭尔电影院设在中央大街五道口路西，大西洋电影院设在中央大街七道街等，形成以中央大街为中心的电影院集群。道外区电影院由于缺乏区域规划，呈现出散点式的分布特点，如光明电影社设在道外新市街，亚洲大戏院设在道外北六道街，平安电影院设在道外景阳街。道外区电影院的集群效应明显弱于道里区电影院。

三是区域环境的不同。由于欧式建筑布局合理，道里区中央大街整个街面石厦砖楼，蔚为大观，汇聚了众多电影院、西餐厅、舞厅、酒店和洋行等西式公共空间，使这条街成为外国侨民们闲逛的天堂。道外区则被称为"奢靡喧嚣的花花世界"①，妓院、茶馆、戏院等消闲场所众多，主要面向的也大多是直隶等地的中国人和城市中的中下层消费群体。区域环境的不同导致道外区与道里区的电影院，在观众消费等级和身份象征上的截然不同。

三、文化空间：哈尔滨电影院中的中西映演图景

20世纪初期，哈尔滨电影院作为文化传播的空间，不仅放映中外各国电影，还开展一系列的艺术演出活动，呈现了碎片化、多元化的映演图景，开启了市民认知现代性的新知觉范式。其中，国产电影的放映明显滞后于外国电影，但因其具有民族性而在哈尔滨电影市场大受欢迎，一度与外国电影相比肩和抗衡。

（一）兼容并蓄：电影院中的影片放映与艺术演出

20世纪20年代以前，俄国人开设的电影院呈垄断格局，主要放映的是欧洲电影。通过考察这一时期哈尔滨最具有影响力的中文报纸《远东报》中的电影广告可以发现，这些电影广告的发布主体皆为俄国电影院，宣传的影片皆是欧洲电影，带有鲜明的欧俄色彩。

一是上映了大量改编自俄国著名文学家作品的电影，如《瑞典洋火》（改编自契诃夫的《瑞典火柴》）、《礼拜日》（改编自列夫·托尔斯泰的《复活》）、

---

① 辽左散人. 滨江尘嚣录 [M]. 张颐青，杨镰，整理. 北京：中国青年出版社，2012：18.

《大报仇》(改编自果戈理的《死魂灵》)、《皮阔瓦牙达马》(改编自普希金的《黑桃皇后》)等。

二是上映的电影中绝大部分都是描写欧洲资产阶级生活的爱情电影,原因是欧战发生后,欧洲电影进入俄国路径受阻,加之俄国国家严苛的电影检查制度,使这一时期俄国诞生大量颓废的、空想的、表现爱情纠葛的"浮华剧"。这些"浮华剧"也经由中东铁路传入哈尔滨,对哈尔滨电影院的影片放映产生直接影响。

三是这一时期俄国电影院还在电影放映后加演大量欧战时事新闻,展现欧战现场各国军队的作战情况,形成了20世纪上半叶哈尔滨电影院与其他城市电影院截然不同的特色和风格。

20世纪20年代后期至20世纪30年代初,好莱坞电影和国产电影形成了哈尔滨电影放映市场的两极。一方面好莱坞电影开始入侵哈尔滨电影市场。1924年,美国人就在哈尔滨建立环球分公司和派拉蒙分公司,销售、出租和放映美国电影。1930年,美国人又在哈尔滨开设美国电影院,专门放映好莱坞电影,尤其是日益盛行的有声歌舞片。另一方面中国人创办的电影院数量与日俱增,国产电影日益风靡,甚至有赶超欧美影片的趋势,"今申江之国产影片公司,达三十余家"①。"自1911年至1931年,哈尔滨共发行影片456部,其中国产片196部,占全部发行量的43%,而其中绝大部分是在1926年以后发行的。"② 时人这样评论当时哈尔滨的国产电影放映盛况:"每一套新片到哈时,一定有满座的观众光临。"③ 这一时期好莱坞电影和国产电影共存、对峙和纠缠在一起。

电影自传入哈尔滨以来,就不纯粹是电光影戏,而是众多艺术表演形式中的一种,最初电影院被称为电影戏园也可见一斑。20世纪早期皆可坦斯电影戏园在演完影片之后,便上演蛮人跳舞的表演节目。④ 其后,哈尔滨设立的专业电影院也在电影放映活动中混杂着其他形式的表演,成为多元艺术演出活动开展的文化空间,音乐会、交响乐、舞蹈大会、话剧、文明戏、京剧、魔术等艺术演出在哈尔滨电影院中纷繁呈现,如华光电影院邀请外国歌舞团登台表演世界

---

① 辽左散人. 滨江尘嚣录[M]. 张颐青,杨镰,整理. 北京:中国青年出版社,2012:124.
② 汪朝光. 20世纪初叶电影在东北边陲之兴——哈尔滨早期电影市场研究[J]. 南京大学学报:哲学. 人文科学. 社会科学版,2004(06):97-106.
③ 映斗. 调查:谈哈尔滨的影戏事业[J]. 银星,1926(04):44-45.
④ 姜东豪. 哈尔滨电影志[M]. 哈尔滨:哈尔滨出版社,2003:65.

各类歌舞剧,①亚洲大戏院聘用留学欧美的魔术专家表演魔术,②光陆电影院邀请世界著名的卡利沃达音乐团演出,③平安电影院聘请少女骑术团上演骑术表演。④对于20世纪初期人文不兴的哈尔滨来说,这些中西方演出活动营造出充满感官吸引力的艺术情调,以文化趣味影响着哈尔滨市民。

(二)民族自觉:电影院的"国片复兴运动"

作为现代民族国家意义上的"中国"和身处半殖民地的中国人是通过与他者的接触来确立自我的身份。美国文化学者葛凯(Karl Gerth)在考察了20世纪初中国各大城市开展的国货运动后,认为这一时期的国货运动将消费主义与民族主义捆绑,在提倡国货与抵制洋货的二元对立中建构了民族意识。⑤与国货运动相似,发生在电影院领域中的"提倡国片运动",也在提倡国产电影和抵制外国电影中催生了一种民族自觉,将消费主义民族化。

20世纪20年代后,美国好莱坞电影大举入侵中国电影市场,引发了中国电影界的焦虑。为抵抗好莱坞电影的文化侵略和经济侵略,20世纪30年代初,由罗明佑创办的联华公司带头发起了"国片复兴运动",在整个电影界引起巨大反响。这场运动一方面鼓励拍摄和放映严肃的、高质量的国产电影,另一方面召唤人们去观看国产电影,让人们在电影消费中实现民族认同。事实上,在此之前,罗明佑于1927年设立的华北电影公司就已经提出"以艺术为前提,以益世为职志"的口号,着重强调电影院在电影消费中的关键作用,将电影放映与电影生产一起作为提倡国产影片的重要双翼。

与华北电影公司有着密切关系的辽宁新生活影片公司也遵循同样的宗旨。⑥辽宁新生活影片公司在东北地区共设有7家电影院,其中1929年在哈尔滨设立的电影院为华光电影院,该电影院曾表明创办因由,"近来国产电影事业中兴以来风起云涌,有一日千里之概,智识之士以其提倡国粹而免利权外溢,莫不争

---

① 华光电影院的广告[N].滨江时报,1929-10-13(3).
② 亚洲大戏院的广告[N].滨江时报,1930-12-05(7).
③ 光陆电影院的广告[N].国际协报,1936-12-18(3).
④ 平安电影院的广告[N].滨江时报,1933-11-11(3).
⑤ 葛凯.制造中国——消费文化与民族国家的创建[M].黄振萍,译.北京:北京大学出版社,2007:8.
⑥ 根据"华北电影公司在1929年进入全盛期,在沈阳和哈尔滨有直接或间接的管辖院线",而辽宁新生活影片公司的创办时间就在此时,且在沈阳和哈尔滨设有分院,加之华北电影公司提出的宗旨又与辽宁新生活影片公司的宗旨相一致,皆为"以艺术为前提,以益世为职志"。由此可知,罗明佑的华北电影公司与辽宁新生活影片公司之间存在着直接或间接的管辖关系。

先恐后协力拥载，卒因组织影戏院者重于投机遂致营业旋起旋覆。哈埠为舶来片先进之区，尤以有设立中国电影院之必要，新生活影片公司异军突起设附华光电影院于道里。"① 华光电影院是哈尔滨电影消费空间民族化的典型代表，其创办初衷就是"提倡国粹，挽回利权"，与外国影片相抗衡。

虽然华光电影院在广告中声称，"我们绝对承认国产影片的幼稚，因为中国电影的生命确实是十分的短促，再加是排斥多提倡的少，莫怪意志薄弱制片公司，那横亘着一种魔鬼式的障碍物。"② 但事实上，它一直在为国产电影辩护和摇旗呐喊，如在电影《美人计》上映时刊登大篇幅广告大加推介，"这部影片是打破烟笼瘴气的中国电影界的根本大成功。资本的宏富、编制的伟大，敢开大口地说这是亘古未有的大贡献，空前第一的大杰作，是够在中国电影史上开一个新纪元。"③ 在重要的国家纪念日里，华光电影院还选取能够唤醒民族意识的电影借机放映，在广告中声称"挽利权的杰作""提倡国产影片的先声""定国耻纪念日起映"④。

如同，国货运动"利用爱国精神瓦解了洋货所代表的时尚和消费潮流，国籍成为人们消费选择的重要因素"⑤。以华光电影院为引领者的中国电影院，也以一种自觉的方式对电影进行"中国"和"外国"的区分，将电影消费民族化，使观众通过消费国产电影获得民族认同。

四、公共空间：哈尔滨电影院与意识形态渗透

空间是一种权力实践，具有强大的管理和规训能力，在建构知识、规训身体和塑造个体方面具有重要意义。法国哲学家福柯（Michel Foucault）认为："空间是任何公共生活形式的基础，也是任何权力运作的基础。"⑥ 电影院是城市公共空间的重要组成部分，也是市民社会活动的重要场所，正是因为影院空间具有公共性，使其不再游离于权力之外，逐渐被纳入政治和社会领域中，成为统治阶级与智识阶层渗透意识形态的重要阵地，发挥着社会整合和社会规训的功能。

---

① 华光电影院的广告 [N]. 滨江时报, 1929-10-26（3）.
② 华光电影院的广告 [N]. 滨江时报, 1929-11-10（3）.
③ 华光电影院的广告 [N]. 滨江时报, 1929-11-10（3）.
④ 电影《情天奇侠》的广告 [N]. 滨江时报, 1930-05-14（2）.
⑤ 葛凯. 制造中国——消费文化与民族国家的创建 [M]. 黄振萍, 译. 北京：北京大学出版社, 2007：347.
⑥ 包亚明. 后现代性与地理学的政治 [M]. 上海：上海教育出版社, 2001：13-14.

(一)空间权力：被政治挪用的影院空间

20世纪上半叶的哈尔滨自城市化以来，经历过两次"被殖民"的历史沉浮，俄国和"日伪"统治者都在这座城市留下印记。在侵略与反侵略的时代语境中，电影院作为意识形态渗透的重要空间扮演了重要角色，经常被挪用为政治活动的主要场所。

电影在最初传入哈尔滨时，就与俄国在华势力有紧密的关系。1899年，中东铁路管理局①首次在香坊铁路俱乐部放映电影，这是哈尔滨最早的电影放映活动。之后虽然很多俄国商人为了牟利陆续建立了专业电影院，但这些俄国电影院并没有完全褪去政治色彩，而是经常变作俄国统治者政治活动的场所。1918年欧战结束后，俄国侨民就在马迭尔电影院举办了庆贺联军战胜的大会，"铁路俱乐部及马迭尔戏园举行园拜，到会之人非常之多"②，时任中东铁路管理局局长霍尔瓦特在此进行政治演说。电影院成为俄国势力传播俄国国家政治意识形态的阵地，它以空间的形式建立起个体之间的精神联系，将进入此空间的人整合在一起，通过营造"想象的共同体"，实现俄侨对俄国国家的身份认同。

与俄国统治者通过电影院传播国家意识形态对比，中国民众也同样试图借助电影院的社会整合功能实施反侵略。当"九一八"事变加剧民族危机时，中国电影院也被裹挟进民族话语中，身处哈尔滨的人们大声疾呼中国电影院应该承担起抗日救国的重要责任，借助其独特的空间优势和宣传手段，煽动民族主义情绪，弘扬爱国主义精神。人们呼吁电影院应该"在银幕上映出大标语的灯片两三句""画几张日本侵占我们的野心的漫画""改奏悲壮激昂的音乐""翻译外国电影片时设法译上促醒民众的暗示警句""戏院的四周的墙壁上贴些抗日的言论""说明书或在所登广告的中缝和两旁都刊些醒目抗日的文字"③。电影院成为凝聚民族力量和弘扬爱国主义精神的重要空间，在激励中国民众关注国家命运并奋起反抗方面发挥了社会动员的作用。

(二)行为规训：中国电影院的礼仪改革

20世纪初期因为根植于移民城市文化背景，哈尔滨的中国电影院和外国电影院在空间秩序与观影礼仪上存在着"中西有别"的鲜明差异。中国电影院脱胎于茶馆、戏院等传统喧闹嘈杂的娱乐场所，影院的管理方式和观众的行为模

---

① 中东铁路管理局是俄国在哈尔滨设立的行政管理机构，全面管理俄国在中国东北地区的各项事务。
② 纪庆贺战胜大会[N].远东报，1918-12-03(2).
③ 抗日声中对于影院的建议[N].国际协报，1931-10-17(7).

式因旧有的习惯，导致了影院空间中存在着诸多不文明的现象，如"座客嗜香烟多，吞云吐雾，空气不能流通，满屋烟气""院中座位，能容几人，置之不问""常有小贩，出售糖果点心一类东西，狼藉满地"。①中国观众在进入电影院后也不注重应有的公德，叫嚣纷扰毫无顾忌，经常出现朗读字幕、说话闲聊、戴高帽挡视线和女人带小孩随便哭闹等问题。②

外国电影院则秉承了西方固有的理性化、制度化、契约化的精神，无论在经营管理还是观影礼仪方面都比中国电影院略胜一筹，"在外国戏院，吸烟是绝对禁止的，若是看客真要过瘾，那么另有吸烟室""像外国影戏院，好的片子开映至数月或半年，座位可以预定，看客不至徒劳往返"。③专业电影院的建立意味着不仅仅是电影放映场所的物质形式发生根本的转变，还促使观众的观影行为同时发生改变，然而这个过程并非一蹴而就的，它与近代以来中国社会现代化进程是同步的。

近代以来，在中西文化碰撞当中，无论是统治阶级还是智识阶层都试图通过加强公共管理和倡导文明行为来改变中国人饱受诟病的国际形象，电影院同样也被作为一种空间载体，寄托了统治阶级和知识阶层希图改造国民精神、实现强国强种的政治理想。为此，统治阶级出台了一系列的电影院管理办法，如1916年滨江警察厅向滨江道尹公署呈文提出"设男女座以免混杂""茶社设在剧场楼上，专卖洋茶、洋点心，并不演唱书词小曲"。④1926年，东省特别区教育管理局规定"按座售票，不准多索券资""如有兼售酒菜或售食品者，应遵照本局取缔饮食物营业之规则""每日须将门窗、地板、天棚等清除干净，并遍洒消毒药水，以重卫生"。⑤在统治阶级对影院的管理当中，其尤其强调"设警察监视座"⑥、"由该管警察署随时酌派警员稽查弹压"⑦，将警察权力作为维护电影院公共秩序的重要保障。

除此之外，近代中国智识阶层形成了借助大众传媒进行社会规训的习惯，通过哈尔滨当时传播广泛的报纸媒介可见，其中刊载了大量智识阶层对中西影院空间文化的观察，在整个追赶西方的社会文化心理作用下，他们企图按照西

---

① 影戏院的缺点［N］.国际协报，1931-07-03（7）.
② 秋鸿.写给看电影的人们［N］.国际协报副刊，1934-04-14（游艺版）.
③ 影戏院的缺点［N］.国际协报，1931-07-03（7）.
④ 孙建伟.黑龙江电影百年［M］.哈尔滨：黑龙江人民出版社，2012：356.
⑤ 孙建伟.黑龙江电影百年［M］.哈尔滨：黑龙江人民出版社，2012：358.
⑥ 孙建伟.黑龙江电影百年［M］.哈尔滨：黑龙江人民出版社，2012：356.
⑦ 孙建伟.黑龙江电影百年［M］.哈尔滨：黑龙江人民出版社，2012：357.

方文明标准来改良中国电影院的观影礼仪,"道里道外电影院中有种种区别,是同胞们的耻辱……如果习然不觉的,仍然用'放浪形骸'或是'不拘小节'等老套子来自相文饰着,予外国来采风问俗的人士们,以讥评讪笑的资料,我想一般聪明有为的同胞们,决不那样的暴弃自甘吧?"①

从这个角度,看电影已经不是一个人的娱乐行为,而是一个社会成员的社会行为,"这虽然是娱乐场所,一些小动作可是和国家体面、人格优劣都有密切的关系,我国朝野上下,正在努力建设期间,人民品行的陶熔更是件刻不容缓的事情,大家要共同地鼓舞倡导起来,往伟大高尚上迈进,自然能养成自尊独立的精神,不失大国民的风度了。"② 道外区和道里区电影院中的空间秩序和观影礼仪是中西文明的转喻,智识阶层采取中西文明比较的视野,将影院空间中的观影行为上升至国家形象的塑造,其中渗透的是渴望文化自省和民族自强的意识形态。

五、结语

电影院是一种地方性的空间实践产物,在与城市文化互构的发展过程中,形成了影院文化独特的"城市性"。本文通过对20世纪上半叶哈尔滨电影院的"三重空间"进行考察,揭示其"中西复调"的文化特色。从建筑空间来看,哈尔滨电影院为市民提供了西方的、现代的、摩登的城市文化想象范本,但受二元城市空间特性的影响,不同地理区域的电影院又呈现出"中西有别"的特点;从文化空间来看,哈尔滨电影院以一系列中西映演活动丰富了市民生活,但同时又存在中国电影院在对待国产电影和外国电影时持有泾渭分明的立场;从公共空间来看,哈尔滨电影院因具有公共性经常被统治阶级挪用成为政治场所,向市民渗透不同民族的意识形态,同时也被智识阶层作为改造国民精神的规训载体,传达了追赶西方的强烈意志。

---

① 秋鸿.写给看电影的人们[N].国际协报副刊,1934-04-14(游艺版).
② 秋鸿.写给看电影的人们[N].国际协报副刊,1934-04-14(游艺版).

基于新闻大数据的中国世界文化遗产形象研究

静思宇①

摘要：新闻报道塑造的媒介形象是研究世界文化遗产形象的一个窗口。本文通过文献回顾、焦点小组与开放性编码相结合的方式建构世界文化遗产的形象维度，以中国37个世界文化遗产2016—2019年三年的135366条新闻标题为资料进行文本挖掘和分析。我们主要发现：（1）世界文化遗产的形象可分为3个一级维度和13个二级维度，二级维度中"文化历史"和"介绍推荐"最为突出；（2）各世界文化遗产的报道量差异较大，同类遗产形象的最突出维度趋同，但每个遗产形象具有自身的优势和特色；（3）世界文化遗产形象与城市形象、公众关注度、游客量均呈显著正相关关系。本文从中观视角全面地描绘世界文化遗产形象，不仅在方法上克服了以往微观视角的局限性，而且研究结果能够为保护和管理世界文化遗产提供参考依据。

关键词：世界文化遗产；媒介形象；新闻大数据

截至2022年6月，我国共有56项世界遗产，其中38项为世界文化遗产。文化遗产作为在历史、艺术、科学、美学等方面具有突出普遍价值的文物、建筑群和遗址②，是民族智慧的结晶和人类文明的瑰宝，是传承中华民族文化、树立中国文化自信、维护世界文化多样性的重要组成部分。2009年，国家文物局主办首届"文化遗产与传播"论坛，已经认识到传播是文化遗产发展的关键。③④ 新闻媒体、游客亲身体验，以及人与人之间的口口相传，都是文化遗产

---

① 静思宇，男，西安石油大学人文学院讲师。厦门大学广告学博士。主要研究方向为广告学理论、文旅品牌传播。
② 联合国教科文组织．保护世界文化和自然遗产公约[Z]．1972-11-23．
③ 齐欣．文化遗产保护将进入公众传播时代[EB/OL]．人民日报网，2012-12-14．
④ 薛岚，吴必虎，齐莉娜．中国世界遗产的价值转变和传播理念的引出[J]．经济地理，2010（05）：844-848，870．

的传播方式。[1] 新闻媒体作为人们认识外部世界的重要渠道,在客观现实和受众认知之间建构了一个拟态环境,在传播和塑造报道对象的形象方面具有较强的效果。[2] 因此,通过新闻报道了解我国世界文化遗产的媒介形象及其建构情况能够更有效地保护和管理世界文化遗产,从而对其优化资源配置、提升整体形象及未来的可持续发展产生重要意义。

一、文献综述与研究问题

形象是人类在社会生产过程中创造的一类特殊的符号产品,在社会生活中具有直观的可识别性。目前,学者们主要基于游客感知的微观视角对世界文化遗产形象展开研究,如通过问卷调查的方式指出开平碉楼具有高雅、乐观、质朴、实惠和智慧5个维度的个性形象[3],或通过对旅游网站的景点相关评论进行文本分析,如殷墟的旅游感知形象可归纳为景区空间环境、旅游景观、旅游服务和旅游体验认知4个维度[4]。鼓浪屿在加入世界文化遗产后,游客感知到产品品位、服务水平和环境风貌均有所提升。[5] 游客感知视角的世界文化遗产形象研究涉及面较窄,难以推测其他广大受众感知到的遗产形象,而且一般只能针对单个遗产进行研究,较难覆盖到所有遗产。

新闻媒体在现代社会发挥的作用越发重要,使形象与媒介结合形成的媒介形象成为现代性的一个重要表征。媒介形象横亘在受众认知与客观现实之间,正在成为最具弥散性、渗透性、扩张性和支配性的符号系统。[6] 世界文化遗产因其本身罕见的、无法替代的价值,天然地吸引着新闻媒体的关注,申遗活动、与遗产相关的文化活动及旅游淡旺季的遗产管理等都是新闻报道的素材来源。新闻报道通过不同报道数量和内容塑造的世界文化遗产媒介形象,是世界文化遗产置身于社会系统中的"名片",为受众形成世界文化遗产的综合印象及评价

---

[1] GOVERS R, GO F M, KUMAR K. Promoting Tourism Destination Image [J]. Journal of Travel Research, 2007, 46 (01): 15-23.
[2] 童兵,潘荣海. "他者"的媒介镜像——试论新闻报道与"他者"制造 [J]. 新闻大学, 2012 (02): 72-79.
[3] 梁明珠,贾广美,徐松浚. 村落遗产地品牌个性对游客忠诚的影响——游客自我一致和村落遗产地品牌关系质量的中介作用 [J]. 旅游科学, 2018 (01): 45-61.
[4] 王敏. 基于网络文本分析的殷墟旅游形象游客感知研究 [J]. 地域研究与开发, 2019 (05): 115-119.
[5] 汪周丽. 申遗重要吗?鼓浪屿申遗前后旅游目的地感知形象之差异 [D]. 厦门:厦门大学, 2018: 55.
[6] 吴予敏. 论媒介形象及其生产特征 [J]. 国际新闻界, 2007 (11): 51-55.

提供了一套价值体系，也为研究者认识世界文化遗产形象提供了一个窗口，使通过新闻报道这一中观视角来分析世界文化遗产的形象更具有可行性。然而从新闻报道角度研究遗产形象的现有文献较为匮乏，姚慧萍以英国《泰晤士报》114篇中国世界文化遗产报道为资料分析海外传播中的国家形象[1]，其研究视角和资料都无法回答我国新闻媒体建构的世界文化遗产形象。因此，本文首先需要解决的问题：近年来，我国世界文化遗产在新闻报道中的形象如何？另外，世界文化遗产可以分为6种类型：古村落与历史城镇和中心（福建土楼、鼓浪屿等）、古建筑（故宫、布达拉宫等）、古遗址及古墓葬（兵马俑、良渚古城等）、石窟寺及石刻（莫高窟、龙门石窟等）、文化景观（杭州西湖、哈尼梯田等）和线性遗产（丝绸之路、大运河等）[2]。那么，新闻媒体目前对我国37个世界文化遗产建构的形象在类别上有何异同？

文化遗产与城市之间存在着密切的依存关系，如城市因遗产本体而生（承德避暑山庄等），遗产是城市内部的重要资源，具有较强的文化代表性和较突出的经济贡献（北京故宫、拉萨布达拉宫等），遗产是城市本身或城市的一部分（丽江古城、澳门历史城区等）[3]。世界文化遗产作为城市的重要标志物，不仅为城市旅游带来巨大经济收益，还为城市形象增加了独特魅力和历史底蕴。那么，新闻媒体建构的世界文化遗产形象与已有的城市形象之间是否存在密切联系？另外，知名度较高和形象较好的文化遗产往往能吸引更多的公众关注及使更多的游客出行。那么，新闻媒体建构的世界文化遗产形象与当前这些遗产的公众关注度和游客量是否有直接的关系？

二、研究方法与过程

新闻媒体作为社会环境的"监测者"，时刻捕捉、记录瞬息万变的外部世界并将监测结果及时传递于受众，影响受众对世界的认知。新闻媒体在一定程度上还是监测结果的庞大储存器，使海量新闻被有效保存并可随时调阅查看。现代科技的进步使研究者能够直接下载或"爬虫"研究对象的全部报道资料，而不必再拘泥于小样本抽样的研究方式。基于新闻大数据的大样本分析具有准确

---

[1] 姚慧萍. 作为世界文化遗产的中国景区品牌——基于国家形象的视角 [D]. 武汉：华中科技大学, 2016：25-26.

[2] 罗颖, 王芳, 宋晓微. 我国世界文化遗产保护管理状况及趋势分析——中国世界文化遗产2017年度总报告 [J]. 中国文化遗产, 2018（06）：4-28.

[3] 张杰, 吕舟. 世界文化遗产保护与城镇经济发展 [M]. 上海：同济大学出版社, 2013：59.

性、全面性、客观性,其研究结果便可以说明整体情况,不需要进行推论统计,能够避免传统内容分析抽样可能存在的偏差。因此,本文选择世界文化遗产的新闻大数据为研究资料,具体研究过程包括数据采集、维度建构、编码和变量测量。

(一) 数据采集

本文以中国的 37 个世界文化遗产名称为关键词,在慧科新闻搜索数据库分别下载它们在 2016 年 10 月 1 日—2019 年 9 月 30 日的所有新闻标题,并将它们作为研究资料。于 2019 年 10 月 21 日—25 日完成下载工作,经过数据清洗得到有效新闻标题共 135366 条。

本文的数据采集方案主要基于以下几点考虑:(1) 慧科新闻搜索数据库的新闻来源广泛、全面,涵盖全国性、地方性等 13000 多家媒体资源,常用于新闻传播学、图书情报学和管理学等学科的研究。(2) 本文的研究目的在于分析目前新闻媒体建构的世界文化遗产形象,暂不涉及时间维度上的纵向比较,因此选择 2016—2019 年三年的新闻报道,这具有更好的时效性、科学性、可行性和重要性。在时效性上,采用 2016—2019 年的新闻报道为研究资料能够反映当前新闻媒体对世界文化遗产的形象建构;在科学性上,三年时间跨度内的新闻价值、报道模式和重点变化不会太大,适合做非历时性的考察;在可行性上,2016—2019 年的数据挖掘和分析工作量在研究者的能力范围内;在重要性上,2016 年国务院印发《关于进一步加强文物工作的指导意见》,要求以保护为重点,发展文博创意产业,传承、扩大中华传统文化的影响力。(3) 选择新闻标题而不是正文进行研究,首先因为新闻标题作为报道内容核心观点的提炼与浓缩,是受众的阅读起点,也是获取信息并判断是否阅读正文的依据;其次,海量、丰富、实时的网络新闻标题以超链接的形式出现在受众的客户端中,使新闻标题比正文接触更多受众,对不阅读正文的受众来说新闻标题便是阅读终点。因此,基于新闻标题的特点和受众阅读习惯,本文以新闻标题为研究资料具有可行性。

(二) 维度建构

现有文献不能为世界文化遗产形象维度直接提供参考,本文根据贝雷尔森提出的"将质化维度加入量化分析"的研究路径[1],采取文献回顾、焦点小组

---

[1] BERELSON B. Content Analysis in Communications Research [M]. New York: Hafner, 1952: 115.

与开放性编码相结合的方式建构形象维度①,并通过信效度检验来保证所建构形象维度的适用性和可靠性。

1. 文献回顾

现有文献中对世界文化遗产的研究主要包括遗产功能、遗产价值、遗产保护等主题。如文化遗产具有教育、科研、经济三种功能,文化旅游是经济功能的体现,景区吸引力、基础设施、服务质量、宣传促销都会影响文化旅游效果②;世界遗产具有历史文化、科学技术、美学艺术、大众通俗等价值,这些价值与遗产保护的相关知识、参与方式是遗产传播的主要内容③。基于遗产的功能、价值和保护相关研究主题以及新闻价值的衡量,本文推测新闻报道中的形象维度涵盖遗产保护、旅游信息两部分。其中遗产保护可能包括对遗产的修缮建设、遗产保护知识的传播、探讨技术力量介入遗产修复的方式等,而旅游信息则可能包括景区的基础设施、服务接待等方面。

2. 焦点小组

为了解受众对世界文化遗产的综合印象和评价,我们来辅助形象维度构建,组织了两个焦点小组。第一组在线上展开,包括1名文化遗产方向的高年级硕士生、3名历史博物馆工作人员、1名旅行社负责人,共5人,主要引导焦点小组成员针对世界文化遗产的相关知识和工作内容等展开讨论。第二组在线下展开,成员为新闻传播学院的硕士生,共5人,主要引导焦点小组成员讲述自己对世界文化遗产的一些记忆,如亲身体验,通过亲朋或媒体等渠道获得的信息等。我们将他们谈论较多的内容整理为如下维度:修缮建设、规范管理、参观接待、票务预约、文化活动、介绍推荐、名人参访、人气声誉。我们将这些维度与文献回顾的维度整理合并如下:(1)参观接待和票务预约对应文献回顾中的旅游信息,重新命名为游客服务;(2)文献回顾中的"遗产保护知识的传播"归纳为文化历史,"技术力量介入遗产修复"归纳为保护发展,与修缮建设、规范管理组合为遗产保护;(3)文化活动、介绍推荐、名人参访、人气声誉则形成一个新的维度,命名为营销传播。因此,世界文化遗产的媒介形象维度整理为3个一级维度和10个二级维度,分别为遗产保护(保护发展、修缮建设、规范管理、文化历史)、游客服务(参观接待、票务预约)、营销传播(文

---

① 周翔.传播学内容分析研究与应用[M].重庆:重庆大学出版社,2014:302.
② 刘世锦.中国文化遗产事业发展报告(2008)[M].北京:社会科学文献出版社,2008:19-30.
③ 薛岚,吴必虎,齐莉娜.中国世界遗产的价值转变和传播理念的引出[J].经济地理,2010(05):844-848,870.

化活动、介绍推荐、名人参访、人气声誉)。

3. 开放性编码

为检验以上3个一级维度和10个二级维度在编码过程中的适用性，本文随机抽取20000条新闻标题进行开放性编码，在对形象维度进行验证和补充的同时，提取各维度的代表关键词被后续编码使用。当编码到5474条标题后，不再出现新的维度，但为了提取足够的关键词，我们仍然完成剩余14526条编码工作。我们通过开放性编码发现了3个新的二级维度，分别为合作交流、景观陈列、社会公益。我们依次对应上面的3个一级维度。另外，在开放性编码的过程中，我们根据新闻标题传递的内容丰富每个维度的内涵和外延，以给出3个一级维度和13个二级维度的初步定义。

4. 信效度检验

首先，我们邀请两位新闻专业高年级研究生作为编码员，按照初步定义对随机抽取的1000条标题进行独立编码，编码员间的霍尔斯蒂系数均大于0.9，说明这些维度的适用性良好。其次，我们邀请两位高年级博士生（一位新闻专业、一位旅游专业）分别作为检验员对维度进行效度检验，向他们出示一级维度和二级维度的名称及初步定义，要求他们采用连线配对的方式进行检验，结果显示这些一级维度和二级维度都被准确配对。在信度与效度的检验过程中，两项重要工作分别是要求参与者对初步定义提出批判意见，参与者要尽可能发现是否还有未提及的新维度。参与者并未发现新维度，但对形象维度的一些定义提出了宝贵建议，本文对定义进行适当调整，最终各维度定义详见研究发现。

(三) 编码

完成形象维度的提取和定义及每个维度的关键词提取后，基于新闻大数据的研究需要，本文的编码过程分为两步：(1) 借助计算机辅助编码软件采用关键词识别的方法对剩余的115366条新闻标题进行编码；(2) 人工核对和调整计算机编码结果。这两步编码法既提高了计算机编码的可靠性，也提高了研究者的整体编码效率。

(四) 变量测量

1. 报道量

根据编码结果，我们得到37个世界文化遗产每个维度的计数结果，即每个遗产在每个维度的报道量。

2. 维度比例

本文以维度比例表示某遗产在某类维度上的呈现程度，维度比例越大，说明该遗产在这类形象维度上越突出。某遗产的维度比例以该维度报道量除以该遗产总报道量得到，表示为百分数形式。其计算公式如下：

$$P_i = \frac{n_i}{N}$$

P_i 表示 i 维度比例，n_i 表示 i 维度的报道量，N 表示该遗产的总报道量。

中国世界文化遗产的整体形象在每个维度上的比例则由 37 个世界文化遗产在该维度上的比例均值表示。

3. 其他数据

为分析世界文化遗产的媒介形象与所在城市形象的关系，本文摘取《经济观察报》政研院与清博大数据和标准排名城市研究院联合编制的《2019 中国城市品牌指数》中的城市相关数据①，首先整理出满足条件的 14 个遗产与对应城市的形象数据，即这些遗产对应的城市是唯一的且在《2019 中国城市品牌指数》中能够找到对应城市数据。我们然后摘取这 14 个城市的品牌指数、经济形象、文旅形象、生态形象、城建形象、知名度 6 组数据。

为分析世界文化遗产的媒介形象与公众数据的关系，本文选择 2016—2019 年的百度搜索指数均值表示公众对每个遗产的关注程度，以及中国文化遗产研究院发布的《我国世界文化遗产保护管理状况及趋势分析》中每个遗产的 2017 年游客量表示游客量。②

三、研究发现

研究分为三个部分，第一部分对世界文化遗产的形象维度及维度比例进行分析，来理清我国世界文化遗产在新闻报道中的形象；第二部分对中国 37 个世界文化遗产的媒介形象进行分析，来说明新闻媒体对各世界文化遗产形象建构的异同；第三部分通过分析遗产形象与城市及公众之间的关系，来说明世界文化遗产形象的作用。

（一）世界文化遗产的整体形象

1. 世界文化遗产的形象维度

目前，我国世界文化遗产在新闻报道中的形象可分为 3 个一级维度和 13 个二级维度，具体如图 1，每个维度的定义如下。

---

① 新浪财经. 2019 城市品牌指数正式发布：哪些城市将赢得 00 后？ [EB/OL]. https：//baijiahao.baidu.com/s?id=1651617430777528611&wfr=spider&for=pc, 2019-11-31.

② 罗颖，王芳，宋晓微. 我国世界文化遗产保护管理状况及趋势分析——中国世界文化遗产 2017 年度总报告 [J]. 中国文化遗产，2018（6）：4-28.

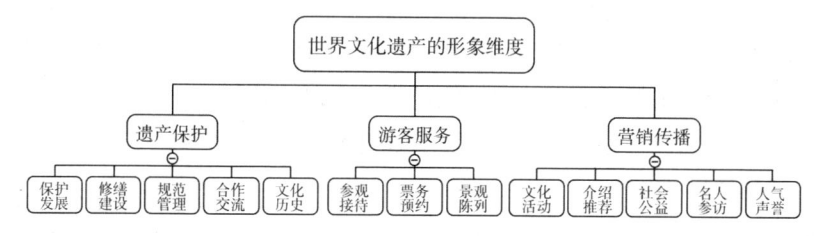

图 1 世界文化遗产的形象维度

遗产保护是指遗产单位为了遗产的可持续发展所采取的保护、修缮等管理方式。文中将其划分为保护发展、修缮建设、规范管理、合作交流、文化历史 5 个二级维度。（1）保护发展是指通过引进人才、开发技术或项目、完善监测预警机制、积极对公众进行科普教育等方式建立对现有遗产资源的长效保护和发展机制；（2）修缮建设是指通过保护性加固、改造、重建措施或利用其他技术手段，修理、修补遗产的建筑、文物等来保持遗产的原状；（3）规范管理是指对遗产保护范围内的违规建筑、场所或行为等进行整改处罚，来保证遗产原貌和景区的有序运营；（4）合作交流是指通过与其他机构或组织就如何更科学地保护遗产而进行的各种形式的讨论或合作，如高峰论坛、博览会、企业投资等；（5）文化历史是指通过传播考古发现知识和遗产相关的历史、风俗，提升公众对遗产的兴趣和保护意识，如习俗、历史、考古等。

游客服务是指遗产作为重要的旅游资源发挥其旅游价值时，遗产单位为了向游客提供更好的参观体验而采取的相关行为。文中将其划分为参观接待、票务预约、景观陈列 3 个二级维度：（1）参观接待是指遗产作为景点在接待游客方面的相关安排，如开放时间、交通方式、游览路线、便民服务、安全保障等；（2）票务预约是指遗产门票的购买及预约方式，以及票价优惠信息，如预约、抢票、免票等；（3）景观陈列是指供游客参观的自然人文景观或相关展品陈列。

营销传播是指遗产作为重要的文化象征和品牌而进行的相关传播活动。文中将其划分为文化活动、介绍推荐、社会公益、名人参访、人气声誉 5 个二级维度：（1）文化活动是指遗产单位参与或举办的节日盛会、文体赛事、影视演艺、知识讲座等活动，从而开发和丰富遗产的文化内涵并提升公众传播遗产文化的积极性；（2）介绍推荐是指遗产的旅游攻略，基于遗产文化开发的文创周边产品介绍；（3）社会公益是指遗产发起或参与的公益活动；（4）名人参访是指政府领导、专家学者、文体明星等公众人物参观遗产的活动；（5）人气声誉是指遗产获得的荣誉或声誉，以及其他机构或组织对遗产名称或知名元素的借鉴模仿。

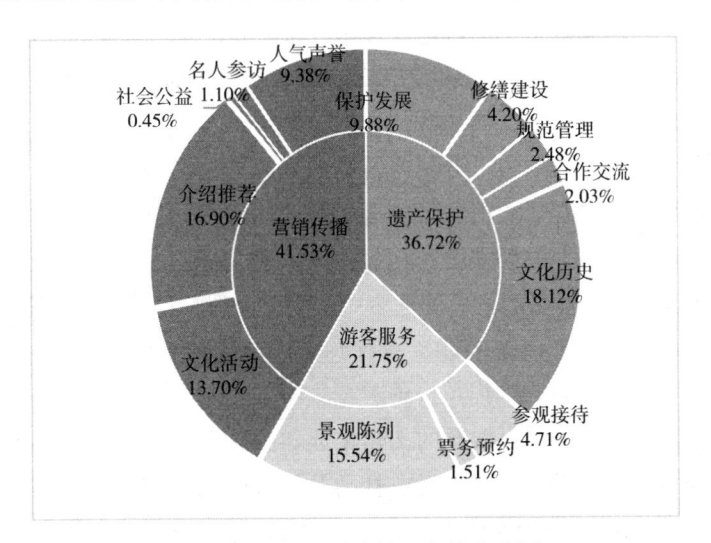

2. 世界文化遗产的形象维度比例

新闻媒体建构的世界文化遗产形象包括41.53%的营销传播、36.72%的遗产保护和21.75%的游客服务，在二级维度上又以文化历史（18.12%）、介绍推荐（16.90%）、景观陈列（15.54%）和文化活动（13.70%）较为突出，均超过10%，具体如图2所示。

根据2021年联合国教科文组织大会修订发布的《实施〈世界遗产公约〉操作指南》之标准，世界文化遗产见证了人类历史的发展，无论是从艺术性、科学性还是历史性角度，都具有普遍性的意义和价值。历史文化、灿烂文明和民族精神的世界文化遗产是人类的宝贵财富，保护珍稀而脆弱的世界文化遗产，并使之完好无损地传给后代是人类的核心工作和光荣任务。《保护世界文化与自然遗产公约》第27条特别强调了教育在遗产保护中的作用，指出遗产应通过一切正当手段，特别是教育和宣传方式，增强本国人民对遗产的赞赏和尊重。世界文化遗产的媒介形象突出的文化历史维度正说明，遗产单位努力通过新闻报道传播遗产相关知识（如相关历史或考古发现），使公众认识到世界文化遗产的价值，加深公众对遗产的敬畏和尊重之感，从而提升保护意识。

图2 世界文化遗产的形象维度比例

世界文化遗产形象中的介绍推荐和文化活动两个突出维度则是现代文明的体现。开发遗产文创周边产品、为游客提供合理的游玩攻略等介绍推荐信息都是对遗产资源的合理开发利用；通过影视节目、文体赛事、知识讲座的方式传播遗产品牌则是现代营销思维在遗产管理中的运用。当世界文化遗产作为一个景点品牌的,它若通过直接广告轰炸的方式宣传,可能带给受众负面体验,使受众产生广告回避意愿。[①] 借助新闻报道展开的营销传播方式,既可以避免受众的广告回避行为,又能借助新闻媒体的可信性,从而获得更好的传播效果。文化遗产的现代营销传播方式有助于吸引受众的注意力,也有助于延续遗产的生命力。

世界文化遗产是所在地的重要旅游资源,为所在地吸引了大量游客,带动所在地的旅游消费,从而创造了巨大的经济效益。新闻报道中关于世界文化遗产的景观陈列信息以图文并茂甚至结合视频的方式呈现遗产内的景观布局或文物陈列等,如鼓浪屿的万国建筑群、庐山的云雾和晚霞、兵马俑的相关展览等,通过吸引潜在游客的注意力和增加游客对该遗产的知识,影响游客的旅游意愿。另外,景观陈列维度也是世界文化遗产美学艺术价值的体现,如气势雄伟的布达拉宫。作为藏传佛教的圣地和藏式古建筑的杰出代表,其建筑本身代表着艺术与美学的有机结合,堪称中国建筑艺术的瑰宝,仅其呈现出的景观就使布达拉宫成为众多游客心目中的旅游胜地。

(二) 各世界文化遗产的媒介形象

1. 各世界文化遗产的报道量

中国37个世界文化遗产的报道量,大致可以分为4个梯队。第一梯队为故宫和长城2个遗产,它们的报道量超过16000条,明显多于其他遗产;第二梯队为丝绸之路、鼓浪屿、五台山3个遗产,它们的报道量在8000~12000条之间;第三梯队包括青城山都江堰、大运河、武当山及布达拉宫等15个遗产,它们的报道量在2000~6200条之间;第四梯队包括苏州园林、龙门石窟、云冈石窟及澳门历史城区等17个遗产,它们的报道量均低于2000条。报道量代表新闻媒体的关注度,被报道越多的遗产说明受到媒体的关注度越高,其更容易获得越高的知名度,在新闻媒体中的形象也更容易传播于受众。

首先,故宫和长城是中国最早收入世界遗产名录的文化遗产,它们是重要的中国文化符号,在传播中华文化、展示国家形象、提升中国文化软实力方面发挥着不可替代的作用,而且故宫和长城地处首都北京,新闻媒体分布集中,也使其报道量多于其他遗产。其次,第二梯队的3个遗产都以其独特价值而受到媒体关注,丝绸之路作为首例跨国合作而成功申遗的项目,加上"一带一路"国家战略的提出,使丝绸之路的沿线城镇、历史文化等得到充分关注和挖掘;

---

① CHO C H, CHEON H J. Why Do People Avoid Advertising on the Internet? [J]. Journal of Advertising, 2004, 33 (04): 89-97.

鼓浪屿以其历史国际社区的特征而申遗成功，其以清新、文艺的海边小岛的旅游定位成功吸引了许多年轻游客，尤其一些网红店，如张三疯奶茶、土耳其冰淇淋等既吸引了媒体的报道也吸引了游客的关注；五台山作为中国佛教四大名山之首，包括古建筑和文化景观，尤以其完整保存的3万余尊佛像等文物承载的宗教和文化价值得到媒体的关注。再次，第三梯队的遗产多为本身具有一定旅游知名度的遗产，如西湖、兵马俑、丽江古城等，它们凭借丰富的旅游资源和蕴含的文化价值持续活跃在媒体报道中。最后，第四梯队的遗产多为古遗址及古墓葬类如殷墟或石窟寺及石刻类，如龙门石窟等，其旅游吸引力较低、媒体关注度也较低。其他地处偏僻位置、经济发展较为落后城市的遗产因媒体资源不足被报道得也较少。

2. 各世界文化遗产形象的最突出维度

中国37个世界文化遗产的最突出维度如表1所示，最突出维度说明该遗产在这一维度的报道比例最多，即该遗产的媒介形象主要由这一维度组成。表1中将文化遗产按照类型进行了区分，我们能够较为清晰地发现：①古村落与历史城镇和中心、古建筑两类遗产属于旅游资源较为丰富、旅游吸引力较大的遗产类型，因此这两种类型内遗产的媒介形象中最突出维度大多为介绍推荐，尤以关于这些遗产的旅游攻略最为突出；②古遗址及古墓葬类遗产的背后都是历史的痕迹，其蕴含的文化内涵、历史知识和传奇故事等都是该类遗产建构形象的重要资源，因此这类遗产的媒介形象中最突出维度均为文化历史；③石窟寺及石刻类遗产与自然景色相映成趣，优美的自然景观搭配充满历史艺术气息的石窟或石刻，为游客带来震撼的视觉盛宴，因此这类遗产的媒介形象中最突出维度均为景观陈列；④文化景观和线性遗产类遗产的媒介形象中最突出维度则比较丰富，不拘泥于某一特定维度，如在文化景观类遗产中，西湖、庐山、左江花山岩画、哈尼梯田的最突出维度分别为介绍推荐、景观陈列、文化活动、保护发展。

表1　中国37个世界文化遗产形象的最突出维度

世界文化遗产名称	最突出维度
古村落与历史城镇和中心（鼓浪屿、福建土楼、皖南古村落、丽江古城、平遥古城、开平碉楼）、古建筑（故宫、青城山都江堰、武当山、曲阜三孔、苏州园林、承德避暑山庄）、文化景观（五台山、西湖）、线性遗产（长城）	介绍推荐

续表

世界文化遗产名称	最突出维度
古遗址及古墓葬（兵马俑、明清皇家陵寝、良渚古城、高句丽、殷墟、元上都遗址、周口店北京人、土司遗址）、古建筑（天地之中）、古村落与历史城镇和中心（澳门历史城区）	文化历史
石窟寺及石刻（莫高窟、龙门石窟、云冈石窟、大足石刻）、古建筑（颐和园、布达拉宫）、文化景观（庐山）	景观陈列
线性遗产（丝绸之路、大运河）、古建筑（天坛）、文化景观（左江花山岩画）	文化活动
文化景观（哈尼梯田）	保护发展

同类型遗产突出形象维度趋同背后的原因可能是新闻报道框架的存在。新闻文本呈现出的报道框架折射出媒体在新闻价值判断和制作新闻过程中的准则体系。[1] 首先，新闻价值是新闻满足受众对客观现实认知需要的属性，这些属性使被报道的新闻更容易得到受众的关注。传统媒体中的新闻价值最重要的三要素分别是时新性、重要性、趣味性，而网络新闻出现新的价值取向即实用性。[2] 遗产形象的突出维度主要是为受众提供有用的信息，这些突出维度的出现与受众对遗产信息的个性化需求有关。其次，媒体在新闻制作过程中具有一定的惯例、流程和规范，新闻工作者头脑中的既有框架帮助他们快速有效地对需要报道的信息进行分类、处理和制作。因此，世界文化遗产的形象由特定的一些维度构成，每个形象维度又具有一定的含义和内容。尽管报道框架可能使同类型遗产的形象维度趋同，但仍可以通过遗产自身的优势与特色，在固定框架中呈现不同的内容。

3. 各形象维度上的世界文化遗产排名

表2呈现了13个形象维度上位于前、后五位的世界文化遗产，通过具体分析能够发掘中国37个世界文化遗产在这些形象维度上的差异。

保护发展：良渚古城、澳门历史城区、土司遗址等遗产在保护发展维度上较为突出，尤其良渚古城针对其所在地多变气候（如高温、台风、雷雨等）而编制的监测预警系统正式投入使用，构成了一个从微观到宏观再到直观的全方位、全天候、全视角、智能化的遗产监测体系，值得其他遗产参考学习。

修缮建设：文化遗产是文化的载体，而其包含的建筑和文物等又是传承文

---

[1] 郭庆光.传播学教程［M］.2版.北京：中国人民大学出版社，2011：208-212.
[2] 董天策.网络媒体在新闻价值取向上的变化［J］.现代传播，2004（6）：86-88.

化的核心。如何通过传统技术或新的科学技术原汁原味地复原这些建筑和文物，且不改变其原状原貌是文化遗产修缮建设中的重难点。福建土楼群之世泽楼、布达拉宫金顶群、大足石刻卧佛、张掖明长城、大运河沿线文物等在2016—2019年都进行过相应的保护性修缮。

规范管理：一些旅游热门遗产如苏州园林、丽江古城、福建土楼等对旅游市场的整治管理比较突出，主要体现在两方面。一是通过对旅游乱象的整治来维护旅游市场的透明安全，如苏州政府对苏州园林捆绑销售其他景点门票的行为进行整治、丽江政府对旅游企业建立黑红名单等进行治理；二是对游客的不文明旅游行为进行管理，如游客在西湖洗脚及乱扔垃圾等行为。

合作交流：丝绸之路、长城、大运河等线性遗产的合作交流较为丰富，这主要是因为线性文化跨越的城市较多，这些沿线城市通过研讨会或其他方式的合作与交流，能够更好地挖掘线性遗产的共性和特性、多样性和典型性，从而使这些线性遗产衍生出丰富多彩的面貌和内在的密切联系。

表2 13个形象维度上的前、后五位世界文化遗产

排名	遗产保护			游客服务				营销传播		
	保护发展	修缮建设	规范管理	合作交流	文化历史	参观接待	票务预约	景观陈列	文化活动	介绍推荐	社会公益	名人参访	人气声誉
1	良渚古城	福建土楼	苏州园林	丝绸之路	高句丽	庐山	庐山	云冈石窟	大运河	皖南古村落	长城	天坛	天地之中
2	澳门历史城区	布达拉宫	丽江古城	澳门历史城区	土司遗址	武当山	布达拉宫	龙门石窟	莫高窟	鼓浪屿	青城山都江堰	兵马俑	西湖
3	土司遗址	大足石刻	福建土楼	长城	元上都遗址	五台山	苏州园林	大足石刻	左江花山岩画	平遥古城	丝绸之路	殷墟	鼓浪屿
4	周口店北京人	长城	西湖	大运河	殷墟	苏州园林	天地之中	莫高窟	天坛	承德避暑山庄	五台山	长城	丽江古城
5	左江花山岩画	大运河	庐山	良渚古城	良渚古城	西湖	曲阜三孔	颐和园	丝绸之路	丽江古城	哈尼梯田	故宫	苏州园林
……	……	……	……	……	……	……	……	……	……	……	……	……	……

续表

	遗产保护				游客服务				营销传播			
排名	保护发展	修缮建设	规范管理	合作交流	文化历史	参观接待	票务预约	景观陈列	文化活动	介绍推荐	社会公益	名人参访	人气声誉
33	皖南古村落	龙门石窟	莫高窟	莫高窟	龙门石窟	云冈石窟	大运河	长城	庐山	高句丽	云冈石窟	庐山	丝绸之路
34	颐和园	兵马俑	大运河	周口店北京人	鼓浪屿	左江花山岩画	丝绸之路	高句丽	元上都遗址	良渚古城	兵马俑	周口店北京人	左江花山岩画
35	高句丽	莫高窟	良渚古城	布达拉宫	苏州园林	大运河	周口店北京人	大运河	布达拉宫	殷墟	承德避暑山庄	元上都遗址	大运河
36	承德避暑山庄	良渚古城	丝绸之路	元上都遗址	皖南古村落	土司遗址	土司遗址	土司遗址	高句丽	大运河	土司遗址	土司遗址	周口店北京人
37	兵马俑	土司遗址	土司遗址	土司遗址	庐山	澳门历史城区	澳门历史城区	良渚古城	土司遗址	周口店北京人	澳门历史城区	澳门历史城区	澳门历史城区

文化历史：该维度排名前五位的遗产均为古遗址及古墓葬类遗产，与这些遗产的最突出维度均为文化历史相吻合。与隋唐两朝纷争几十年的高句丽、维护民族文化多样性的"土司制度"、游牧文化与农耕文化融合的元上都、出土大量甲骨文和青铜器的殷墟、修建了中国最早大型水利工程的良渚古城等充满了历史的神秘色彩，是传播历史知识和考古发现的最佳载体。

参观接待：庐山、武当山、五台山在参观接待维度上较为突出，这和山岳景区的自然特征有关，合理的爬山路线和适宜的游览设施（如缆车）能够相互补充来满足游客的参观需求，而游客在山中遭遇迷路、被困、摔伤等意外较多，又需要景区工作人员的及时救助。

票务预约：许多遗产制定了售票政策来合理安排游客量或达到一定的营销目的，如庐山在妇女节对妇女、重阳节对老人均有免票优惠，苏州园林的留园则通过分时预约制度缓解人流。另外，新闻媒体通过报道的方式向大众分享"一票难求"的布达拉宫门票的预约攻略。

景观陈列：该维度排名前四位的遗产均为石窟寺及石刻类遗产，与这些遗产的最突出维度均为景观陈列相吻合。云冈石窟的造像丰富多彩、龙门石窟的皇家风范，以及莫高窟的建筑、彩塑、壁画和藏品等都是人类创造力的杰出体现，为游客带来历史和艺术相结合的景观享受。

文化活动：许多遗产借鉴现代营销思维，因地制宜地举办系列文化活动，传播遗产文化，如大运河举办自行车超级挑战赛、丝绸之路举办国际汽车拉力赛都与自身的线性遗产形象相符。多种创新传播方式与传统优秀文化的结合，使大众在娱乐体验过程中接受遗产文化，如"敦煌女儿"樊锦诗通过书籍和节目等多种方式讲述一生守护莫高窟、守护敦煌的故事；花山岩画景区通过上演大型壮族神话实景剧《花山》传播岩画文化；北京卫视制作的《遇见天坛》以综艺的形式让古老文化流行起来。

介绍推荐：排名靠前的皖南古村落、鼓浪屿、平遥古城和丽江古城都属于古村落与历史城镇和中心类遗产，这类遗产比较适合游客走走停停、漫步其中，甚至居住一段时间。因此，这些遗产的旅游攻略也较为丰富，如鼓浪屿一日游就有多种方案可选，尤其岛上的网红小店较多，也为游客提供了多种吃喝游玩选择。

社会公益：世界文化遗产的知名度和美誉度使公益活动得到很好的传播，这一方面体现在遗产发起的活动方面，如五台山发起的"送温暖 献爱心"社会捐助活动既募得一定扶贫资金，又弘扬了中华民族的传统美德；另一方面体现在许多公益活动选择与世界文化遗产合作传播公益思想，如通过行走长城、重走丝绸之路传播坚持、勇敢和激励的正面思想，让更多的人关注弱势群体。另外，许多遗产自身与当地的经济发展息息相关，如哈尼梯田通过"稻渔共作"项目助力脱贫。

名人参访：故宫、长城、天坛等已经成为中国在世界舞台上的重要文化符号，许多外国政治人物访华都会参观这些享誉国际的文化遗产。同时，游客在这些风景名胜偶遇公众人物的新闻，往往也传播了这些遗产的旅游吸引力。另外，遗产本身自带的文化符号和考古价值也吸引了许多专家学者的到访。

人气声誉：天地之中、西湖、鼓浪屿等在媒介形象中的人气声誉较高，这不仅体现在这些遗产的旅游受欢迎程度及获得的较高称赞和荣誉方面，还体现在其他景点对这些遗产的借鉴模仿上，如"比少林寺低调很多的南少林""与鼓浪屿齐名的浙江某AAAA景区""济南版丽江古城""景色不输西湖的景区"等。

世界文化遗产的媒介形象由媒介现实建构，媒介现实是由媒体以遗产行为为报道对象而呈现出来的事件情景，尽管它也反映了媒体对遗产行为的主观认识，或因为种种原因没有完全做到客观呈现，但其总是存在"客观"内核并以不同形式表现出来。也就是说，中国37个世界文化遗产在每个形象维度上的差异形成的根本原因是遗产行为的差异，也可能是不同遗产保护与管理需求上的不同。

（三）世界文化遗产形象的作用

1. 世界文化遗产形象与城市形象

我们将城市形象的6组数据分别与对应遗产的总报道量、各维度报道量进行相关分析，相关系数见表3，因为二级维度的相关系数与一级维度接近，表3仅呈现了一级维度的相关系数结果。根据表3，世界文化遗产媒介形象的几个主要维度与城市形象的几个主要维度均呈显著正相关关系，说明世界文化遗产形象与城市形象相辅相成。城市形象是由城市的经济、文旅、生态、城建等因素综合发展而形成的，其形象建构也与城市的过去、现在及未来规划密切相关。一个城市的文化遗产是城市过去文化历史的载体，也是城市现在精神面貌的呈现，更是城市发展与规划研究的借鉴对象。文化遗产形象与城市形象紧密相连，这不仅体现在文化遗产形象是城市形象的重要组成部分方面，还体现在固有城市形象对文化遗产形象建构的重要影响上。如北京厚重的历史积淀和人文底蕴与故宫、长城、天坛等遗产不无关系，鼓浪屿的清新、文艺形象也离不开厦门观景休闲的旅游城市名片。

表3 世界文化遗产媒介形象与对应城市形象的相关系数[①]

城市/遗产	总报道量	遗产保护	游客服务	营销传播
品牌指数	0.903***	0.920***	0.895***	0.894***
经济形象	0.892***	0.898***	0.871***	0.881***
文旅形象	0.820***	0.842***	0.789***	0.806**
生态形象	0.831***	0.817***	0.833***	0.844***
城建形象	0.775**	0.797**	0.769**	0.766**
知名度	0.933***	0.954***	0.943***	0.927***

2. 世界文化遗产形象与公众关注度、游客量

我们将百度搜索指数、游客量分别与对应遗产的总报道量及各维度报道量进行相关分析，结果如表4所示，同样，表4仅呈现了一级维度的相关系数结果。根据表4，世界文化遗产媒介形象的几个主要维度与百度搜索指数、游客量均呈显著正相关关系，说明世界文化遗产形象与公众对其的关注及游客量息息

[①] 表中 ***、**、* 分别表示 $p<0.001$、$p<0.01$、$p<0.05$。根据2016—2019年慧科新闻数据与《2019中国城市品牌指数》14个城市的数据。

相关。公众对遗产相关信息的搜索和关注,是公众与遗产发生联系的一种方式,通过各种信息源认识遗产的历史、艺术、科学和其他相关价值,能够使公众受到教育和启示,产生怀旧情感和心灵共鸣。当遗产所代表的形象或象征意义与公众偏好相吻合时,其往往能够激发公众的旅游意愿而使公众选择和购买旅游产品。鲜明、突出的遗产形象不仅能够吸引公众的注意力,增强公众关于该遗产的意识,还能在公众脑海中形成相应的认知图式,成为公众关于该遗产的独特联想。

表4 世界文化遗产媒介形象与公众数据的相关系数①

遗产/城市	总报道量	遗产保护	游客服务	营销传播
百度搜索指数	0.704***	0.579***	0.525**	0.556**
游客量	0.436*	0.359*	0.383*	0.430*

四、结论与讨论

针对已有研究从游客感知的微观视角切入遗产形象研究的局限性,本文基于新闻报道这一中观视角更为全面地描绘了世界文化遗产形象。具体而言,本文通过文献回顾、焦点小组与开放性编码相结合的方式将世界文化遗产形象分为3个一级维度和13个二级维度,然后基于这些形象维度对新闻大数据进行文本挖掘和分析,来阐述中国世界文化遗产的整体形象、个体形象及形象作用。根据研究发现,本文展开了以下几点讨论。

(一) 新闻媒体建构了较完善的世界文化遗产形象

2006年,国务院设立"文化和自然遗产日",确立了物质文化遗产保护的基本方针为"保护为主、抢救第一、合理利用、加强管理",倡导新闻媒体"加大宣传力度,营造保护文化遗产的良好氛围"。长期以来,世界文化遗产在新闻媒体中的传播,一方面帮助公众认识遗产,另一方面推动了遗产的传承与发展。

媒介形象是人们认识外部世界的重要桥梁、渠道和参照。② 分析发现,我国37处文化遗产形象主要体现在营销传播、遗产保护和游客服务三个方面,二级

---

① 表中 ***、**、* 分别表示 $p<0.001$、$p<0.01$、$p<0.05$。由 2016—2019 年慧科新闻数据、百度搜索指数数据、《我国世界文化遗产旅游发展现状分析报告(2017)》中的游客量数据整理分析制作。

② 吴予敏. 论媒介形象及其生产特征[J]. 国际新闻界,2007(11):51-55.

维度上又以文化历史、介绍推荐和景观陈列较为突出，这让我们对世界文化遗产的保护与发展现状有了初步认识。然而，美国政治家李普曼认为，媒介社会存在客观存在的"客观现实"、大众媒体塑造的"象征性现实（即'拟态环境'）"，以及受众脑海中的"主观现实"[①]。三种现实之间可能存在差异，因此不能将世界文化遗产媒介形象简单等同于客观现状和公众感知。未来的实证研究可以围绕世界文化遗产三种现实之间的差异进一步展开讨论。

传播学先驱哈罗德·拉斯韦尔（Harold Lasswell）在《传播的结构和功能》一书中提出传播的三种社会功能，即环境监测、社会协调和文化遗产传承。[②] 新闻媒体对世界文化遗产的报道和形象建构，促进了文化遗产和人类文明智慧的传承与发展，实现了传播的"社会遗产传承"功能。这使大家自觉营造珍惜遗产资源、保护遗产环境、传承遗产文化的社会氛围，也使更多的人了解和传播遗产所承载的历史文化，最大化实现遗产的文化引领功能。

（二）在同质化形象中塑造独特的遗产形象

我们由世界文化遗产的报道量和突出维度的结果可推知，知名度、遗产类型、地理位置、符号意义、独特价值、旅游吸引力等因素可能影响世界文化遗产的报道量，也影响它们各自的媒介形象。已有的研究主要针对游客对旅游目的地的形象认知[③]，少数研究围绕世界文化遗产的探讨则不够系统化[④][⑤]。未来研究可以针对上述提出的媒介形象影响因素进行实证检验。

同类型遗产的媒介形象之间具有趋同性，如旅游吸引力较大的古村落与历史城镇和中心、古建筑两类遗产在介绍推荐维度较突出，而古遗址及古墓葬类遗产在文化历史维度、石窟寺及石刻类遗产在景观陈列维度较为突出。尽管存在媒介形象的同质化，各遗产依然可以借助此类类别联想迅速吸引注意，同时也可以结合自身特色进行差异化定位，从而为受众塑造独特联想。世界文化遗产通过营销传播反复强调与同类别知名遗产的巨大差异，在公众心目中建构一

[①] 段鹏. 传播效果研究：起源、发展与应用 [M]. 北京：中国传媒大学出版社，2008：119-120.

[②] 威尔伯·施拉姆，威廉·波特. 传播学概论 [M]. 2版. 何道宽，译. 北京：中国人民大学出版社，2010：29-30.

[③] BEERLI A, MARTIN J D. Factors Influencing Destination Image [J]. Annals of Tourism Research, 2004, 31（03）：657-681.

[④] 许斌. 文旅融合视角下的元阳哈尼梯田旅游品牌建设研究 [D]. 昆明：云南师范大学，2017：26-29.

[⑤] YANG Y, XUE L, JONES T E. Tourism-enhancing Effect of World Heritage Sites：Panacea or placebo? A Meta-analysis [J]. Annals of Tourism Research, 2019, 75：29-41.

个品牌亚类①，突出自身形象特色，提升竞争力。一方面，文化遗产可以深入挖掘自身的最具特色的元素，借以廉价、可信的新闻媒介予以广泛传播；另一方面，即使是特色不够鲜明的文化遗产，也可以通过策划一系列与众不同的营销传播活动而达到深入人心的效果。

（三）世界文化遗产形象对城市形象和旅游产业的价值

在城市形象方面，美国城市规划理论家凯文·林奇（Kevin Lynch）认为，城市形象主要由道路、边界、区域、节点和标志物5个要素组成。② 作为城市的重要标志物，世界文化遗产形象展现了城市的独特魅力和历史底蕴，是城市形象的一部分。反过来，刘易斯·芒福德（Lewis Mumford）认为城市能够"化力为形、化能量为文化、化死的东西为活的艺术形象、化生物的繁衍为社会的创造力"③。文化遗产形象与城市形象相辅相成，共同营造了宜居的生活环境，人与遗产都是城市独特气质的一部分。城市借助新闻报道和广告传播，能更有效地强化公众对这座城市气质的感知与联想，促进城市形象建设，从而建立和完善世界遗产形象与城市形象的良性互动机制。

在促进旅游产业发展方面，本文聚焦于世界文化遗产形象对游客量和公众关注度（百度搜索指数）的具体影响方面。通常而言，公众关注度（百度搜索指数）可以作为旅游意愿的预测变量④，而游客量是行为层面的结果体现。我们通过研究可以看出（见表4），新闻报道与信息搜索之间具有显著而强大的相关关系，而在出行层面上的关联呈现显著而较弱的相关关系。新闻报道吸引了公众的关注和激发了公众的好奇心，说明世界文化遗产的相关报道是科学且有效的。报道与最终出行行为的关联较小，其中可能受到多种因素的干扰，包括个人层面⑤、景区层面⑥等。这些因素也是实现世界文化遗产形象价值过程中需要重视和解决的问题。

---

① SUJAN M, BETTMAN J R. The Effects of Brand Positioning Strategies on Consumers' Brand and Category Perceptions: Some Insights from Schema Research [J]. Journal of Marketing Research, 1989, 26 (04): 454-467.
② LYNCH K. The Image of the City [M]. England: The M. I. T. Press, 1960: 46-48.
③ 刘易斯·芒福德. 城市发展史 [M]. 宋俊岭, 倪文彦, 译. 北京: 中国建筑工业出版社, 2005: 582.
④ 黄先开, 张丽峰, 丁于思. 百度指数与旅游景区游客量的关系及预测研究——以北京故宫为例 [J]. 旅游学刊, 2013 (11): 93-100.
⑤ 吴必虎, 唐俊雅, 黄安民, 等. 中国城市居民旅游目的地选择行为研究 [J]. 地理学报, 1997 (02): 97-103.
⑥ 许春晓, 周美静, 王甫园. 旅游目的地选择意愿的影响因素——以韶山为例 [J]. 经济地理, 2015 (04): 178-185.

动态能力视角下的日化品牌数字化营销工具应用研究

陈苏城[①]

摘要：在市场竞争加剧、技术升级赋能的背景下，数字化营销工具被积极应用于日化品牌的营销活动中。本文通过对宝洁中国和上海家化的案例研究，分析数字化营销工具应用对企业营销动态能力的作用机理。研究发现，日化品牌通过自研、购买、合作等多种方式部署数字化营销工具，应用范围覆盖产品开发管理、供应链管理、顾客关系管理三大营销业务流程。数字化营销工具通过数字连接、算法学习、知识应用的过程影响企业营销的感知、决策与行动，进而作用企业营销动态能力。

关键词：日化品牌；数字化营销工具；动态能力；营销能力

一、问题的提出

当前的社会无论宏观经济环境，抑或媒介、渠道、消费者等微观营销环境，都正在发生前所未有的巨变。在此背景下，笔者所在团队自2017年起围绕新营销理念与实践的变革进行了持续性研究。我们在《新营销2020：变革与趋势》中发现了"营销工具化"的趋势，即企业在营销业务的各个环节开始积极应用各类软件从而优化营销运营。

一方面，伴随大数据、人工智能、物联网等技术的成熟与发展，大量数字化营销工具开始涌现。典型例证便是斯科特·布林克（Scott Brinker）自2011年起发布的全球营销技术生态图。他将市场中出现的为解决营销问题而开发的各类技术软件与硬件称为营销技术（Martech），2022年入选的供应商已达9932家，覆盖广告与促销、内容与体验、社交与关系、商业与销售、数据、管理六

[①] 陈苏城，江汉大学人文学院新闻传播学系教师，中国传媒大学广告学博士。

大业务领域。①另一方面，企业营销活动面临着日益激烈的市场竞争，以及传播媒介、渠道、消费者等营销要素的复杂和动态化。消费者的媒介接触行为极度碎片化，行为轨迹越发混乱、难以捉摸。渠道的种类与外延不断扩张，电商、快闪店、智能销售终端甚至营销场域内的各类角色，如导购、意见领袖（Key Opinion Leader，KOL）都成为必要且有效的销售渠道。这些对企业营销活动的敏捷性与效率提出了极高的要求。在供应与需求的双重驱动下，企业寻求数字化营销工具的帮助，通过自动化、智能化的手段提升营销效率便成为趋势。

在既往研究的基础上，本文进一步聚焦于日化品牌的数字化营销工具应用方面。日化行业作为大众快速消费品，相比注重技术创新的高科技产品而言，其经营绩效更依赖营销活动的表现，那么日化品牌对数字化营销工具的应用现状如何？另外，从经验上看，企业应用数字化营销工具是为了应对当前复杂、动态化的市场环境，这与管理学中所说的"动态能力"内涵是一致的。那么，这些数字化营销工具的应用能否或者如何作用企业的动态能力？这是本文希望回答的两大问题。当前，学界对数字化营销工具这种营销创新实践的研究较为缺乏，其与动态能力的关系也尚未探明。因此，本文在分析日化品牌的数字化营销工具的应用模式的基础上，探索数字化营销工具的应用对动态能力的作用路径与影响机制有一定的理论与现实意义。

二、文献综述与分析框架

（一）动态能力理论

动态能力是为了回答企业如何在快速发展且极具偶然性的市场中获得竞争优势而提出的概念。它将资源基础观所强调的"有价值的、稀缺的、难以模仿的、不可替代的"资源禀赋状态，调整为对资源整合、建立与重构的动态过程。无论是蒂斯（David J. Teece）、赫尔法特（Constance E. Helfat）等人的能力观，如"整合、建立和重构资源以适应快速变化环境的能力"②，或者是艾森哈特（Kathleen M. Eisenhardt）、马丁（Jeffrey A. Martin）等人的流程观，如"整合、

---

① BRINKER S, RIEM ERSMA F. State of Martech 2022 [R/OL]. Dropbox, 2022-05-03.
② TEECE D J, PISANO, G, SHUEN A. Dynamic Capabilities and Strategic Management [J]. Strategic Management Journal, 1997, 18 (07): 509-533.

重构、获取释放资源的流程"①，都是从这一资源的视角对动态能力进行界定。

部分学者将认知要素也纳入动态能力的内涵中。例如，蒂斯认为动态能力包含感知机会和威胁、抓住机会、管理和重构资源三个维度②，巴雷托（Ilidio Barreto）将其分为感知、及时决策、市场导向的决策、改变资源基础四个方面③，而佐洛（Maurizio Zollo）和温特（Sidney G. Winter）则直接将动态能力定义为"学习的、持续的集体活动模式"④。

然而，较多学者将感知、学习等认知要素视作动态能力的微观基础或者影响机制，而非动态能力本身。例如，安布罗西尼（Véronique Ambrosini）和鲍曼（Cliff Bowman）就指出，搜索和感知是动态能力的微观基础，而不是动态能力。⑤ 其中起开创性作用的是艾森哈特和马丁关于企业动态能力影响因素的研究，他们提出了企业的学习机制以及环境的动态性这两种主导企业动态能力演化的因素。随后，亚当斯（Garry Adams）和拉蒙特（Bruce Lamont）⑥、魏江等⑦研究也支持和验证了学习对动态能力的显著影响⑧。

因此，本文认为动态能力表现为对资源进行整合与重构的能力与过程，而企业的学习机制、市场知识等认知要素是形成或提升动态能力的重要基础。

---

① EISENHARDT K M, MARTIN J. Dynamic Capabilities：What are They？[J]. Strategic Management Journal，2000，21（10-11）：1105-1121.
② TEECE D J. Explicating Dynamic Capabilities：The Nature and Microfoundations of (Sustainable) Enterprise Performance [J]. Strategic Management Journal，2007，28：1310-1350.
③ BARRETO I. Dynamic Capabilities：A Review of Past Research and an Agenda for the Future [J]. Journal of Management，2010（01）：256-280.
④ ZOLLO M，WINTER S G. Deliberate Learning and the Evolution of Dynamic Capabilities [J]. Organization Science，2002，13：339-51.
⑤ AMBROSINI V，BOWMAN C. What are Dynamic Capabilities and are They Useful Construct in Strategic Management? [J]. International Journal of Management Reviews，2009，11（01）：29-49.
⑥ ADAMS G，LAMONT B. Knowledge Management Systems and Developing Sustainable Competitive Advantage [J]. Journal of Knowledge Management，2003，7（02）：142-154.
⑦ 魏江，焦豪，崔瑜. 企业动态能力构建路径分析：基于创业导向和组织学习的视角 [J]. 管理世界，2008（04）：91-106.
⑧ 李巍. 国际营销动态能力的结构维度与关键驱动因素研究 [D]. 天津：南开大学，2012：31.

表 1　动态能力的相关研究汇总

视角	内涵 能力观	内涵 流程观	微观基础/影响机制
资源视角	整合、建立和重构资源的能力（蒂斯，1997；赫尔法特等，2007）	整合、重构、获取、释放资源的流程（艾森哈特等，2000）；使用资源满足市场的战略性管理/过程（周晓东等，2003）	社会资本（布莱尔等，Maureen Blyler，2003；杜建华等，2009）人力资本（林多瓦等，Violina Rindova，2001；阿德纳等，Ron Adner，2003；伍滕等，Lynn Wooten，2004）
认知视角	感知机会、把握机会、重构资源的能力（蒂斯，2007）；感知、及时决策、市场导向的决策、改变资源基础（巴雷托，2010）；感知、学习、协调和整合能力（帕夫卢等，Paul A. Pavlou，2011）	学习的、持续的集体活动模式（佐洛等，2002）	企业的学习机制（艾森哈特等，2000；佐洛等，2002；亚当斯等，2003；江积海，2006）；搜索、感知能力（安布罗西尼等，2009）；管理者的认知图式/管理认知能力（林多瓦等，2006；赫尔法特等，2015）

（二）营销动态能力

营销管理作为企业管理的重要领域，也面对着如何应对日益动态化与不确定的营销环境的挑战。对此，营销学者将动态能力的概念从战略管理领域引入营销领域，进行了相关议题的研究。其中方（Eric Fang）和邹（Shaoming Zou）2009年首次明确提出"营销动态能力"概念，强调的是在产品开发管理、供应链管理、顾客关系管理这三大跨部门业务流程的高反应性和高效率。[①] 一方面，他们延续了动态能力的流程观，认为营销动态能力也要体现在跨部门业务流程之中。另一方面，基于营销职能，他们识别了产品开发管理、供应链管理和顾客关系管理这三大创造和传递顾客价值的关键流程，也据此将营销动态能力划分为三大维度。

马克兰（Stan Maklan）和诺克斯（Simon Knox）、纪春礼等人也提出了自己的营销动态能力构成维度，如马克兰和诺克斯将营销动态能力分为需求管理、创建营销知识、建立品牌和顾客关系管理四个维度，纪春礼则在方和邹三维度

[①] FANG E, ZOU S. Antecedents and Consequences of Marketing Dynamic Capabilities in International Joint Ventures [J]. Journal of International Business Studies, 2009, 40 (05): 742-761.

的基础上增加了信息调研和使用流程。① 结合以上对动态能力的分析,本文选择沿用方和邹对营销动态能力的概念界定和结构划分,将信息调研、创建知识等认知过程视作营销动态能力的前置因素或形成机制。

(三) 数字化营销工具

工具指"进行生产劳动时所使用的器具,比喻用以达到目的的事物"。② 在现代企业发展历程中,企业资源计划工具(ERP)和顾客关系管理工具(CRM)等先后被引入企业运营流程之中,早期功能是对商品、顾客、生产流程等经营要素的数字化管理。

随着大数据与人工智能的发展,数据在分析、预测上的价值被不断认同和开发,出现了"数据工具"的概念,即"具备数据采集、计算、存储、展示和分析应用等功能的工具,它把数据的管理、数据模型以及分析决策逻辑等尽可能地固化到一个系统或软件中,以更自动化、更准确、更智能的方式来发挥数据的决策价值"③。在此基础上,有学者将数据工具与营销结合起来,认为数字化营销工具在营销的各个业务环节、各个执行部门中,应用基于数据管理、分析和挖掘等技术,解决营销管理需求、优化营销运营操作流程的本地或云端软件,并对图书出版领域的数字化营销工具的发展与应用进行了研究。④ 本文所研究的数字化营销工具,便是这种基于当前数据管理、分析和挖掘技术而开发的营销技术软件。

(四) 分析框架

如前所述,营销动态能力是体现在产品开发管理、供应链管理与顾客关系管理三大业务流程中的反应速度和效率。感知、知识、学习等认知因素是其形成的重要影响机制。因此,本研究的主要分析逻辑便是数字化营销工具如何影响企业的认知能力,进而影响这三大营销业务流程。

如同方和邹所说,产品开发管理、供应链管理以及顾客关系管理本就是特殊的、复杂的、异质性的业务流程,将数字化营销工具的应用与数量众多、性

---

① 许晖,纪春礼. 动态能力理论在营销研究中的新发展:营销动态能力研究综述 [J]. 外国经济与管理,2010 (11):43-49.
② 龙思薇,周艳. 营销云:以客户体验为中心的新型营销 [J]. 现代传播 (中国传媒大学学报),2021,43 (12):132-136.
③ 周艳,吴凤颖. 数据工具在媒体内容运营中的应用研究 [J]. 现代传播 (中国传媒大学学报),2019,41 (02):14-19.
④ 吴殳义,周艳. 数字化营销工具在图书营销中的发展与应用研究 [J]. 出版发行研究,2021 (03):61-68.

质相异的业务流程绩效表现建立联系，依赖一种更加抽象的分析概念。对此，本文借鉴控制论，将企业的任一业务流程抽象为感知、决策、行动的过程：无论是产品开发、供应链管理，还是顾客关系管理，都必须在感知的外部信息基础上综合决策并采取行动。

在此基础上，本文形成了如下分析框架：（1）数字化营销工具的应用如何影响企业的市场感知、营销知识等认知要素；（2）以上认知要素如何作用营销业务的感知、决策与行动过程，从而影响产品开发管理、供应链管理与顾客关系管理的反应性与效率。本文将在此框架下对所选案例进行分析，并依据分析结果对理论框架进行证实或修正，最终提炼一般性的结论。

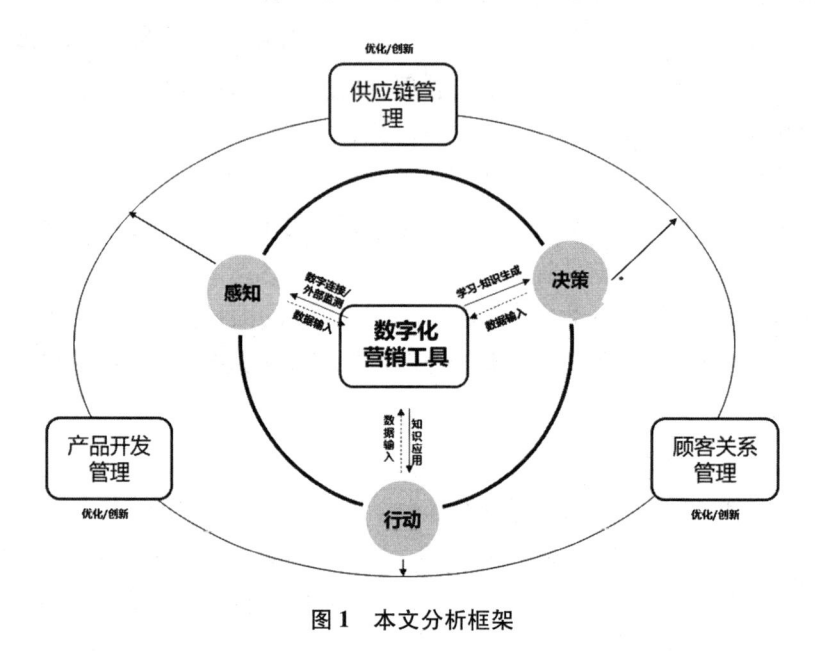

图 1 本文分析框架

三、研究设计

（一）研究方法

本文试图探明的是数字化营销工具的应用与企业动态能力的关系，属于探索性研究，因此将采用案例研究方法，对所选案例应用了怎样的数字化营销工具，以上工具如何影响了企业的市场感知、营销知识等认知要素，进而作用于营销管理流程的反应性与效率等进行深度、整体的分析，探明前后的逻辑关系。

本文依据理论抽样原则选取宝洁中国和上海家化两个研究对象进行案例研究。一方面，宝洁中国和上海家化具备一定的典型性特征。宝洁是全球最大的日用品生产商之一，宝洁中国是其在国内的分公司；上海家化是拥有悠久历史的民族企业，也是国内日化行业领军品牌之一，两者均已开启企业数字化转型历程。另一方面，宝洁中国与上海家化处在不同的数字化转型阶段，其数字化营销工具的应用也有所区别，因此对这两个代表性案例的对比研究也有助于获得更具有一般性的研究结论和理论洞察。

（二）案例介绍

宝洁中国是宝洁在国内的分公司，旗下拥有飘柔、潘婷、汰渍、舒肤佳、佳洁士等众多知名品牌。根据宝洁公司财报，2020年，宝洁集团营业收入为710亿美元，宝洁中国约为总公司贡献10%的收入份额。2015年，作为数字化改革的"试点单位"，宝洁中国市场营销部门进行了数字化、智能化、自动化的变革，并取得了优异的成绩。2018年6月，宝洁中国提出"全面数字化"的公司战略，由此开启了全方位的数字化转型历程。

上海家化是国人熟知的民族企业，旗下拥有美加净、六神、佰草集等知名品牌，2021年营业收入76.5亿元，同比增长8.73%。2020年自新任董事长履新后，开启了如优化电商业务费率、关停低单产百货专柜等系列变革，并于2021年4月成立数字化团队，设立首席数字官，开启数字化转型历程。

（三）数据采集与分析

本研究的数据来源主要为四个方面：（1）对所选案例相关负责人（包括市场营销、销售、数字化部门）的半结构化访谈；（2）所选案例的高层演讲或发言（包括CEO、首席信息官、首席数字官、首席品牌官、消费者洞察部总裁等）；（3）所选案例的官网、公众号、官方博客等信息来源公布的营运动态、财报等相关信息；（4）其他公开发表的有关宝洁中国与上海家化的报刊文章、新闻评论、专业论文等二手资料。

在以上资料的基础上，本文从数字化营销工具的应用模式，以及数字化营销工具的应用之于动态能力的作用路径与影响机制两个层面对所选案例进行考察。其中数字化营销工具的应用模式重点关注工具的来源、业务领域以及应用效果或绩效。数字化营销工具的应用之于动态能力的影响机制，则需要借助感知、学习等概念对质化数据进行归类和编码。

表 2　质化数据分类编码

主要概念	编码依据	归类代码	例句
感知	数字连接	DC	"从去年开始，宝洁在国内一些城市的销售点加入了'移动App'的功能，商场销售人员通过拍照上传货架摆放信息……"
感知	数字监测	DM	"宝洁内部的工具 Social listening，通过 IT 部门与 CMK 部门用爬虫跟踪，放出去内容看消费者的反应（阅读、点击、转发、互动）……"
市场信息	消费者信息	CI	"宝洁拥有 1500 多个品牌主页，每年 10 亿人次的访问量；拥有 500 个客户关系管理系统，管理 1 亿品牌会员数据；每年给消费者发送 12 亿封沟通邮件；每年收集 100 万消费者反馈；每个月 7.5 亿的 US cookies"
市场信息	竞争者信息	OI	"数字团队建立了包含宝洁及竞争对手的产品图片库"
市场信息	供应链信息	SI	"宝洁的供应链跟麦德龙做了全链路的数字优化和系统协同"
学习		ST	"我们计算过，一个月大概有 2000 万个可能的（媒体投放）组合……这时候我们就通过机器学习、人工智能，我们有一套系统和算法在一起，每个月甚至现在的每个星期，之后可能每一天都可以重新去计算，给到我们最好的媒体购买的计划"
知识		KN	"宝洁在中国 30 年积累的数据，总结的 advise 是投 1 元钱（广告）需要有 1.5 元的回报（才可以投）"
营销动态能力	产品开发管理	PM	"在新产品发布前，我们会基于消费者过往行为数据建立以匿名购买为基础的行为模型，对消费者进行倾向性评分，从而锁定目标消费者"
营销动态能力	供应链管理	SM	"库存分析工具通过最小化整个供应链网络的库存量，帮助我们实现资金效率最大化；交通分析和解决方案通过车道分配和车辆填充率的优化，节约了数百万美元的成本"
营销动态能力	顾客关系管理	CM	"我们有一个智能导购的项目，用了腾讯的智能促销系统，给 7000 名宝洁导购装了企业微信，消费者加了之后，中央团队控制的后台会向消费者推送活动，比如，新品种草、免费领取、折扣等等。每个消费者进来会打标签，包括是哪个渠道进来的、买了什么产品、优惠券使用情况等"

四、案例分析

（一）数字化营销工具的应用模式

宝洁中国和上海家化通过自研、购买、合作等多种方式部署了数字化营销工具，这些工具覆盖了产品开发管理、供应链管理、顾客关系管理三大营销业务流程（见表3）。

表3 宝洁中国与上海家化的数字化营销工具应用情况

业务领域	企业	自研	购买/合作
产品开发管理	宝洁	金色雷达（Golden Radar）媒体报道监测工具：辅助新品开发测试 消费倾向评分工具：锁定新产品的目标消费群体	智能测款工具：针对产品测试消费者端喜好
	上海家化		知识库：消费者知识与品类知识 智能测款工具：针对产品测试消费者端喜好 试销诊断：新品上市效果跟踪，计算新品竞争力
供应链管理	宝洁	需求预测工具：预测零售商对旗下产品的需求 供应链选址工具：确定最优供应链地址 交通分析工具：优化车道和运输方案 订单处理工具：自动处理零售商进货订单，安排生产、运输	OMP：供应链计划集成工具
	上海家化	智慧云店系统：线下渠道一键线上化开店工具	阿里零售通、京东新通路：数字化深度分销工具
顾客关系管理	宝洁	媒介策划工具、投放优化工具、智能客服工具、店内执行工具（渠道终端摆放优化）、社交聆听工具、金色挖掘（Golden Miner，意见领袖挖掘工具）	投放优化工具（电商平台、媒体平台）、智能导购工具
	上海家化	全渠道智能客服工具	投放优化工具

相较而言，宝洁中国更多通过自研的方式部署数字化营销工具，而上海家化则较多通过购买或合作等方式，使用阿里、京东、抖音等电商和短视频平台提供的数字化营销工具（见表4）。另外，宝洁中国应用的数字化营销工具也较为全面和多样化。例如，在供应链管理领域，宝洁中国的数据工具可以拥有需求预测、供应链选址、交通分析、订单处理、供应链计划集成等功能。上海家化则主要聚焦于渠道分销的数字化上，如智慧云店系统的功能是帮助线下渠道快速开设线上店铺。

表4 数字化营销工具应用的编码举例

业务领域	条目数	典型引语举例
产品开发管理	4	"宝洁北京研发中心打造了一个名为'Golden Radar'的系统，通过实时监测1000多家媒体的资讯报道，分析消费者正在讨论的需求、消费场景、产品配方等相关信息，基于这些信息进行更具针对性的新品开发、快速测试" "TMIC（天猫新品创新中心）可以为上海家化提供如知识库加孵化器、智能新品画像加3D测款、数字白瓶加试销诊断功能等大数据分析能力"
供应链管理	10	"2017—2018年，宝洁和某客户深度合作，将零供双方的商业计划、媒体资源和促销方案依据大数据算法转变为联合促销预测，并生成预订单进入宝洁供应系统，预订单所代表的需求信号直接关联到生产、材料采购、仓储运输的系统，拉动最优的供应方案，在准时完整满足订单的同时，减少库存，缩短30%的整体供应链时间，提升客户收货效率高达65%" "上海家化……利用（与）京东的新通路、阿里的零售通等平台，提升B2B的分销效率"
顾客关系管理	12	"宝洁内部有个系统Golden Miner，筛选KOL的系统，里面有100个头部KOL的排名" "上海家化于去年下半年开始采用OCpM（Optimized Cost per Mille，即优化后的千次曝光成本）传播解决方案，通过对抖音、微信等重点媒体平台的全链路（媒体前端+电商后端）实时数据追踪，指导投放策略的迭代和优化"

这些数字化营销工具的开发与应用重点围绕劳动密集型流程和高度复杂型流程展开。

劳动密集型流程是指需要大量的人力从事重复性的工作，在日化行业，订单处理、客户服务、店内执行都是典型的劳动密集型流程。针对这类流程，数字化营销工具可通过制定标准化规则来实现流程的优化和自动化。例如，智能机器人客服和知识图谱工具将大量可能发生的客户问询的答案设置为标准化问题库,从而辅助或者替代人工客服实现客户服务,提升响应时效。店内执行工具则是将产品在线下货架的最佳摆放方式规则化,店内执行人员到店后拍摄产品摆放照片,工具会依据预设的摆放规则自动检查和指导产品摆放的情况,从而提升执行人员的效率和精准性。在宝洁中国案例中,单店执行的时间可从 2 小时降至 15 分钟。

高度复杂型流程指那些在决策时涉及数量众多且相互制约的影响因素的流程。例如,媒介策划、制订交通运输方案、需求预测等都是典型的高度复杂流程。这类流程由于涉及数十甚至上千个影响因素,因此人力难以实现最佳决策。数字化营销工具则通过人工智能对大量历史和实时数据的学习与模拟,寻找最优解决方案。以媒介策划为例,企业要在地域、人群类别、预算、广告形式、媒体平台等多种投放参数中排列组合,每月的投放组合可能多达千万级别,依靠人工智能算法则能计算出最优的投放组合。

(二)数字化营销工具对营销动态能力的作用过程

1. 宝洁中国的数字化营销工具作用过程

实时数据流是宝洁的数字化营销工具发挥作用的基础。这些数据主要来自四个方面,一是宝洁大量的自有触点。例如,品牌主页、自有电商、线下专柜等。二是合作触点,主要包括媒体和渠道,宝洁通过投放广告、商品分销等方式实现消费者数据、广告数据、渠道数据的回流。例如,部分零售商会与宝洁共享其商品库存、商业计划、媒体资源和促销方案。三是来自数字化营销工具的外部监测。比如,之前提到的金色雷达,是通过网络爬虫捕捉媒体报道。四是内部的营运数据。这些实时数据会被宝洁的数据中台所整合,并基于业务需求与技术能力开发各类业务系统与数字工具,从而辅助业务人员实现对流程、商业模式的优化与创新。一方面可以用自动化、智能化的方式提升现有工作的效率与效能——如前文所述对劳动密集型流程与高度复杂型流程的优化与重构。另一方面也可辅助新产品/服务研发、新的供应链管理模式等业务模式创新。例如,宝洁为消费者推出的"肌龄检测",便是基于消费者对护肤类产品需求的数据分析而推出的新服务,它发现消费者在购买护肤品时的痛点之一是并不了解自身皮肤存在的问题。于是在对大量对精密面部区域的研究及全球大数据的积累的基础上,宝洁利用深度学习算法推出了通过照片诊断皮肤问题的创新服务。

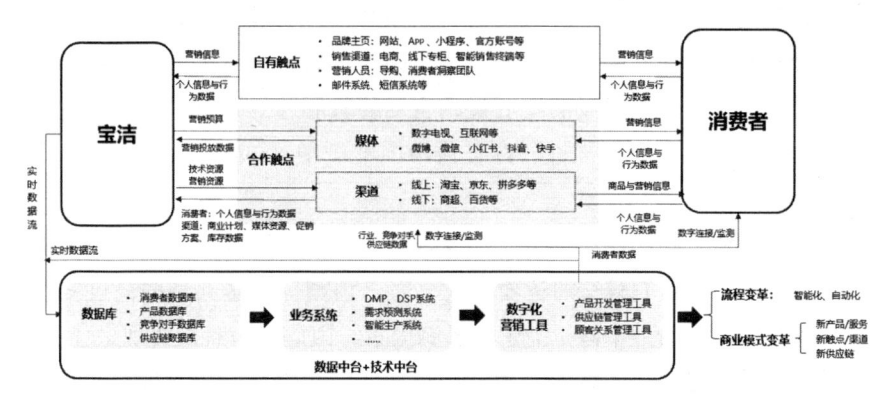

图 2　宝洁中国的数字化营销工具作用过程

在这个过程中，数字化营销工具在三个阶段发挥作用。第一，部分数字化营销工具具备外部监测或连接的功能，如宝洁为旗下导购配备的企业微信在添加消费者为好友后便建立了数字连接，可自动获取消费者的来源、商品消费情况、优惠券使用情况等信息。再如，金色雷达对媒体报道的监测等。这些数字化营销工具从某种意义上而言成了宝洁中国的"感知器官"，通过数字感知的方式获得有关消费者、产品、竞争对手、媒体广告资源等要素的市场信息。第二，部分数字化营销工具内置的人工智能算法通过机器学习的过程对所获信息进行比较、分析与计算，可为宝洁中国创造新的市场知识。例如，宝洁中国搭建的内部 DMP 系统（Data Management Platform，数据管理平台）沉淀了过往所有广告投放的数据，包括广告触达的人群、浏览量、点击量、转化率、投资回报比等项目，体量已经达到亿万级别。其媒介策划工具通过对以上数据的分析和挖掘，可获得关于不同媒体平台、广告资源的投放效果等知识，帮助宝洁中国从"2000 多万个投放组合中算出最佳的预算分配和购买方式"，从而优化媒介购买计划，实现最大化精准投放。第三，数字化营销工具可以应用知识，提升行动的效率与效能。如智能机器人客服中内置的标准化问题库，或媒介策划工具中跑出的母婴类消费者人群包，这些市场知识无论来自人类成员还是机器的学习，数字化营销工具都可在其指导下实现最优决策。事实上，数字化营销工具出现的目的是帮助企业解决业务问题。

2. 上海家化的数字化营销工具建设与应用过程

总体而言，上海家化的数字化营销工具应用不如宝洁广泛深入。目前，它较多通过合作和购买的方式，使用来自媒体、电商等外部平台的营销工具来提高营销活动的效率与效能。例如，使用抖音、微信等媒体平台的 OCpM 广告投放工具,使用天猫提供的智能测款工具帮助新品研发,使用阿里零售通、京东新通路进行数字分销等。它建设和应用数字化营销工具的逻辑与宝洁类似,都是通过建设数字化中台、整合数据、依靠算法学习或者规则赋予,来开发数字化营销工具。然而,上海家化自2020年起才开始数字化转型,自身的数据基础与技术基础并不完善,因此它当前应该增强数字连接阶段,来补足自身的数据短板。一方面在使用互联网平台的广告投放工具、商品分销工具的基础上,将其广告投放数据、消费者数据等回流至自身数字化中台。另一方面通过外部的到店、到家平台,以及自研的智慧云店系统,将线下销售引导至线上,从而使来自传统线下渠道的实时数据流入。根据上海家化的战略规划,这些数据将在数字化中台沉淀、融合与交叉分析,实现对效果营销、私域运营以及内容创作的优化与提升。

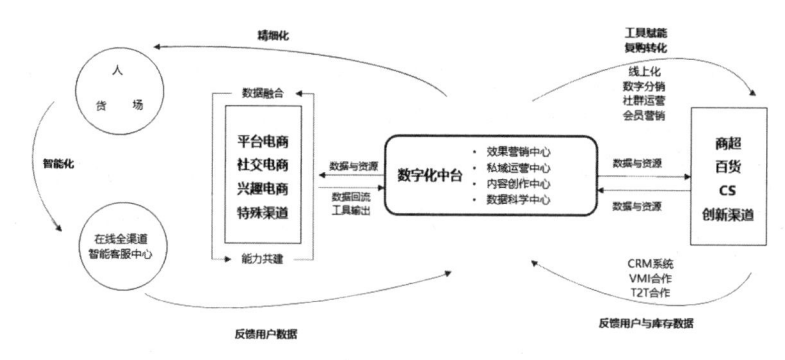

图3 上海家化的数字化战略

五、结论与启示

(一) 案例发现与结论

通过对这两个案例的分析,本文认为,数字化营销工具是通过数字连接/监测、算法学习、规则应用的过程影响企业营销动态能力的。在这些过程中,数字化营销工具可以获得信息、生成知识以及标准化行动规则,作用每一次营销业务流程的感知、决策和行动,提升企业的营销动态能力。其一,数字化营销工具可获取的实时环境信息及营销活动的实时反馈,是企业动态化应对环境变化的基础;其二,数字化营销工具通过算法学习将信息转化为知识,指导并优化营销决策;其三,数字化营销工具将基于知识形成的行动规则程序化、自动化,提升企业营销效率。数字化营销工具的每一次行动可根据实时反馈动态优化,而学习这种高级反馈过程可以优化全盘行动策略,也即创新。此外,我们从宝洁和上海家化的比较中可知，企业的数据基础与技术基础是影响数字化营销工具应用的前置因素。

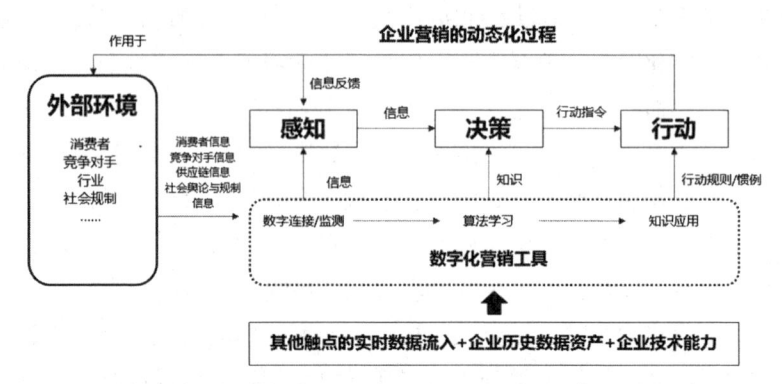

图4 数字化营销工具之于动态能力的作用路径与影响机制

因此，本文的主要结论与推论：（1）日化品牌通过自研、购买、合作等多种方式部署数字化营销工具，应用范围覆盖产品开发管理、供应链管理、顾客关系管理三大营销业务流程，提升了企业的营销效率与效能。（2）数字化营销工具通过数字感知和学习过程带来的信息与知识是提升企业营销动态能力的重要作用机制。（3）企业的数据基础与技术基础是影响数字化营销工具应用绩效的前置因素。

（二）研究价值与启示

数字化营销工具作为一种创新业界实践，当前与其相关的研究并不丰富和充分。本文将反映企业动态能力的众多异质性组织流程抽象为感知、决策、行动的过程，并在艾森哈特等研究的基础上，将数字化营销工具对营销动态能力的影响因素细化为数字连接/监测、算法学习、知识应用三项，分别作用于感知、决策与行动阶段，构建了数字化营销工具对企业动态能力的作用路径模型。

就企业实践而言，企业的数据基础与技术基础是数字化营销工具应用绩效的前置因素，而数字化营销工具对提升企业运营的效率与效能来应对环境快速变化具有积极的作用。这意味着企业需要重新审视数字化转型的必要性与紧迫性，要更加坚决、全面地实施数字化转型。企业基于自身业务需求，通过自研、合作、购买等方式积极、灵活地部署适合的数字化营销工具。

（三）研究局限与展望

本文虽然提出了数字化营销工具之于企业动态能力的作用路径，但也存在一些不足。例如，所选案例对日化品牌的代表性问题，以及数据收集是在某个时间截面上对过往数据的汇总，缺乏对不同要素互动过程的掌握。因此，我们未来可以通过对更多日化品牌进行案例研究，或者选择某一案例对其数字化营销工具的建设与作用过程进行参与式的跟踪调研，来获得更加深入的洞察与理论认知，或者基于本文推论，设计相关的测量问项，对本文研究结论进行定量检验。

参考文献

[1] 龙思薇，周艳. 营销云：以客户体验为中心的新型营销 [J]. 现代传播（中国传媒大学学报），2021，43（12）.

[2] 周艳，吴凤颖. 数据工具在媒体内容运营中的应用研究 [J]. 现代传播（中国传媒大学学报），2019，41（02）.

[3] 吴殿义，周艳. 数字化营销工具在图书营销中的发展与应用研究 [J]. 出版发行研究，2021（03）.

[4] 许晖，纪春礼. 动态能力理论在营销研究中的新发展：营销动态能力研究综述 [J]. 外国经济与管理，2010（11）.

[5] 魏江，焦豪，崔瑜. 企业动态能力构建路径分析：基于创业导向和组织学习的视角 [J]. 管理世界，2008（4）.

[6] 李巍. 国际营销动态能力的结构维度与关键驱动因素研究 [D]. 天津：南开大学，2012.

[7] 龙思颖. 基于认知视角的企业动态能力及其绩效研究 [D]. 杭州：浙江大学，2016.

[8] TEECE D J, PISANO G, SHUEN A. Dynamic Capabilities and Strategic Management [J]. Strategic Management Journal, 1997, 18 (07).

[9] TEECE D J. Explicating Dynamic Capabilities: The Nature and Microfoundations of (Sustainable) Enterprise Performance [J]. Strategic Management Journal, 2000, 28.

[10] TEECE D J. Dynamic Capabilities: Routines Versus Entrepreneurial Action [J]. Journal of Management Studies, 2012 (49).

[11] EISENHARDT K, MARTIN J. Dynamic Capabilities: What are They? [J]. Strategic Management Journal, 2000, 21 (10-11).

[12] BARRETO I. Dynamic Capabilities: A Review of Past Research and an Agenda for the Future [J]. Journal of Management, 2010 (01).

[13] ZOLLO M, WINTER S G. Deliberate Learning and the Evolution of Dynamic Capabilities [J]. Organization Science, 2002, 13.

[14] AMBROSINI V, BOWMAN C. What are Dynamic Capabilities and are They Useful Construct in Strategic Management? [J]. International Journal of Management Reviews, 2009, 11 (01).

[15] ADNER R, HELFAT C. Corporate Effects and Dynamic Managerial Capabilities [J]. Strategic Management Journal, 2003, 24 (10).

[16] ADAMS G, LAMONT B. Knowledge Management Systems and Developing Sustainable Competitive Advantage [J]. Journal of Knowledge Management, 2003, 7 (02).

[17] SCOTT B, FRANS R. State of Martech 2022 [R/OL]. Dropbox, 2022-05-03.

由罗红艺术馆前瞻北京本土企业博物馆媒体化转型*

马卓恺①

内容摘要：作为企业文化承载和品牌形象塑造实体的企业博物馆，相较国家相关部门主管的公立博物馆，面临更为复杂的环境。地处中国文化中心北京的企业博物馆，生存压力尤其严峻。如何从困局中寻觅机遇，以艺术化空间重构企业博物馆边际的罗红艺术馆，为其提供了可行参考。罗红艺术馆成为网红地标之后，通过揭示其运营模式来引导北京本土企业博物馆发展的研究却相对较少。本文基于对罗红艺术馆的个案剖析，旨在从空间媒体化转型维度，为北京企业博物馆提供与传统公共文化服务设施形成差异化的破局举措。

关键词：公共空间；品牌；传播；空间媒体

作为由博物馆二次限定延伸的子类，基础词"博物馆"确定了企业博物馆本质从属博物馆的概念，具备博物馆的一般职能和性质，而限定词"企业"则是对博物馆性质的进一步补充说明②，表明行为主体是企业。工业革命驱动20世纪初期的欧洲制造业空前繁盛，具备一定生产资料和规模的欧洲企业，在相对固定的场地展示企业文化和产品来拓展品牌影响的行为，这成为建设企业博物馆的雏形。此后，企业博物馆建设浪潮由欧洲扩散至美、日等市场经济高速发展的国家。依托改革开放国策推进，中国企业陆续启动博物馆筹建计划。这些由民族品牌投资并运营的公共空间，已经发展成为提升城市形象的文化载体。

---

* 本文系中国传媒大学"2023年品牌学科研创新项目"重点项目"本土主题公园作为IP传播媒介的实证研究"（项目号：BYZD2301）的研究成果之一。

① 马卓恺，中国传媒大学广告学院广告学硕士，中国科教电影电视协会会员、北京市文学艺术界联合会会员、四川省广播电视学会会员，主要研究领域为文化产业运营。

② 王波．企业博物馆［M］．南京：江苏人民出版社，2018：5.

一、北京本土企业博物馆现状概述

作为由企业出资打造，反映企业发展历史、价值主张的实体，为企业文化建设和社会形象传递发挥着作用，同时也基于其独特定位和相对小众的藏品，对城市文化建设、社会公益教育与保护和传承人类文明做出了贡献。自1987年北京第一家由企业创建的博物馆北京工艺美术博物馆成立以来，北京地区的企业博物馆数量在2018年已超过50家。作为一种与北京范围内7处世界遗产、99处国家级文保单位以及326处市级文保单位共存的公共文化资源，其逐渐成为企业回馈社会的范式。北京本土企业为经营主体的企业场馆，构成北京范围内企业博物馆主流，从公益文化事业角度助力北京城市形象提升。

（一）基本类别划分

按行为主体的属性，北京地区现有的本土企业博物馆可划分为国企博物馆和民企博物馆两类。从传播含义而言，博物馆的核心目标是视觉劝服，而服务于这一核心目的的支撑分别为博物馆的收藏品、博物馆对这些收藏品的展示、博物馆建筑自身的视觉吸引力。[①] 本文基于北京本土企业的博物馆属性分类，结合场馆规模、展陈质量、服务水准以及社会影响力等指标，在现存北京本土企业的博物馆中，选取25家场馆作为代表，并通过表1呈现它们的基本信息。

表1 代表性北京本土企业的博物馆基本信息表

类型	主体	企业名称	博物馆名称	开馆时间	门票价格（以成人票为例）
国企博物馆	国有独资企业	北京工美集团有限责任公司	北京工艺美术博物馆	1987年	免费
		中国联合网络通信集团有限公司	北京通信电信博物馆	1994年	免费
		北京自来水集团有限责任公司	北京自来水博物馆	2000年	5元/人
		中国电信集团有限公司	中国电信博物馆	2001年	10元/人

[①] DALE R, JAMES D, BROWN B, et al. The Museum as a Means of Visual Persuasion [J]. International Journal of the Inclusive Museum, 2013, 6 (02): 39-45.

续表

类型	主体	企业名称	博物馆名称	开馆时间	门票价格（以成人票为例）
国企博物馆	国有独资企业	中国北京同仁堂（集团）有限责任公司	北京同仁堂博物馆	2007年	免费
		中国邮政集团有限公司	中国邮政邮票博物馆	2007年	免费
		北京二商王致和食品有限公司	北京市腐乳科普馆	2010年	免费
		中国石油化工股份有限公司	燕山石化展览馆	2010年	免费
		北京市轨道交通运营管理有限公司	北京地铁展厅	2011年	免费
		北京市琉璃河水泥有限公司	北京琉璃河水泥博物馆	2011年	免费
		北京首钢机电有限公司重型机器分公司	北京首钢重型机器厂厂史馆	2011年	免费
		北京四联美发美容有限责任公司	北京美发博物馆	2015年	免费
		北京二商京华茶叶公司	北京茶叶博物馆	2016年	免费
		北京首农食品集团有限公司	首都粮食博物馆	2019年	免费
	国有控股企业	北京吴裕泰茶业股份有限公司	吴裕泰王府井茶文化陈列馆	2001年	免费
		北京龙徽酿酒有限公司	北京龙徽葡萄酒博物馆	2006年	30元/人
		北京便宜坊烤鸭集团有限公司	北京便宜坊府博物馆	2008年	免费
		北京内联升鞋业有限公司	内联升非物质文化展厅	2008年	免费

157

续表

类型	主体	企业名称	博物馆名称	开馆时间	门票价格（以成人票为例）
国企博物馆	国有控股企业	北京红星股份有限公司	北京二锅头酒博物馆	2011年	20元/人
		中国景泰蓝艺术博物馆	北京市珐琅厂有限责任公司	2012年	免费
		北京顺鑫农业股份有限公司牛栏山酒厂	牛栏山二锅头文化苑	2018年	免费
民企博物馆		北京御生堂健康产业集团	北京御生堂中医药博物馆	2003年	免费
		希森马铃薯产业集团有限公司	北京马铃薯博物馆	2009年	免费
		北京盛锡福帽业有限责任公司	北京盛锡福博物馆	2010年	免费
		中国全聚德（集团）股份有限公司	全聚德展览馆	2014年	免费

参考表1，在北京现有本土企业的博物馆构成体系中，国企博物馆占较多比例。其中，记录行业轨迹的央企博物馆和推广非遗技艺的老字号企业博物馆，作为此类场馆的重要组成，它们在梳理产业历史、保护行业文物资料方面贡献卓著。新千年以降，民营企业逐渐将企业博物馆视为树立企业形象、传递企业精神进而实现营销转化的媒介并开展建馆活动。这些由北京民营企业投资建设的场馆，专注于所属企业或行业的历史文化传承，与国有企业的博物馆一道，共同以具有科普教育功能的公共场所回馈社会。

（二）常规运营模式介绍

英国学者维克多·J. 丹尼洛夫（Victor J. Danilov）"以博物馆的方式陈列展示与企业历史、经营及员工、游客或公众相关利益的有形物品的企业设施"[1]对企业博物馆定性，具备成规模收集展品的经济实力，成为企业建立博物馆的先决条件。日本学者星合重男对企业博物馆"企业为保存、展示企业本身的历

---

[1] 郭鉴. 浙江民营企业企业文化活化经营研究：以企业博物馆为突破口 [J]. 商场现代化，2006（32）：323-324.

史、文物，以及增进大众对企业的理念、产业或产品的了解所设立的博物馆"的定义，除依托相当的经济实力之外，自身的历史积淀同样作为企业建立博物馆的重要指标。以企业自身经济实力和文化底蕴为前提，从经营模式而言，以设置购票参观门槛为界限，北京本土企业投资并运营的公共文化场馆可划分为纯公益性质和半公益性质两类。

国有企业运营的企业博物馆，构成纯公益性质企业博物馆的主体。北京通信电信博物馆、北京同仁堂博物馆、中国邮政邮票博物馆、首都粮食博物馆等博物馆均免费向公众开放。在民营企业中，作为运营主体的北京御生堂中医药博物馆、北京马铃薯博物馆等企业博物馆，也不设购票门槛来诠释博物馆公益的初衷。半公益性质的企业博物馆，除北京自来水博物馆、中国电信博物馆、北京铁矿博物馆等国有独资企业运营的博物馆之外，还有部分公私合营企业博物馆，如北京龙徽葡萄酒博物馆、北京二锅头酒博物馆，门票价格多控制于5~30元。此外，免费向公众开放的北京便宜坊食府博物馆、内联升非物质文化展厅，本身作为其食府或其总店的组成部分，以产品售卖盈利填补空缺，同样属于此类。

（三）困境及其原因揭示

作为以文化著称的旅游热门城市，文博事业构成北京旅游产业的重要组成部分。2021年，《北京市"十四五"时期文物博物馆事业发展规划》的发布，明确了包括实现每10万人拥有1.2家博物馆在内的文博领域重点任务，即截至2025年，北京市内的博物馆数量将超过260家。而与北京文博事业发展整体方向相背离的，是在行业竞争加剧的环境下，企业博物馆由于难以为其行为主体创造效益而逐渐陷入艰难维持、暂停开放或撤展闭馆的境遇。除面临场馆定位不明、展陈方式守旧以及宣推举措匮乏等中国企业博物馆普遍存在的问题外，作为地处首都的文博项目，北京本土企业的博物馆还相较其他城市企业博物馆所承受的压力更为多元。

1. 身处健全的现代公共文化服务体系下，个体功能湮没

从名胜古迹到红色资源，由京味文化到主题公园，多样的物质、精神财富诠释着北京作为世界历史文化名城的文化自信与多元包容。此外，数量丰富的图书馆、博物馆、纪念馆、艺术馆、展览馆、剧场、影院等公共文化设施，共同巩固北京在全国各地文化建设中起到的示范引领地位。身处全国文化中心，北京本土企业博物馆自身意义在完善的公共文化服务体系中被削减，相较其他城市企业博物馆面临更激烈的引流竞争。

2. 单一守旧的运营方式与一线城市整体发展节奏脱节

面对北京高速发展的社会节奏，以老字号企业为代表的企业博物馆，建成后大多以某一领域或某一阶段收藏成果守护者姿态维持现状，相较地处其他城市企业博物馆，其更难与地方发展同频共振，最终由于参与地方经济建设能力不足，逐渐远离地方需要。

3. 高昂的成本制约北京企业博物馆社会效益持续发挥

身处全国经济、金融的决策和管理中心，馆舍租赁、人员薪资、策展布展等运营成本高于绝大多数城市，这导致企业博物馆独立进行专题展览，学术研究缺乏持续驱动，而由展陈质量及研究能力不足衍生的博物馆自身文化服务贡献缺位，则加剧了北京本土企业博物馆生存恶性循环。

简言之，北京本土企业博物馆实际效益整体而言与北京市政协"推进建设'博物馆之城'助力全国文化中心建设"的规划存在差距。北京本土企业博物馆因其他公共文化资源竞争、自身运营模式缺乏创新等因素掣肘，运营投入的不足，始终作为致使企业博物馆发展陷入困境的症结，而在经济发展节奏放缓的当下，使运营经费顽疾更加难以解决，使北京本土企业博物馆整体呈现无人光顾或陆续停业的窘境。

二、罗红艺术馆的建设及传播剖析

罗红艺术馆全称罗红摄影艺术馆，由北京好利来集团董事长兼总裁、摄影家罗红耗资 5 亿、历时 6 年建成。罗红艺术馆依托好利来集团经营、记录企业发展历史并传递企业文化，陈列包括价值 20 万的 9 层婚礼蛋糕"举世倾慕"、200 万的顶级艺术蛋糕"百鹅朝凤"以及其创始人 20 余年来在全球各地拍摄的自然风光作品，具备企业博物馆基本特征，且凭借定位、构建、推广等维度的创新，丰富了北京本土企业博物馆原有样态。

（一）定位策略阐释

罗红艺术馆定位于"温润心灵的艺术空间"，集展馆、园林景观和消费空间三位一体，作为将建筑本身、空间功能、文化内涵等元素紧密结合的化学反应①，自 2016 年开馆就成为北京网红景点。无论是主体建筑外观由澳大利亚设计师构思、日本艺术家承担室内设计，抑或韩国园林世家传人打造景观，还是超过 30 位年龄均在 55 岁以上的中国传统匠人刻凿石景，这所凝聚世界各地工匠精神而创造的豪华场馆，始终围绕艺术空间定位，传递着罗红对美的追求和

---

① 刘珊. 是空间，亦是媒体[J]. 国际品牌观察，2021（15）：20-23.

理解。此外，罗红邀请知名设计师吉冈德仁（吉岡德仁）打造黑天鹅蛋糕艺术馆，顶级酒店管理者杰曼·维埃拉（Germain Vieira）出任餐厅经理，高级餐饮领域服务者巴西尔（Basil）担当餐厅主厨，法国资深侍酒师尼古拉斯·卡雷（Nicolas Carré）作为首席侍酒师，米其林三星甜品主厨长江桂子（長江桂子）领衔艺术下午茶主创团队，以五星级酒店服务员形象标准选择服务人员……则共同为梦幻化的氛围提供支撑。

依托与梦境般艺术空间定位匹配的服务，罗红艺术馆将博物馆的公益属性进行重构和消解，来压缩文化变现的时间成本：从 100 元一张的门票定价、298 元一份的单人英式下午茶、498 元一套的单人法餐、单块 1299 元至 3699 元不等的 3 寸规格黑天鹅蛋糕，到售卖好利来甜品的杨林旗舰店、经营罗红摄影作品周边产品的纪念品商店以及为会议、培训、庆典、婚礼及生日宴会提供场地租赁服务的果岭草坪……凭借摄影作品、建筑设计、空间氛围、轻奢餐食引导受众亲临现场，罗红艺术馆让消费者在实体场景和社交媒体中完成线下至线上的信息交互仪式，解决经费和历史底蕴限制企业博物馆发展的常见问题的同时，通过艺术传播的外壳，成功实现企业品牌传递的内核。

（二）媒体化构建表现

好利来集团拥有足够悠久的发展历史，构成企业博物馆反映企业发展历程进而传递企业精神的基础。作为一家诞生于 1992 年的烘焙企业，好利来集团成立企业博物馆同样受制于自身的沉淀和内涵。相较历史底蕴深厚的北京同仁堂博物馆、北京二锅头酒博物馆，自身历史积淀和企业文化相对缺位的罗红艺术馆，借助媒体化构建，颠覆了将行业历史和企业文化转为生产力的企业博物馆原有运营逻辑——150 幅呈现地球与生命之美的摄影作品以及展示罗红摄影历程的航拍纪录片，罗红艺术馆在强化其创始人摄影家身份的过程中，合理弥补运营主体历史积淀和文化底蕴的不足。

以罗红摄影历程纪录片为例，这部由罗红本人配置旁白的 30 分钟航拍片，"黑天鹅"徽标依托红色直升机先后出现 4 次、"好利来"商标随同红白相间配色直升机累计出现 7 次，更以因给母亲买不到满意的生日蛋糕创立好利来作为影片结尾。相较在企业打造的实体空间中播放专属影视作品传递企业价值主张，罗红艺术馆从由黑天鹅命名的艺术馆、法式餐厅、轻食简餐厅到以黑天鹅为主体的壁画，再到细微至印在餐巾纸上和镌刻纸盒表面的品牌标识，配合景观湖中游弋的天鹅，则共同诠释罗红艺术馆借助被符号化的空间和物件，实现对顶级蛋糕品牌黑天鹅的塑造。

(三) 推广路径梳理

企业博物馆本质是传递企业思维、服务企业形象的商业实践,其宗旨、主题、目标,都有别于归属文化、文物系统管理的传统博物馆,受制于运营成本、历史积淀、文化底蕴等客观因素,往往比传统博物馆更迫切地需要获得关注。拥有多元自有媒体的罗红艺术馆,通过合作机构和社交媒体的联动,共同构建兼具推广、营销以及公关效应的传媒矩阵。

1. 内外媒体互联

除自有网站、微博账号、抖音账号、微信公众号、微信小程序等传统推广渠道之外,作为旅游攻略的推文《打卡文艺地标!北京这些高颜值艺术馆美出圈!部分还免费!》发布于北京本地宝;配以精修套图的场馆推介《艺术与梦境的邂逅——罗红摄影艺术馆》刊载于时装 L'OFFICIEL 官网;原本在馆内放映厅 LCD 大屏展示的罗红摄影纪录片,经剪辑后上传于优酷、好看视频等在线视频平台以及抖音等社交媒体。机构推文、纪实影像协同自营媒体,以罗红艺术馆为中心的传播行为,形成内外媒体联动的合力。

2. 第三方传播助力

社交货币,作为一种真实而潜在的资源,既存在于虚拟的网络中,又潜藏于离线的现实中。与机构运作并列,普罗大众通过社交媒体分享自己的参观体验来获取社交货币的同时,也从他塑视角,激发其他网络用户实地打卡罗红艺术馆的意愿。撰写于知乎、简书的深度游记,上线于飞猪、马蜂窝的图文组合,分享于豆瓣、小红书的系列美图,传播于爱奇艺、哔哩哔哩的旅游影像和 vlog 共同传递着罗红艺术馆消费者与好利来品牌互动的场景。通过为部分受众提供契合其身份认同的空间,罗红艺术馆在满足参观者获得社交场合出场价值的期待中,借助受众的社交媒体,成功实现自身影响力的扩展。

3. 以艺术危机公关

曾支持罗红创业的妻子向罗红提出离婚、好利来陷入"创始人分家"的危机、品牌置身"被山寨"舆论……罗红对摄影的挚爱,始终成为罗红个人及好利来集团应对争议的重要手段。从罗红发布公开信表达推出"黑天鹅"将蛋糕事业和摄影艺术结合,到相关网文对罗红为摄影连妻子和企业都可以放弃的赤诚外化,媒体报道一次次消解好利来集团及其创始人风险的同时,也在北京、天津、长春等地 8 家黑天鹅门店注销的困境下,从打造企业创始人艺术家人设层面潜移默化维护企业和品牌形象,而罗红艺术馆,始终成为此类媒体报道共同选择的佐证案例。

"软实力"概念于 1990 年由国际政治学者约瑟夫·奈(Joseph Nye)提出,

文化和意识形态吸引力逐渐在世界范围被重视。通过企业博物馆传递企业文化进而树立理想企业形象最终转化为营销的提升，这已经成为国内企业建馆的共识。以艺术为主题对企业博物馆进行媒体化重构的罗红艺术馆，不仅没有成为增加企业经济负担的冗余，还为承受经济下行、行业竞争以及茶饮品牌跨界打劫多重压力的好利来集团扩展了社会影响。

三、北京本土企业博物馆媒体化发展前瞻

以企业文化角度，企业博物馆作为企业文化建设的载体；从创新营销而言，企业博物馆将从侧面对主体提供赋能。罗红艺术馆将自有空间作为一种公共媒体服务大众的同时，凭借和传统企业博物馆的差异化竞争，入选由北京市文化和旅游局推出的北京网红打卡地推荐榜单。作为北京市代表性城市景观，罗红艺术馆所勾勒的企业博物馆空间媒体化转型路径，为地处北京的其他本土品牌打造及运营博物馆提供了启示。

（一）由视觉化空间延展企业博物馆样态

视觉文化概念由匈牙利电影理论家贝拉·巴拉兹（Béla Balázs）于1913年首次论述，从德国哲学家马丁·海德格尔（Martin Heidegger）的"世界图像时代"到大众消费伴随物质产品丰富而向精神领域延伸，依托视觉化手段构成的权力运作场域逐渐形成。企业博物馆日益频繁地将计划传递给受众的信息，借助图形、影像呈现，正是用行动响应视觉中心地位在世界范围的确立。

作为承载文化的公共空间，文化属性为博物馆和艺术馆的企业为跨界融合提供了契机。命名即彰显艺术主题的罗红艺术馆，由摄影艺术辐射至园林艺术、建筑艺术、装置艺术、影像艺术以及艺术甜品，通过丰富视觉化表现形式的呈现，将企业博物馆原有样态进行重构，拓展博物馆界定边际的同时，作为一种将技术、传播、文化、变现相捆绑的艺术实践[1]，弥合企业文化载体与部分民众需求鸿沟，为场馆争取到不局限于文博受众的多元参观者。

（二）以品质化场景满足消费者社交需求

法国哲学家让·鲍德里亚（Jean Baudrillard）发现文化实践和其他行为同样被个人或者群体利益所驱动，消费是满足消费者自身定位行为的符号消费概念，逐渐由文化消费理论外显。企业博物馆在实现自身信息传播的过程中，为受众营造契合其社会认同的氛围，成为平衡企业博物馆诉求和满足群众需求的常规

---

[1] 刘珊. 是空间，亦是媒体[J]. 国际品牌观察，2021（15）：20-23.

思考，也是企业博物馆媒体化延展的典型举措。围绕"温润心灵的艺术空间"场馆定位，罗红艺术馆以艺术为手段，借助摄影作品展馆、东方园林景观和轻奢法餐、艺术甜品，将占地面积180亩的物理场所打造为供应相关受众社交货币的企业产品，其精品化公共文化空间与由政府相关机构打造的传统公共服务设施形成区别。

顺应博物馆积极开辟自身营收渠道的趋势，从单纯的企业历史和精神载体到聚合消费者与企业关系的投资，企业博物馆作为知识型空间的营销价值被持续开采。作为由企业建设并运营的公共场所，企业博物馆的核心仍然是服务企业发展。当下，企业博物馆通过品质空间构建、科技手段赋能、互动体验设置等多样化实践的实质，是通过视觉语义引导参观者讯息接受以现实对空间的媒体化构建，而作为企业博物馆运营主体的企业，从满足企业诉求到呼应受众需要的观念转向，则构成承载其空间媒体化实践的底层逻辑。

（三）从自营文化空间转向企业空间媒体

进入5G时代，智能化转型呈现了改变万物皆媒原有格局的趋势。身处泛媒化时代，作为一种经时间持续延展生命力的信息生产和传递载体，空间在信息生产方式发生技术变革进程中将承载更多期待。置身媒介功能被持续挖掘的当下环境，凭借在信息革命浪潮中成为精准目标受众载体的现实意义，空间作为媒体形态的价值从传播研究领域开始显现。2021年，空间媒体概念由《新周刊》杂志执行主编封新城、城市形象研究专家丁俊杰联合提出，自此，以媒介视点看待空间的构想从学界引申，将空间作为一种媒体化对象进行研究的实践顺势开启，为企业博物馆以空间媒体化构建转破局提供了理论支撑。

参考由国家广告研究院编制的《中国空间媒体联盟章程》对空间媒体"人为设计的，发生信息互动、交流、传播等活动的包容性公共空间"的空间媒体定性，与其他领域同样面临经济效益不明、成本回收期长等生存问题的罗红艺术馆，运用摄影画廊、主题映厅、品牌旗舰店，已经以空间媒体姿态激发本体与受众进行互动，在信息交互中，实现企业博物馆主体和企业博物馆受众的价值共创。

综上所述，进入企业博物馆之后，其无形中已经身处企业品牌的控制中，这个时候需要很好地进行互动和软营销[①]。顺应以信息可视转向、社交货币供给驱动企业博物馆媒体化转向的趋势，从单纯的企业历史和精神实体承载物，到经有意识设计，发生信息互动、交流、传播等活动的包容性公共空间，企业博

---

① 李磊. 企业博物馆传达商业氛围中的文化魔力[J]. 中关村，2007（08）：100-103.

物馆在自营展馆向空间媒体转型的进程中，相较隶属国家相关部门主管的传统博物馆拥有更自由的发散可能。

四、结语

受经济增速放缓影响，作为一项公益性文化事业，运营成本高昂的博物馆整体呈现了暂停营业和积极创收两种截然不同的形态。积极探索自我造血可能的企业博物馆，在传递企业精神、建立品牌与客户黏性的努力中，从侧面烘托了自身的实力。此类直面生存压力的北京本土企业博物馆，由挖掘自身文化资源延展至契合目标受众需求，从功能单一的企业文化载体向植入媒体属性的包容性空间升级。

以好利来为代表的北京本土企业，已经通过为受众提供区别于常规公共场所的服务，与由国家相关部门及机构打造的文化设施形成互补。作为地处中国文化中心的企业博物馆，罗红艺术馆在用艺术化手法对空间媒体化构建的进程中，为其他地区企业自有场馆打造提供了借鉴。顺应空间的媒体属性被持续激发，立足中国特色社会主义先进文化之都建设的实践，北京本土企业博物馆，能够通过媒体化转向在逆境中迎来生存和发展的机遇，以企业社会担当的姿态，共同使首都经济社会发展。

参考文献

［1］王波.企业博物馆［M］.南京：江苏人民出版社，2018.

［2］北京企业博物协会.走进北京企业博物馆［M］.北京：北京日报出版社，2016.

［3］刘珊.是空间，亦是媒体［J］.国际品牌观察，2021.

［4］DALE R, JAMES D, BROWN B, et al. The Museum as a Means of Visual Persuasion［J］. International Journal of the Indusive Museum, 2013, 6（02）.

从弘扬优秀传统文化的角度认识博物馆的媒体属性

柯宁[①]

内容简介： 弘扬中华优秀传统文化是国家战略，博物馆作为重要的文化机构，拥有专业的人才、技术、历史的积累，是中华优秀文化的集大成者，应成为对内宣传、对外文化输出的重要阵地。博物馆本身是一种媒体，拥有媒体属性。新博物馆学理论下更重视博物馆的社会功能，强调博物馆要深入社区、深入大众生活。新博物馆学加速了博物馆媒体属性的发展，并为博物馆成为弘扬中华优秀传统文化传承与发扬的阵地奠定了理论基础。

关键词： 传统文化；博物馆的媒体属性；新博物馆学；数字化；对外宣传

一、博物馆是中华优秀传统文化的集大成者

习近平总书记指出中华优秀的传统文化是中华民族的突出优势。[②] 我们应该实施中华优秀传统文化发展工程，推动中华优秀传统文化创造性转化、创新性发展，增强全社会文物保护意识，加大文化遗产保护力度。我们要加快国际传播能力建设的速度，向世界讲好中国故事、中国共产党故事，传播好中国声音，促进人类文明交流互鉴，国家文化软实力、中华文化影响力明显提升。

博物馆作为重要的文化承载机构，是"为社会及其发展服务的非营利的永久机构，并向大众开放。它是研究、教育、欣赏之目的征集、保护、研究、传播并展示人类及其人类环境的见证物。——1989年9月国际博协第16届全体大

[①] 柯宁，女，1983年2月出生于重庆。北京师范大学博物馆学专业学士，中国传媒大学广告学专业硕士，中国传媒大学广告学专业博士研究生在读，研究方向为博物馆传播、品牌传播，提出博物馆式营销的新概念。

[②] 中共中央关于党的百年奋斗重大成就和历史经验的决议［EB/OL］.新华社，2021-11-16.

会通过的《国际博物馆协会章程》第2条。"① 博物馆的功能在于典藏维护、展示、研究、教育推广。博物馆采用"三部一室制"即藏品部、陈列展览部、宣教部、办公室。博物馆具有如下五个机构的作用：1. 收集和保藏——收集、保藏文物、标本和其他实物资料；2. 传播——传播科学文化知识，提高公民科学文化素质；3. 思想品德教育；4. 科研；5. 丰富人民生活。对博物馆的分类，不同国家有不同的分类，我国常规的分类——综合性博物馆（例如，国家博物馆）、纪念性博物馆（淮海战役纪念馆）、专门性博物馆（军事博物馆）。我国也参考国际上的分法，将博物馆分为历史博物馆、艺术博物馆、科学博物馆、综合博物馆和其他类型。

从博物馆的定义及功能各方面来看，我们不难发现博物馆本身就是中华传统文化的集大成者，拥有很多专家级研究员，代表了某方面的专业权威。大部分博物馆都有着悠久的历史文化，对中华传统文化的研究起到了积极的引领和推动作用。

"截至2020年年底，中国全国备案博物馆5788家，其中国家一、二、三级博物馆达1224家，类型丰富、主体多元的现代博物馆体系基本形成。同时，中国的博物馆总量已经跃居全球前五位，即美国、德国、日本、中国、俄罗斯。2021年5月24日，国家文物局等9部门发布指导意见，提出到2035年我国将基本建成博物馆强国。"② 随着中国经济的发展到了一定阶段，文博事业的发展也呈现蒸蒸日上的状态，具备规模和影响力。

二、博物馆应成为中华优秀文化对内宣传、对外输出的重要阵地

一般来讲，以目前国内博物馆的发展状况来看，大众对博物馆的印象停留在宣传教育功能上，在博物馆专业领域，征集、典藏、保管、修护、研究藏品这些功能仍占据十分重要的位置，长久以来这也是博物馆最重要的功能，而博物馆的宣教功能一度并不特别受到重视，博物馆较少地表现出积极对外宣传的状态。然而，随着中国经济发展到一定阶段，人民生活水平提高，人民对美好生活提出更多向往，对文化消费提出更多需求。从国家层面大力弘扬中华民族优秀传统文化作为国家战略的提出，在新媒体新技术的发展对文化精华和优质内容的需求不断加大和深入方面博物馆在新时代下得以更广泛、更深入地接入人民生活中，并在国家对外宣传上扮演更重要的角色。

---

① 王宏均. 中国博物馆学基础［M］. 上海：上海古籍出版社，2021：37.
② 陈琪. 截至2020年底 全国备案博物馆5788家［EB/OL］. 中国经济网. 2021-05-19.

党的十八大以来，习近平总书记多次提到博物馆在文化传承上的重要作用。"博物馆是保护和传承人类文明的重要殿堂，是连接过去、现在、未来的桥梁，在促进世界文明交流互鉴方面具有特殊作用。"① 习近平总书记也多次指出用好博物馆这座"大学"，"2015年2月15日，习近平到陕西省西安市调研时就曾指出，一个博物院就是一所大学校。要把凝结着中华民族传统文化的文物保护好、管理好，同时加强研究和利用……"② 无论是对内向社会大众展示中华优秀文化的博大精深，在文化发展逻辑上去启发文化自觉，增强文化自信，还是对外在国际传播上，博物馆通过专业的文博人员的严谨的研究与梳理，通过现代化的媒体技术与手段，"让文物说话"向国际社会展示华夏文明，真正做到文化自强。博物馆都是非常重要的机构，应予以足够的重视，同时博物馆无论在人力、物力与历史积淀上都是相对优秀的文化承载机构，应充分利用博物馆的研究成果、创新陈列展览成果，扩大对内对外的宣传，促进文化自觉、文化自信、文化自强。

近几年，越来越多的新媒体、新技术，互联网企业与博物馆进行了合作，例如，腾讯与故宫的合作。这一方面是博物馆自身要数字化的需求，另一方面也是社会各界对传统文化的进一步认识和需要，对优质内容的极大需求，是博物馆进一步对外开放，进一步融入社会的需要。

在大力弘扬中华优秀传统文化成为国家战略之际，深入认识博物馆是传统文化的集大成者，用好博物馆的研究成果，使得博物馆成为对中华优秀传统文化进行征集、典藏、陈列、研究且对外传播的重要学术机构、文化机构、宣传机构。

三、博物馆的媒体属性

中文里的"媒介"一词最早出现在西晋，具有"媒人"和"引荐者"的词义。③ 英文里的"medium"一词常用复数形式"media"，约20世纪30年代已开始使用。"medium"的拉丁文是"medius"，有中间、中心之意。因此媒介可理解为"中介体"（intermediate agency）、"传播渠道"（channel of communication）。④ 我们正处于一个"万物皆媒"的时代。博物馆完全具备媒体所必需的

---

① 潘婧瑶. 习近平谈文物保护工作的三句箴言 [EB/OL]. 人民网, 2016-04-13.
② 潘婧瑶. 习近平谈文物保护工作的三句箴言 [EB/OL]. 人民网, 2016-04-13.
③ 张振宇, 张西子. 自"名"而"动"由"人"及"物"——中国古代"媒介"概念的意义变迁 [J]. 国际新闻界, 2011 (5).
④ 李沁. 沉浸媒介：重新定义媒介概念的内涵和外延 [J]. 国际新闻界, 2017 (8).

相关要素，完全具备媒体属性。

"博物馆说到底是传播新的机构，但是其传播的媒介和信息较为特殊，具备真实性和物质性的双重属性。"① 具体体现在博物馆对特殊的"物"（历史遗存藏品）的解码、重新编码（策展、布展、释展）和关心特定受众（博物馆观众）研究方面。

"博物馆本身具有媒体传播属性。作为区别于传统媒体的传播媒介，博物馆在传播过程中有自身特殊的优越性。固定的地址和罕见的文物激发了参观者的参观热情，文物的独一无二使文物具有保护价值。"② 博物馆本身是一种媒体，与报纸媒体、电视媒体、户外媒体一样具有承载信息功能的物质形态，并且"传播"成为其主要职能。不同之处在于，它是作为一种空间场所而存在的，其本身就是文化场所，其本身拥有多媒体手段来实现文化传播的功能，是一个综合体，又是一个更专业的综合体。博物馆是一种媒体机构，有其特有的组织结构，例如，三部一室制度。在此，我们将博物馆与我们熟知的报纸媒体和电视媒体在主要的工作流程和工作内容上进行对比，去证实博物馆的媒体属性。

表1 博物馆与其他媒体的属性分析

报纸媒体	电视媒体	博物馆
选题	选题	策展（选题）
采风	采风	藏品征集、整理
撰写	拍摄制作	设计、文案、布展
出版发行	播出	展示
记者	编导	研究员
报纸	电视	展厅
读者	观众	参观者

从上述列表中，我们可以看到博物馆有显而易见的媒体属性，同时又能看到博物馆与其他媒体不同的特殊性。这打破了我们对博物馆的传统认知——认为博物馆是研究机构而非大众均可深入参与其中的媒体机构，认为博物馆是小众的少数文人墨客钟爱的，大多数观众均处于走马观花式了解的场所而已。除

---

① 陈黎佳. 博物馆的媒介化趋势及其实践意义［J］. 文物鉴定与鉴赏，2020（04）：150.
② 陈黎佳. 博物馆的媒介化趋势及其实践意义［J］. 文物鉴定与鉴赏，2020（04）：150.

了少数一些很红火的博物馆之外，还有大量的博物馆处于门可罗雀的状态，这与大众对博物馆的认知有很大的关系，除了体制机制的问题外，还与在过去的时代环境下，博物馆对自身媒体属性缺乏认知有一定的关联。

然而，时代已经大不同，从根本上讲，我国经济发展已经到了一定水平，脱贫攻坚顺利完成，人民对文化生活提出了更高层次的追求，国家层面上也对国家形象、对弘扬优秀传统文化的重视到了国家战略的高度。再则，新技术、新媒体极大地改变了人们的生活，使博物馆的功能得到发展成为可能，使博物馆的媒体属性得以更广泛和深入的发展。

四、新博物馆学理论为博物馆媒体属性奠定理论基础

纵观博物馆的发展史，我们可以看到，从缪斯神庙，只为少数的、"会认字的"、"执政官"、掌权者方能进入的"权力场所"，到近代以来博物馆注重典藏和研究功能，再到1928年英国人迈尔斯（H. Miers）提出了博物馆的功能由收藏研究发展出教育是博物馆的第一次革命。但事实上，博物馆在20世纪70年代以前依然是文人雅士孤芳自赏的象牙之塔，教育的内容与群众的需求相距甚远，不能为社会及其发展起到作用。

20世纪70年代，工业化发展导致自然环境不断恶化，人类进行反思，开始注重与环境和谐发展。1989年出版的《新博物馆学》一书的主编彼得·弗格（Peter Vergo）在这本书的序言中对新博物馆学下了如下的定义："新博物馆学是一种对'旧'（Old）博物馆学、博物馆内部与外部专业普遍而广泛的不满的陈述，旧博物馆学的疏失在于太重视博物馆的方法（Methods），而忽略了它的目的（Purposes）。"[1] 美国博物馆学家哈里森（J. D. Harrison）在1993年发表的《90年代博物馆观念》一文中指出：新博物馆学的观念是相对于"传统"博物馆学的观念而言的，并尝试对过去的概念做一番全面的检讨与批判。它的重心不再置于传统博物馆所一向奉为准则的典藏建档、保存、陈列等功能，转而关怀社群与社区的需求，这成为博物馆经营的最高指导原则。这可以说是博物馆学的第二次革命。

1996年，我国台湾师大罗欣怡先生曾用图表的方式解释传统博物馆学与新博物馆学的区别：

---

[1] 尹凯. 新博物馆学：基于阐释与反思的解读 [J]. 博物院，2021（04）：26-29.

表2 传统博物馆学与新博物馆学的区别

	传统博物馆学	新博物馆学
以何为本	物	人
侧重	方法、技术	目的、理论
理论基础	藏品管理、保存技术、陈列设计、历史学等	博物馆应为社会及其发展服务。除方法与技术外，还要懂得自己专业外的政治学、社会学、教育学等
发展策略	学术研究、专家为主、精英主义	观众需求为主、大众主义、专家参与
使命	巩固主流文化、提升文化素养、改善社会行为	尊重文化的多样性、关注环保教育与社区、强调终身教育、提高观众素质
展示（陈列）手法	静态的、分类清晰，内容侧重过去、学术氛围浓厚，很少让观众参与。一般认为展示是教诲式的，展出时间较长	动态的，采用主题单元展示。内容侧重现在与未来，采用高科技，尽可能让观众参与。展示是启发与激励式的，注意娱乐与休闲。除展示外，还有多种传播方式强调7年左右更新基本陈列

这一革命实际上是对博物馆功能的一次拓展与延伸，是对博物馆承担更多的社会宣教责任提出了要求，新博物馆学的这一理论与观点更加符合当前时代的需要。社会需要作为专业的研究机构，掌握专业的、重要的研究资源与成果的文化机构——博物馆，更好地去服务人们对文化、娱乐生活的需求，更深地融入社会发展中，承担文化传承的重任。同时，我们不难发现新博物馆学的理论实际上更加强调博物馆的媒体属性，也助推博物馆发展其媒体属性。

五、数字化时代，博物馆媒体属性的强化

我们正处在一个数字化的时代，技术的更新迭代加速进行着，从互联网时代到移动网络时代到万物互联的元宇宙时代，整个社会被纳入了"数字化"的潮流当中，并改变着人们的生活方式。得益于通信技术发展的红利，自2016年4G推出兴起以来，短视频行业的发展如破土春笋般一路势不可挡，抖音App、快手App如鱼得水，各大厂商也奋起直追投入这场传播革命中积极布局，每一个身处这个时代的我们都不可避免地在日升月落中被拉入这样一个全民视频的时代中，受众喜闻乐见的接收程度让视频在信息交流传播中占据了越来越重要的地位。尤其近几年，在新冠疫情的影响下，线下门店商务受到了极大的冲击，各行各业更是积极地将业务由线下转线上，主观上也更加重视数字化进程，并不断加强线上布局。

博物馆的数字化也早有研究和实践，尤其是这几年，博物馆的媒介化趋势越来越呈现朝展示宣传为导向的方向靠近。在当前的时代背景下，博物馆的数字化更加得到管理层的重视，许多博物馆将数字化进程作为博物馆生存发展的重要战略目标之一。数字资源在实际的传播过程中具有交互性、快捷性、多元化的应用特征，并且在传受关系上更能够凸显个性化、多元化。博物馆的数字化也随着技术的进步经历互联网1.0时代、2.0时代，由最初简单的数字化，到移动互联网时代进入更深入的万物互联时代。例如，很多博物馆都是从藏品的数据化开始着手，到越来越多的部门如展览、管理等更多部门、更多流程的数据化、在线化地深入数字化的生态中。

2021年的"5·18"，国内各大博物馆均尝试着开启"线上+线下"的新方式。除了展览外，博物馆纷纷推出夜场、鉴宝、讲座及各类互动活动，打破传统博物馆展览沉闷、乏味的缺陷，很多博物馆特地为"5·18"推出的节目都支持线上观看。山东博物馆延续了2020年的传播方式，开展了以"文物山东薪火云传"为主题的山东省博物馆直播联动活动，采用直播云游博物馆的形式让无法身临实地的博物馆爱好者也能一饱山东博物馆的眼福。除此之外，山东博物馆还推出"公益性文物鉴定活动""鲁绣互动活动""毛笔描摹古代经典活动"等鼓励受众切身地参与活动。山西博物院推出的活动主题是"让历史照亮未来"，贯穿了皮影戏演出、"博物馆来啦"、山西境内长城摄影大赛、第五场民间收藏文物公益鉴定咨询活动等一系列丰富多彩的项目。线上方面，山西博物馆将开启全天不间断直播、线上小游戏·拼图识文物。同时，山西博物院还将联合学校、社区、爱心机构、企业等，让丰富有趣的教育活动走出博物馆。近两年，河南博物院凭借盲盒出了圈。2021年的"5·18"，河南博物馆推出"考古盲盒公益义卖活动"，邀请知名主播与河南博物院专家学者一起边逛博物馆边聊一聊"考古盲盒"的故事。2021年，《唐宫夜宴》通过借助"人"让展品"发声"的巧妙设计火爆全国，河南博物馆在"5·18"活动中将其中主角仕女乐队手办盲盒也同步馆内线下文创店进行发售，利用网络媒体的网红形象噱头吸引更多的年轻人关注博物馆的活动。线上，河南博物院官方抖音号联合抖音官方设计开发的"国宝定制特效道具"上线，在新浪微博客户端开启"让我康康你的'考古'现场"话题。

新冠疫情期间，越来越多的线上展览，采用更多的技术手段，例如，AR、

VR的应用。这些使博物馆超越了实体时空的限制,"在场"的观赏行为变成了"在线"的云展览,此时的博物馆实际上成了线上博物馆、云博物馆,它可以是一个网站,可以是一个App,所有展览都被数字化以线上展览的方式面向参观者或受众。此时的博物馆与任何一个媒体App没有差别,如前所述的博物馆与传统报纸媒体和电视媒体的比较,此时的博物馆与在线媒体比较起来,其媒体的属性更加强化凸显。博物馆的"作品"实际上是展览,研究员策展人员是内容生产者,而参观者实际上是受众。博物馆本身作为一个知识的聚集地,无论是软实力还是硬实力都是比较强的,它具备一个媒体来讲最重要的一点——优质内容优势。

六、小结

人类信息传达交流的媒介在时代的更迭发展中经过了语音、文字、图片、视频等方式的变更,信息传播形式变化的背后,信息传输量日益增大,信息传播效率与丰富程度越来越高,信息传输成本却在不断降低。日新月异的科技发展,正在加速推进传播的变革。

未来还会出现新的信息传达形式吗?答案是必然的。信息的传播方式的变化会随着技术革命的进行而进行,在未来,技术革命不会止步,只会不断推翻旧制,那与之同行的信息传播方式革新也只会不断前进。新华网党委常委、董事、副总裁申江婴在2022福州国际数字化媒体发展研讨会上说:"从历史的经纬中,我们发现,每一轮信息科技的变革,都催生新的传播形态,带来传播格局的嬗变,让我们感受世界、了解世界、体验世界的方式发生巨大甚至是颠覆性的变化。可以预见,以5G、物联网、人工智能、元宇宙技术为引领,科技将重新改写甚至定义传播的未来。"[①]

在万物互联的时代,我们关注移动设备、智能终端设备,也应该关注这种文化传播场所的变化,因为万物互联时代的到来,其媒体属性得到颠覆性的变化和提升,博物馆藏品经过数据化的处理,可穿戴设备,以及越来越多的线上展览的方式,都使博物馆作为一个媒体机构具有更大的想象空间,从策划、生产、制作、展示、传播方方面面均可更深入考虑其媒体化的属性。

博物馆作为中华优秀传统文化的集大成者,天然具有许多丰富的"选题"和优质的"内容",只要能结合新技术、新媒体,深入考虑博物馆的媒体属性,用好博物馆,对内宣传,对外文化输出,博物馆将成为大力弘扬中华优秀传统

---

① 新华网副总裁申江婴:科技重新定义传播的未来[EB/OL].中新经纬,2022-07-15.

文化的强大阵地。

参考文献

[1] 王宏均. 中国博物馆学基础 [M]. 上海：上海古籍出版社，2021.

[2] 陈黎佳. 博物馆的媒介化趋势及其实践意义 [J]. 文物鉴定与鉴赏，2020（04）.

[3] 周婧景. 博物馆以"物"为载体的信息传播：局限、困境与对策 [J]. 东南文化，2021（02）.

[4] 王思渝. 新博物馆学的引入、发展与未来 [J]. 博物院，2021（04）.

[5] 尹凯. 新博物馆学：基于阐释与反思的解读 [J]. 博物院，2021（04）.

[6] 冯静. 现代博物馆的媒体属性与传播策略 [C]. 天津：天津人民出版社，2007.

[7] 学而时习. 博物馆内外总书记这样说 [EB/OL]. 求是网，2021-05-18.

[8] 潘婧瑶. 习近平谈文物保护工作的三句箴言 [EB/OL]. 人民网，2016-04-13.

年文化在新兴民族品牌视觉设计中的应用策略研究

王 琦[①]

摘要：中华文化博大精深，年文化作为其中的一部分占据着相当重要的地位。本文以传统文化中的"年文化"以及"新兴民族品牌"为主要研究对象，分析年文化的具体内容，从现有设计案例中发现当前部分新兴民族品牌已经将年文化融入了自身的视觉设计之中，进而探索中国年文化如何在新兴民族品牌的视觉设计中进行合理有效的应用。最后，针对试图尝试将年文化融入视觉设计的新兴民族品牌，本文提出"生肖形象'特征化'，吉祥元素'再设计'，年味色彩'新搭配'，年俗活动'潮流化'"四方面的应用策略，旨在为新兴民族品牌在应用年文化内容和提取年文化元素时提供一些视觉设计方面的方法借鉴，从而为该方向的研究贡献一种思路，以此提升新兴民族品牌的形象。

关键词：年文化；新兴民族品牌；视觉设计

中华文化源远流长，"年文化"是其中璀璨的文化瑰宝之一。随着"国潮热"，越来越多的民族品牌纷纷尝试将传统文化融入品牌设计当中，具体表现大多是将传统文化的一些特有元素融入品牌的视觉设计之中。其中，"年文化"元素的应用也较为广泛，"年"对中国人来说，是一个非比寻常的节日，"新年季"的到来也为许多品牌带来了营销的好时机。当前市面上的品牌纷杂，对年文化元素的运用也是五花八门，如何在弘扬中国年文化、使国际更加了解我国优秀传统文化的基础上将其与品牌的视觉设计合理、有效地相结合，是众多民族品牌需要考虑的问题。

一、中国年文化

在中国的众多传统文化当中，"年文化"内涵深刻，内容丰富，意义重大且

---

① 王琦，女，健康报社，编辑。北京工商大学，艺术设计专业，硕士研究生，品牌设计。

占据着重要的地位。关于"年"的形成有很多传说：年兽说、万年创建立法说、熬年守岁等。其中，流传最为广泛的也就是最有神秘色彩的，莫过于年兽的传说。"年"是人们想象的会给其带来坏运气的动物。这个动物一旦到来，树木凋零，百草不生，而当"年"过去的时候，万物复苏，百花齐放。

年文化是民族共存的文化。在我国民间，"年文化"当属最渊源厚重的文化。"年"又称"春节"，是中华民族最盛大的传统节日，具有丰富的文化内涵，已经被列入我国非物质文化遗产名录，并逐渐发展成为国际性的文化符号。对中国人来说，我们崇敬与憧憬的都是"生活"本身，美好与富裕的生活正是我们所期盼的，而"过年"则是一切美好祝福与祥瑞的结合体。年文化包含的内容丰富多彩，生肖、鞭炮、春联、福字、年画、灯谜、压岁钱、拜年、饺子等，都是过年时的专有事物，与此同时，人们在过年期间的行为与活动也都与这些词语密切相关。

总而言之，我们不仅创造了"年文化"、享受着"年文化"，还建设了"年文化"，接下来需要做的，应该是尽我们所能去应用、传承、弘扬"年文化"。

二、年文化已然成为新兴民族品牌视觉设计热点

"民族品牌"，一般指中国品牌，中国品牌是指由中国企业原创，也叫国产品牌。"新兴"意为"刚兴起的"。因此，"新兴民族品牌"则可理解为近年来刚刚兴起的国产品牌。例如，MINISO 名创优品（2016 年创立于广州）、NOME 诺米家居（2017 年创立于广州）、晨光文具旗下的独立品牌九木杂物社（2016 年成立）、生活零售品牌 The Green Party（2014 年创立）等。

民族品牌若想在国内市场占据领先地位，除了自身的特色之外，民族特色与文化价值也是必不可少的。我国拥有悠久、深远的传统文化，想必如此强大的文化背景对品牌的设计者而言，是一个丰富的"设计素材库"与"灵感发源地"，例如，中国特色的文字与传统的图案都可以融入品牌的视觉设计当中。现如今，许多新兴的民族品牌意识到了这一点，于是纷纷将设计风格与元素融入的目标锁定在了"传统文化"上，尝试利用传统文化来为品牌自身增加文化底蕴与价值。例如，在 2020 年，家居品牌 NOME（诺米家居）首次与国风现象级 IP 三山五园文化之颐和园主题展开跨界合作，在新年季推出"2020 狮来运转"主题转运年货，在全国点燃了一场声势浩荡的"转运"风潮；生活零售品牌 The Green Party 在 2021 年与敦煌美术研究所共同举办的以"潮·敦煌"为主题的系列文创作品在 The Green Party 店内展出等。

对传统文化中的"年文化",也有不少品牌进行了设计尝试,例如,文创杂货集合店九木杂物社利用了生肖文化,在2021年底推出2022年新年虎头帽系列产品,并发起"寻找虎元素"活动。生活零售品牌The Green Party在2022年年初于其店内设立"新年心愿"专台,将该年生肖"虎"做成盲盒进行售卖,并将其命名为"小虎日常",增添了几分拟人性。此外还有"惊喜盒子",它上面也印有"萌化"的老虎形象。与此同时,名创优品也利用了"生肖虎",只不过该品牌使用的是美国迪士尼动画中的动画形象"跳跳虎",名创优品将跳跳虎形象沿用到了墙贴、展示牌等载体上。其中,"2022"字体墙贴的设计很有趣味性和识别性,将老虎身上的经典纹路与字形相结合,此外,名创优品自身的产品包装也应用了跳跳虎的形象。NOME(诺米家居)"生肖虎"的设计很有个性,在悬挂的海报上,有一只老虎的形象在骑着自行车,下面的字体"21 Bye Bye",上面的标题是"22 Hi Hi",展现了对新年的期待以及迎接新年的到来,海报和展示牌都利用插画的形式将老虎的形象表现得非常有性格和特点,让人记忆深刻。

由以上案例可以看出,关注年文化的新兴民族品牌不在少数,而借用年文化为品牌助力也已然成了一种品牌设计趋势。

三、年文化在新兴民族品牌中的视觉设计应用策略

我国的年文化无论在精神层面还是物质层面,其内容都极为丰富多彩,而新兴的民族品牌除了具有想将传统文化融入自身的目的之外,还想展现自身的品牌特点与风格,所以二者到底应该如何合理、有效地结合,成了新兴民族品牌需要考虑的问题,在该问题的解决过程中也存在一定的挑战。生肖文化、吉祥元素、年味色彩、年俗活动都是年文化中重要的组成部分,它们也是可以被应用在品牌视觉设计中的有价值的对象。

(一)生肖形象"特征化"

"十二生肖"也与年文化有着很紧密的关系。从严格意义上讲,十二生肖属于中国民俗文化,但它也是年文化中的一个重要部分。十二生肖又称"属相",是与十二地支相配命名人出生年份的十二种动物,同时也是十二地支的形象化代表,分别是子(鼠)、丑(牛)、寅(虎)、卯(兔)、辰(龙)、巳(蛇)、午(马)、未(羊)、申(猴)、酉(鸡)、戌(狗)、亥(猪)。随着历史的发展逐渐融合了相生相克的民间信仰观念,生肖的意义反映在婚姻、人生、年运

等事物上。每一个生肖都有其丰富的传说，并以此形成一种观念阐释系统，成为民间文化中的形象哲学，例如，婚配上的属相、庙会祈祷、每个人的本命年等，甚至常常以"属相合"与"属相冲"来作为婚配等重要事宜的参考依据，可见，生肖文化即便是在非年节时期也占据着相对重要的地位。在现代社会，很多的人把生肖作为春节（新年）的吉祥物，将其衍生为娱乐文化活动的象征。生肖作为悠久的民俗文化符号，历朝历代都留下了许多描绘生肖形象和象征意义的诗歌、春联、绘画、书画和民间工艺作品。除了中国以外，世界多国在春节期间发行生肖邮票，以此来表达对中国新年的祝福。

在关于年文化主题的设计当中，许多品牌都选择了"生肖"作为主要的视觉表现对象。例如，九木杂物社在2022年推出了有关"生肖虎"的系列产品，以"虎头虎脑，没有烦恼"为主题的"御守惊喜盒"的摇摇乐盲盒及幸运转盘挂件。此外，它还举办了"寻找虎元素"的活动，即在线下门店解锁3款不同的虎头图案拍照打卡发布至微博或小红书，就有机会获得"丰盛年货礼包"。该活动也引发了一部分消费者、网友的参与和互动。

十二个生肖即代表着十二种动物，除背后的寓意不同之外，十二生肖的视觉形象也有其各自的特点。例如，老虎身上的"虎纹"和脑门上的"王"字，兔子"长长的耳朵"和"红色的眼睛"，猪的"鼻子"等。实际上，这类显著性特征大部分已经成为人们对动物的固有认知，即便在设计之中只呈现某种动物的特征性图形或图案而非全貌，人们也能据此判断出是何种动物，随即与所对应生肖相匹配。

生肖文化虽然并非中国独有而是一个世界性的文化，但每个国家对生肖文化的具体释义和内涵也略有不同。长久以来，我国的"十二生肖"成了许多品牌在年文化主题视觉设计中的一大重点，所以在设计的过程中我们要考虑方方面面，以更鲜明的特点来体现我们的民族性。

（二）吉祥元素"再设计"

中国年文化含义吉祥、内容丰富、意义深远，其崇尚着"合家欢乐、万象更新"等价值追求，春节（过年）是中国"和文化"最大的载体，其所包含的事物数不胜数，对品牌的视觉设计而言，除了简单地利用中国十二生肖的形象之外，还有一种被品牌利用较高频率的年文化对象——吉祥元素。例如，关于寓意吉祥的成语、词语、图形、人物形象、动物形象、植物形象、食物形象等，它们都具有文化属性，根据人们"看"的行为，可以将其转化为视觉符号进行情感、文化的表达与传播。例如，"福禄寿喜（天界四神）""龙凤呈祥""鲤鱼跃龙门""福字""虎头帽和虎头鞋""剪纸窗花""灯笼""童子""莲花""门神""财神""汤圆"等,品牌设计师通过对这些具有文化底蕴的吉祥元素进行运用,可以达到对"年味"的表达目的。故而众多的"吉祥元素"都可以成为年文化主题设计中可以视觉化的对象,吉祥元素也可以按照不同主题或不同属性进行归类,其背后的含义与来由也是可以深度挖掘的。

"再设计"是当前设计行业常使用的一种方式,即将原有认知中的某些形象进行再度改造,将内容或形式进行创新设计,赋予其新的面貌。中国年文化中的吉祥元素数不胜数,种类也很丰富,从某种意义上讲,对其进行再设计是赋予它们新的生命和与以往不同的表现形式,甚至可以将不同种类的吉祥元素进行重新设计和调整。例如,人们对传统的人物形象进行卡通化再设计,打造Q版形象,以当代人们能够接受和喜爱的"萌"或"潮酷"等形象重新诠释和演绎其背后的故事。2019年正值天翼十周年,中国电信与传统老广品牌"广式菠萝啤"携手,共同打造了限定款"幸运瓶"为电信客户送上新年好礼。许多关于年文化的吉祥元素,财神、醒狮等形象都以国潮风的插画形式呈现在其海报、瓶子包装及周边产品的设计中,尤其是财神爷,戴着墨镜,手握电信手机,身戴链表、戒指,穿着潮鞋,"潮酷"的财神爷形象比以往多了一份新时代风格的特征和与消费者之间的亲近感。再比如,对年文化中传统的吉祥元素进行现代化再设计,设计师可以采用结构重组的形式,尝试融合国际化设计语言,尽管年文化的内涵具有民族意义,但若轻虑浅谋地只考虑民族性,未免有些片面,民族文化和民族品牌需要多元化,需要与世界接轨。类似"MINISO 名创优品"这样的新兴民族品牌,其设计师有来自日本和挪威的,而日本的品牌视觉设计恰恰是比较出色的,所以将年文化中的传统吉祥元素与国际化设计语言相融合的思路,也不会违背所结合的品牌的初衷。因此,新兴民族品牌可以尝试以上设计方法,把更新颖的视觉图案附着在品牌的视觉形象上,打造更新颖的年文化主题品牌和衍生品,从而给予观者新的视觉体验和消费感受。

(三)年味色彩"新搭配"

"色彩"是能够引起人们共同审美愉悦的、最为敏感的形式要素。它是除了"造型"之外,给人第一印象相对最为深刻的重要元素,从某种角度上来说,通过有效的色彩设计和搭配或许就能够打动人心。通常情况下在年文化当中,人们对"新年""春节"的印象颜色大多都为"红色""金色""黄色"等,而"红色"是在日常生活中被用于"喜庆""热闹"场景中的颜色,在中国的传统五色观中,红色为"赤",是最受国人欢迎的颜色之一,富有浓厚的感情色彩,是红红火火、招财辟邪等吉祥寓意的象征。"黄色"给人以明亮、崇高之感，在古代，黄色是皇帝的专用颜色，代表着威严、富贵等，是地位的象征。如今，我们也可以将其理解为黄土地、黄皮肤、黄种人。不同的色彩会产生不同的视觉效果，也会带给人们不同的视觉体验。

事实上，与年文化相关的色彩并非一成不变，能够体现年味的色彩也并非只有红和黄，具体的色彩运用要视色彩搭配组合的效果和颜色所附着的对象而定，将除了红色和黄色之外的多种颜色进行不同的搭配或许依然能够达到体现"年味"的效果。2021年年初，由中国美术学院美术馆和浙江美术馆主办的"中国年——文化与设计系列展"分别由中国美术学院民艺博物馆等多家展馆联合展出。在展览海报的设计中，以一张张带有锯齿状的彩色剪纸按序排列的形式成了主视觉。这种锯齿状图形其实源于中国民间过年时的习俗"贴门钱"中的主要物品，俗称"过门钱子"。这种门钱大多为红色，此外也有桃红色、粉色、紫色、黄色、绿色等。这些颜色也在原本单一红色的基础上增加了装饰效果，过年的氛围也变得愈加浓烈。

对品牌的视觉设计来说，每个品牌都存在自身固有的设计风格与遵循的理念，在给予品牌新的视觉形象设计时，其原有的规则断不可打破。所以，在不违背品牌常态化发展的前提下，人们将年文化与其进行充分结合，不失为一个有效的设计方法。2020年，字节跳动旗下的社交媒体抖音推出了"2020年乐不思鼠新年礼盒"，礼盒的整体设计除了用到红色之外还选用大面积的深蓝色与小面积鲜艳的颜色进行搭配，该视觉设计不仅符合品牌本身的风格基调，还没有忽视"年味"的体现。此外，该礼盒的包装设计还通过将年文化元素与抖音视听元素相融合体现了传统与现代的碰撞。所以，对新兴民族品牌来说，"年味"的传达并不意味着要强硬地使用某种颜色，甚至舍弃了本身的风格。本文此处依然用"MINISO 名创优品"来举例，颜色上，该品牌的标志以红色、白色为主，它在与年文化进行结合的时候相对占据一定的优势，因为"新年红"并没有被某种固定的色值限制，所以与"名创红"并不冲突，在设计时可以随意调节成所需要的颜色，从而使视觉上看起来更加协调统一，年味的氛围也更加浓重。

由此看出，色彩具体如何搭配才能体现出"年味"，是在"新搭配"的不断尝试过程中需要注意的中心问题，而体现"年味"也是此时色彩搭配的主要任务。相对直接且有效的方法就是在现有的年文化元素或设计当中提取色块，然后结合先前固有的"经典年味色彩"，进行设计实践，不断尝试，为需要设计的部分调和出新的颜色表，进行一一搭配，整体形成"年味色彩库"。在这个过程当中，设计师尝试对固有的颜色进行明度或纯度上的细微变化，以求达到最初目的的实现，但最终的颜色确定还是要视每个部分的设计效果、与品牌结合后的视觉协调程度等因素而定，因为即便是某个品牌对年文化进行的"主题式"设计，虽然属于原品牌延展出的"主题品牌"，但其风格与颜色也不能与原品牌太过背道而驰。在新兴民族品牌的视觉设计当中，色彩的搭配与运用需要更加深入地研究和尝试，才能赋予其新的视觉感受。

（四）年俗活动"潮流化"

当前市面上的现有品牌对"年文化"主题的融入，大多采用的都是直接利用生肖形象进行衍生设计，而关注"年俗活动"的设计似乎较少。其实"年俗"的具体内容才正是了解年文化最直接、最通俗易懂的途径，因为它是对春节这个节日内涵精神层面的行为化表达和春节节庆的核心精华。

"年俗"具体是指人们在春节期间进行的一系列特定生活活动，主要是针对春节进行的准备与庆祝工作。实际上，这些活动并不是要等到大年三十，而是从腊月二十三就开始了。"小孩儿小孩儿你别馋，过了腊八就是年；腊八粥，喝几天，哩哩啦啦二十三。二十三，糖瓜粘；二十四，扫房子；二十五，做豆腐；二十六，割年肉；二十七，宰公鸡；二十八，把面发；二十九，蒸馒头；三十晚上熬一宿，大年初一扭一扭。"这样的顺口溜俗称"忙年歌"，也叫"过年谣"，在过年时经常会听到，不知是从什么时候开始一代一代流传下来的，直至今日也朗朗上口。除此之外，祭灶、扫尘、倒贴福字、贴窗花、放爆竹和贴年红用以驱赶"年兽"、拜年、除夕守岁、送穷鬼迎财神、正月十五吃元宵、逛花灯等，也都是春节期间的风俗习惯，尽管由于空气质量等问题春节燃放爆竹的习俗已经被淡化，但这些年俗活动所传递的内涵是丰富的、有意义的。其中所包含的一切事与物也都是可以视觉化设计的对象，尤其是年俗活动的亲民性与真实性，更能得到人们的关注，赢得消费者的喜爱。

类似"MINISO 名创优品"这样的家居/生活类民族品牌，它们可以考虑年俗文化的内容与品牌的结合，名创优品属于"生活类"品牌，主营产品多为家居百货。"年俗"来自民间人们的日常生活，将不同的年俗活动进行平面化视觉设计，形成具有现代化设计特点的物件，这与名创优品的品牌类型并不矛盾。年俗文化的丰富程度也说明了它的独特性，每一项年俗也都有其各自的意义，若将这些传统文化内容用现代设计的手法表现出来或许也是一种可采取的创新形式，例如，将年俗中的元素进行"潮流化"设计，旨求传统与现代结合的视觉效果。

"潮流化"设计并非单单指视觉设计的效果,还包括年俗文化的传播手段。社会生产力的不断提高推动着经济的发展,在移动互联网和社交媒体时代,可以传达信息和弘扬文化的方式与途径越来越多样,如短视频、H5互动小程序等新媒体互动方式,它们的出现,势必为文化的传播提供了巨大的帮助。例如,零售电商唯品会在2018年年初的年货节期间曾推出"年俗考级"活动,考级分为"全国卷、华南卷、东北卷"等六个试卷种类,不同的年俗活动均以插画的形式展现在海报的设计中,年味十足。此次活动通过年俗文化知识考试的形式进行,不仅增强了与消费者之间的互动,还唤起了人们对年俗文化的记忆与认知。新兴民族品牌大多是在这个互联网时代创立与发展起来的,相比其他品牌,新兴民族品牌更加关注时代的热点与潮流的风格,所以对它们来说,数字化的传播方式操作与运转是具有一定的优势与便捷性的。作为品牌的设计师,他可以考虑加强利用数字化模式,对自身品牌的"新年主题"进行传播与发展,能够更容易引起他们的关注与参与,也提升了传播率。比如,关于年俗活动的动态画面、虚拟"拜年"贺卡、年俗活动的系列表情包等方式,在一定程度上给予消费者更强的体验感,带来了更强的视觉效果冲击,也为品牌自身提升了情感价值与温度。

　　现今,相比西方关于"圣诞节"周边设计的丰富程度,我国品牌关于年文化的视觉形象设计水平还有很大的进步与上升空间,年文化深厚的内涵若不能整体、系统地展现出来可谓遗憾。这不仅阻碍了消费者充分了解年文化背景的积极性,随着外来文化的不断冲击,还会影响人们对中国年文化在情感与精神上的记忆与沟通。

四、小结

　　传统文化向来具有历史传承性和不断变化性。面对社会发展的日新月异,传统文化的历史传承性是相对的,而其不断变化却是绝对的,而且这种变化是无时无刻不在发生的。新兴的民族品牌正在不断衍生,而现存的民族品牌也在向好的方向不断发展。"过年"是中国人寄予期望最多的时节,包含很多中国本土特色的文化元素。中国年文化在新兴民族品牌视觉设计中的运用并不是空穴来风或效仿,而是本土品牌对本民族文化的一种特别的传承与弘扬方式。随着大家对年文化的关注度逐渐提高,各个品牌推出的"新年主题"设计也千姿百态,逐渐由民族化走向全球化的发展趋势,在这个过程当中,年文化的应用是否恰当是最重要的,因为这会影响消费者的直观感受。因此,品牌设计与年文化的结合要采取一定的策略，从而更好地为自身增添传统文化的色彩与节日的气息，使品牌设计更加具有本土的特色与风格。

参考文献：

卫亚娜.中国传统图案在民族品牌视觉形象设计中的应用研究［D］.吉林：东北师范大学，2015.

扬州"世界美食之都"城市形象的纪录片塑造
——基于四部扬州美食题材纪录片的考察[*]

李心洁[①]

摘要：纪录片是城市以主观视角参与塑造自身形象的一种实践和形式。美食题材纪录片对扬州"世界美食之都"城市形象的塑造是城市自身与媒介联合互动的实践呈现，更是城市独有的文化资本。本文通过对四部扬州美食题材纪录片的内容解读，从纪录片中的美食符号、表达修辞和文化传承三个方面来细描、阐释和整合扬州"世界美食之都"的城市形象。本文是融合了视听表达、人文历史、价值观念等的美食题材纪录片，在塑造扬州"世界美食之都"城市形象时，兼具了融通多元文化、建构多样美食符号、阐释多种形象表达的特质。

关键词：纪录片；世界美食之都；城市形象；城市文化资本；符号修辞

一、问题的提出

城市形象的纪录片塑造是通过非虚构的艺术手法，直接从现实生活中获取图像和音响素材，真实表现客观事物及创作者对城市的认知和评价的纪实性电视片。[②] 在城市形象研究领域，城市形象的影像构建与受众传播已成为城市对内获得市民认同、对外形象展示以及城市品牌构建的有效方式。[③] 纪录片作为传播媒介的一种形式，依托其纪实性特征来集中展示城市的整体社会风貌和文化内涵。媒介技术的迅猛发展使"城市文化资本"运作成为塑造城市形象的重要一

---

[*] 本文系"扬州大学中国大运河研究院开放课题——扬州'江河交汇'特色文化旅游品牌形象塑造与传播研究（项目号：DYH202301）"阶段性研究成果。

[①] 李心洁，女，西安翻译学院文学与传媒学院，助教。扬州大学新闻与传媒学院硕士研究生，主要研究方向为文化品牌传播。

[②] [美] 李普曼. 公众舆论 [M]. 阎克文，江红，译. 上海：上海人民出版社，2002：46.

[③] 张吕，易为. 城市形象的影像建构与大众传播 [J]. 中国电视，2016（11）：45-49.

环。"城市文化资本"在一定意义上是强调城市业已存在的精神文化、物质文化、制度文化和财富的"资本性"意义，如城市自身历史的物质文化遗存，流芳千古的人物及精神价值，以及城市自身创造的一系列文化象征与文化符号等，都具有鲜明的资本属性和资本意义。① 城市形象塑造的一个重要目的是运用"城市文化资本"，创造城市发展的永续动力机制。② 公众感知城市形象和其内涵不再局限于地理位置、自然生态，而是依托"城市文化资本"运作和纪录片等媒介技术所建构的公众自身同城市的人文历史、风物礼俗之间的全新关系来认识城市。美食题材纪录片是纪录片的一个分支，它探索美食原料、制作技法、特色及背后的人文故事，并用影视形式加以展现。③ 美食题材纪录片作为展示城市人文和风物的一种形式，承载着美食与城市居民间的故事、情感和精神传承等，也是城市形象塑造的有效形式。

2019年10月31日，扬州成功入选"世界美食之都"。近年来，弘扬宣传地方特色美食、塑造城市形象的优秀美食题材纪录片层出不穷。美食题材纪录片是以纪录的形式，对美食这一记录对象进行选择、重组或重构，通过灵活的方法，表述美食在主体精神中的存在④。以《美味扬州》《小吃中国》之扬州篇、《一城一味》之扬州篇、《日出之食》第二季的《食话扬州》等为代表的扬州美食题材纪录片，讲述与呈现了颇具扬州特色的美食影像，以美食为载体，以直观视觉呈现了淮扬美食和淮扬文化的精致与悠长，塑造和传递扬州"世界美食之都"这一城市形象。

媒介技术的不断发展与延伸，使城市形象在不同场域中不断被塑造与传播。良好的、完整的城市形象系统（CIS）包括城市理念、城市行为和城市视觉系统。⑤ 美食题材纪录片塑造城市形象也遵循这一规律，城市理念即通过对美食题材纪录片中美食符号的细描，展现城市的精神与内涵、升华城市的美食文化记忆与情怀；城市行为即通过美食题材纪录片的纪实性特征，构建美食与城市之间的联系；城市视觉即借助美食题材纪录片这一媒介记录传播城市美食，以视

---

① 弗雷德里克·詹姆逊. 文化转向 [M]. 胡亚敏，译. 北京：中国社会科学出版社，2000：139-140.
② 张鸿雁. 城市形象与"城市文化资本"论——从经营城市、行销城市到"城市文化资本"运作 [J]. 南京社会科学，2002（12）：24-31.
③ 周隽. 美食纪录片与中华饮食文化的传承与交流——以系列美食纪录片《舌尖上的中国》为例 [J]. 美食研究，2019，36（04）：12-14，28.
④ 贾秀清. 纪录与诠释：电视艺术美学本质 [M]. 北京：北京广播学院出版社，2004：7.
⑤ 张鸿雁. 城市形象与城市文化资本论——中外城市形象比较的社会学研究 [M]. 南京：东南大学出版社，2004：3.

觉整合的形式予以大众城市印象。因此,美食题材纪录片塑造城市形象主要从形象细描、行为阐释和视觉整合三个层面进行,共同塑造与展示城市的文化与风貌。本文以上述三个要素为基础,通过对四部扬州美食题材纪录片的内容解读,探讨美食题材纪录片是如何塑造扬州"世界美食之都"这一城市形象的。

二、纪录片中的美食符号：扬州"世界美食之都"形象的细描

美食题材纪录片是以美食影像作为对某一地域文化、环境以及人们生存状态的一种媒介纪实。美食题材纪录片在塑造城市形象的过程中更注重细小的美食符号对城市的形象细描,依托美食符号的叠加,整合来深化并确定城市的形象与定位。

(一) 精致与仪式：扬州"世界美食之都"形象的接续补充

纪录片塑造城市形象就是通过文字、图像和音频,真实地传递一座城市独有的风貌和人文精神。纪录片中的美食符号是视觉和语言的双重结合。纪录片作为视频记录的一种形式,使"文字、图像、音频不再孤独地产生意义,而是需要依靠彼此来传递信息"[①]。美食题材纪录片在塑造扬州"世界美食之都"城市形象的时候更加注重对扬州特色美食符号的打造,借助纪录片这一媒介的自身呈现和制作者对美食符号的雕琢,以纪实视角展示扬州美食的同时,也进一步对扬州"世界美食之都"城市形象进行塑造。

罗兰·巴特曾提到,如果语言是对画面内容进行阐释和解说发挥的是锚定功能,如果语言是以对白或旁白的形式出现,对图像信息进行了补充和延展则发挥的是中继功能。[②] 扬州美食题材纪录片的锚定和中继功能,即在视觉和语言这两个层面对扬州"世界美食之都"城市形象的塑造起到不可忽视的推动作用。锚定功能在美食题材纪录片中发挥的作用是,通过预先选定美食符号意指的方向,在一定程度上限制观看者对美食的想象和理解。画面内容和语言阐释的同步进行,使观看者能够将视觉呈现的美食同语言阐释的城市形象连接起来,在头脑中投射美食符号所建构的城市形象。中继功能则表现为其与纪录片画面内容所传递出来的信息相结合的过程,是语言和画面的相互补充,也是对白或旁白以语言形式对纪录片中美食符号塑造城市形象的延伸,在画面内容传递美食美味的基础上,以侧面烘托的形式对建构城市形象发挥作用。基于此,借助纪

[①] 图恩·梵·迪克. 话语研究：多学科导论 [M]. 周翔,译. 重庆：重庆大学出版社,2015：96-97.

[②] 罗兰·巴特. 显义与晦义 [M]. 怀宇,译. 天津：百花文艺出版社,2005：27-28.

录片的纪实效果，美食题材纪录片真实地向观众展示了扬州美食制作的精致与食用时的仪式感。扬州美食的仪式感主要体现在吃早茶的过程中，早茶馆已经成为扬州人家庭或朋友聚会的首要选择，他们在扬州地方曲艺表演中品味美食与畅聊人生。在《味道之美味扬州》中，纪录片对扬州美食——硝肉（肴肉）的制作进行介绍，就是通过选取扬州人早茶桌上必备的一道凉菜的制作工艺这一画面，对其进行解说，这一过程发挥的就是锚定功能。在锚定功能的作用下，纪录片对观看者就硝肉这一扬州美食的理解进行了一定的规限，使扬州"世界美食之都"城市形象在观看者头脑中的投射有了一定的美食印象选定，进而推动扬州城市形象的塑造。片中主持人和扬州面点制作大师陈恩德对扬州早茶与听戏这一仪式性行为所进行的一番对话发挥的则是中继功能，通过彼此交谈对扬州人食用早茶时的仪式感进行了信息补充和延展，从侧面展现了扬州人与扬州这座城市骨子里的精致与仪式感，对话和纪录片画面内容的呈现从听觉和视觉两个维度给予观看者头脑中关于扬州城市形象的想象，美食题材纪录片的中继功能也是扬州"世界美食之都"城市形象建构的途径之一。美食题材纪录片作为视觉图像展示和塑造城市形象的一种接续补充的新形式，对话能够传达画面展示美食而未能表达的内涵。

扬州早茶作为扬州美食独特的符号，其精致与仪式是美食以精致外表与美味呈现的双重体现。美食题材纪录片的作用则是通过纪实的手法，将享用美食时的环境体验和品尝美食时的仪式技巧加以视觉化展示，进而塑造扬州早茶这一美食符号。纪录片是细描这一美食符号并塑造扬州"世界美食之都"城市形象的重要视觉呈现手法。

美食题材纪录片在塑造美食符号的同时，也建构了一种新的"视频行为"，文字、图像、音频三者的接续功能可以指明单一呈现难以表达的额外内容。文字是时间与事实的叙事，图像长于空间的再现，音频偏向听觉记忆的唤醒。在美食符号视觉化呈现城市形象的基础上，这些包含了可供人们共同感知的集体体验与塑造城市形象的多元机理，使美食题材纪录片中的美食符号以细描的形式体现更为丰富的叙事修辞和话语表达，并借此来塑造扬州"世界美食之都"的城市形象。

（二）应时与传承：美食符号释义下城市精神与人文理念的表达

美食题材纪录片作为城市与市民或游客在视觉系统上的一个重要交流场域，其在传播的过程中往往能够通过美食符号来对城市的独特内涵进行解释，并影响观众对城市的印象。"通过阐释，符号使解释者在其头脑中产生一个对等的或更深刻的符号。"① 纪录片中的美食符号通过其能指、所指和意指的阐释，指涉与表达了扬州"世界美食之都"城市形象所蕴含的历史文化传承。

美食题材纪录片中所打造的城市美食符号是贯穿四季、传承至今的特色美食，通过纪录片的形式，依托美食符号来向观众展示城市独特的形象。美食符号对城市的阐释，使观众对扬州"世界美食之都"城市形象有了明晰的认识与认知。本文通过对四部扬州美食题材纪录片的考察，发现其所打造的美食符号以应时和传承的视角向大众展现扬州城的风貌和历史人文。在《小吃中国之扬州包子》中，面点大师们通过对扬州包子的制作手法及其蕴藏的内涵、精神的讲述，向观众展现了扬州美食带给人们的不只是美味，更重要的是从面点制作中体会到做人与尊重人的深刻理念。其中对扬州包子的符号细分如表3所示。

表1 《小吃扬州之扬州包子》符号细分

		能指	所指	所指"意指"	"意指"连接的城市形象
图像符号	主角	淮扬菜烹饪大师陈恩德	扬州面点制作精心、细致	面点制作侧面烘托扬州人精心、认真的心态	以"仁"为本
		美食评论家王镇	扬州包子文化历史悠久	扬州美食文化源远流长	
		中国烹饪大师徐永珍	擀饺皮是包子制作的精髓	扬州包子制作的修为和文化是点心人一代代传承下去的灵魂	
	地点	富春、街边包子铺	扬州包子是贯穿市民早点、晚茶的重要美食	扬州包子既精致又接地气	烟火气息与精致典雅并存

---

① PEIRCE C S. The Collected Papers (Vol.2), Cambridge [M]. MA：Harvard University Press, 1931-1958：228.

续表

		能指	所指	所指"意指"	"意指"连接的城市形象
图像符号	行为	展示擀包子皮的基本功,制作扬州包子馅心汤汁的关键,雕刻花式早茶点心	扬州包子的制作过程极为复杂	包子的最终呈现需要经历时间、技艺和精力的锤炼	柔与韧并存
文本符号	声音文本	陈恩德:百善孝为先,做我们这行的第一是孝。对一个家庭来讲,儿子做给父亲吃、做给母亲吃,都是很精心、认真的。	扬州包子蕴含精心与孝心	要将精心与孝心传承下去	仁爱、尚德
		王镇:茶馆里面都卖汤包,从有记录以来,扬州已经形成汤包市场,包子的文化又是综合文化的一个代表。扬州有一个现象,叫年蒸现象,每年腊月二十四以后家家都要搞年蒸,每家都在做馅心,每家都要蒸包子	包子不仅代表扬州美食,还在扬州的历史文化中有重要影响作用	要在美食市场和寻常百姓家共同传承扬州包子文化	重视传统
	文字文本	扬州包子,有北方点心的浓郁实惠,有南方点心的细腻多姿,不同季节,不同时期,有一百多种。	扬州包子融会贯通	扬州美食有着浓郁、细腻、融会贯通和历史传承的特征	多元、包容

美食文化对一座城市的影响是极其深远的,城市风貌、城市人文、城市历史传承等都有美食文化的贯穿,美食文化有着自身独特的感染力和影响力,并逐渐成为城市吸引大众不可或缺的因素之一。美食题材纪录片就是通过内涵丰富的美食符号,从文化、历史、社会环境等多层角度呈现与塑造城市形象。扬

州美食题材纪录片对"世界美食之都"——扬州的影像记录,由极具精致与仪式、应时与传承特质的扬州美食构成,在贴近日常生活、真实记录、精神内涵表达等方面呈现柔情、执着、细腻的淮扬情怀,从而构建扬州"世界美食之都"的城市形象。

三、纪录片中的表达修辞:扬州"世界美食之都"形象的行为阐释

扬州美食题材纪录片通过建构扬州独特的美食符号,借助纪录片这一纪实影像的方式塑造和传播扬州"世界美食之都"城市形象的多重内涵与理念。依托美食符号表达和传递扬州的风物人情、人文历史,以真实的记录引起观众对扬州"世界美食之都"的共鸣,并以之为载体,在纪录片表达修辞的辅助下构建城市"世界美食之都"的城市形象。

(一)明喻:扬州"世界美食之都"形象的象征性解读

明喻就是两个符号在表达层上有强迫性比喻关系,不允许另外解读方式的符号文本。①美食题材纪录片中的明喻是指美食符号与百姓日常生活中的某一事物符号在表达层面上有强关联性的比喻,这两者符号之间只能是彼此相互解读、相互阐释内涵的关系。在《小吃中国》扬州篇中,拥有百年历史的淮扬菜标签——扬州干丝是扬州各大早茶馆不可缺少的一样美食,特制的豆腐干决定了干丝的口感、绵软度和干丝过水煮熟后的成型度。其之所以能够成为淮扬菜的标签,最重要的是厨师切干丝的精湛刀工。一块白干片成24片,再将其切成粗于头发丝儿的、均匀的丝状物。制作者在讲述干丝粗细时,以文思豆腐这道名菜作为比喻对象,"干丝不必要细如文思豆腐那样的头发丝儿,它讲究粗细均匀,下水能散却不团"②。在讲述者的语言表述下,扬州干丝作为美食符号,间接同文思豆腐的粗细进行比喻,明晰了符号和语言间的连接性,也通过语言和视觉化呈现展示了美食。

符号明喻充满了象征性解读,纪录片中的美食符号与其表达修辞相互关联,符号建构和修辞表达共同塑造了城市的独特形象。美食题材纪录片实际上是由众多美食符号构成的,因此理解扬州美食题材纪录片中美食符号的修辞表达其实对扬州"世界美食之都"城市形象的塑造更具重要意义。扬州美食题材纪录片中的美食符号明喻则表现为以美食的外在雕琢呈现扬州城市地标建筑、特色

---

① 赵毅衡. 修辞学复兴的主要形式:符号修辞[J]. 学术月刊,2010,42(09):109-115.
② 《小吃中国》扬州篇,13分12秒处,周晓燕说。

花卉植物等，如将扬州早茶点心制作成五亭桥、琼花的模样，以纪实影像连接城市美食与城市形象，进而塑造扬州包容中不缺乏精致、传承与创新的城市形象。美食题材纪录片对城市形象的塑造在很大程度上是基于城市的历史、环境、当下所处语境的共同感知，这些感知借助美食符号得以传播，城市的内在意涵也不断在美食题材纪录片的行为阐释中展现，通过美食符号明喻的形式，纪录片将美食意指与城市形象联系起来。

（二）隐喻：扬州"世界美食之都"形象的标签呈现

不同于上述美食符号的明喻，隐喻对城市形象塑造的行为阐释显得更为广泛和开放，美食符号和城市之间的隐喻式连接较为模糊，通常是美食题材纪录片制作者主观塑造的一种想要他者形成的对城市的一种印象。隐喻的本质是意义的平行替代关系，是在某一事物的基础上理解、体验另一事物。[1]扬州美食题材纪录片中的隐喻在于它集中呈现了具有扬州特色和能够唤起人们情感认同的美食符号，并对这些美食符号进行解读、阐释，使其同城市形象塑造和大众印象感知之间产生一定的关联。具体来说，美食题材纪录片是借助特写镜头等夸张媒介呈现的形式，突出美食符号，或是以故事隐喻美食，刻意忽略对美食的视觉性展现，形成纪录片美食效果呈现的不完整性，进而让观众对某一美食符号产生一定的了解意图。如扬州炒饭，其作为美食符号已不仅仅代表扬州，还代表中国，它以多样化的食材选择和搭配隐喻的扬州多元、包容的城市形象。扬州炒饭这一美食符号传递的不仅是异国游子家乡的味道，还糅合、夹杂着其对祖国深厚的情感。扬州炒饭作为美食符号保留了美食最为本味的精神，即思念，它是祖国的味道，是家乡的味道，更是妈妈的味道。这一美食符号能够唤起观看者内心深处的记忆与共鸣。虽然隐喻修辞在美食题材纪录片中对城市形象的塑造过于隐晦，但正是这种刻意的隐藏反而激发了观众对扬州"世界美食之都"城市形象的自我感知，并使其前往实地体验，或许也有可能同观众记忆中的味道相重合，这些感知和记忆正是美食题材纪录片想要表达和阐释的城市形象。

美食和城市是共同发展的，美食给人们留下的味蕾记忆也是城市记忆的重要组成部分，如扬州的文思豆腐、狮子头、阳春面等，这些都是在扬州城市发展的历史长河中，伴随其中的城市"记忆"，它们是城市文化传承的财富之一，并以美食符号的形式成为"城市文化资本"的精神、物质文化。明喻和隐喻作

---

[1] LAKOFF G, JOHNSON M. Metaphors We Live By [M]. London: The University of Chicago Press, 2003: 6.

为塑造扬州"世界美食之都"城市形象的两种表达修辞,通过美食符号明喻式的象征性解读和隐喻唤起的记忆、共鸣,展现了"城市文化资本"所强调的精神文化。扬州美食符号的明喻和隐喻所表达的正是美食题材纪录片中所呈现的特殊美食及其精神内涵,纪录片的纪实影像在表达修辞的作用下,将扬州精致、细腻、包容的城市精神同美食联结起来,共同建构扬州"世界美食之都"的城市形象。

四、纪录片中的文化传承:扬州"世界美食之都"形象的视觉整合

美食作为文化传承的重要组成部分,不论是美食背后的故事、美食制作时大师们投入的情感,还是美食技艺、味道的传承,这些都作为城市形象塑造的视觉整合的符号,塑造了扬州"世界美食之都"的城市形象。美食题材纪录片作为城市形象塑造的一种展示镜,从美食文化传承的视角,构筑美食与城市之间的符号连接桥梁,并在纪录片的纪实中传承着美食所带给城市与大众的精神与理念。美食题材纪录片对扬州"世界美食之都"这一形象的记录,就是由与人们日常生活相关的美食文化所构成的,在纪录片美食符号的视觉传递和视觉整合两方面呈现扬州的大气、文气和骨气,从而构建扬州集精致、细腻与包容于一体的"世界美食之都"城市形象。

(一)视觉传递与文化传承

美食题材纪录片以美食符号塑造和传播城市形象的时候,大量依托纪录片作为媒介的视觉传递功能,并在媒介文本、空间文本中塑造城市形象。媒介文本形态的可视化特质,为受众提供了丰富的视觉形式与视觉话语。[①] 纪录片媒介文本强调的是其内容所传达给受众的精神与理念。美食文化既是市民文化,又是城市特色文化。美食题材纪录片将记录视角转向扬州特色美食与美食烹饪大师,"从风土孕育、传统塑造、劳动和智慧、情感和想象力四个维度去挖掘美食文化,展现人和食物的情感关系"[②]。如扬州炒饭,它可繁复也可简洁,既可以作为国宴菜肴,也可以是寻常百姓家的幸福美食,其传递的是扬州城的包容与大气。阳春面,面条的复杂与精心,从碱水面条的制作到调料酱油的熬制,每一步都倾注了制作者浓郁的情感,一碗阳春面表达的是扬州城的暖心与温馨。

---

① 黄琳.5G时代视觉传播语境下城市形象传播的范式革新[J].四川轻化工大学学报(社会科学版),2020,35(06):84-100.
② 张浩,李安娜.中国美食纪录片的发展历程与文化表达[J].美食研究,2020,37(03):18-23.

草庐烧饼,是古老技艺的传承,延续了美味,传递与传承着扬州的巷子记忆和人们记忆里的草木灰味,这不仅是扬州的味道,还是扬州城市历史的延续,正如中国烹饪大师徐永珍所说,"修为和文化是点心人一代代传承下去的灵魂。"每一种美食都在纪录片媒介文本的助力下,记录着美食和烹饪者之间的故事,传递着烹饪大师对手艺的尊重、对美食文化传承的坚定。

空间文本则是通过对美食制作环境、美食历史文化等角度来创新美食题材纪录片视觉空间的呈现效果。在美食题材纪录片中,美食景观已经成为其在视觉空间中塑造城市形象的新载体,美食景观是"城市文化资本"的构成要素,其正在借助新媒介带来的视觉优势,将抽象的美食符号转变为塑造城市形象的核心概念之一。"世界美食之都"是扬州给予大众关于城市的整体印象,同时这一标签也成为扬州城市形象的符号表达。扬州美食的一大特征是极为注重享用美食时的仪式,通过对四部扬州美食题材纪录片的考察,扬州早茶作为扬州城市形象的一大重要美食宣传符号,其也是扬州饮食文化仪式性的代表之一。在极具雅致情调的茶馆中,扬州人喝茶、听戏、品美食点心,在扬州戏曲的吟唱中感受扬州历史,沉浸于扬州故事中。纪录片的空间文本打造扬州早茶这一美食符号,并在纪录片的真实记录和实景再现中形成了美食符号,并对扬州"世界美食之都"城市形象进行塑造。扬州为美食文化所营造的空间感知,正在以"文化资本"的形式成为其历史延续与文化传承的时代特征。美食题材纪录片为扬州城市形象打造了独属于"她"的符号特性,同"世界美食之都"这一城市标签一起,以美食塑造城市形象、引领城市文化风尚。扬州借助美食题材纪录片有了独特的知名度,而美食景观也在纪录片的助力下以空间文本的形式促进城市文化的传承和发展。

(二) 美食符号意义的视觉整合

美食题材纪录片通过视觉呈现,将静态的美食符号借助媒介信息传播变成动态的视觉符号,并在美食和人们日常生活的紧密联系中构建美食符号和现实间的某些"像似"特征。作为表意图像形式展现的美食符号,在纪录片视觉化的作用下同观众印象、记忆或感知中的城市形象进行视觉整合,纪实影像式的美食题材纪录片传递城市风貌和人文历史,进而达到塑造城市形象的目的。

美食题材纪录片中所涉及的美食、环境、建筑、风俗文化等都是媒介视觉整合下所建构的符号,它们共同作用、影响着美食符号,并在纪录片的纪实细描中塑造扬州"世界美食之都"这一城市形象。美食符号意义下对纪录片的视觉整合,包含了扬州的历史文化、人物风情和人们的生活百态。美食题材纪录片解构了以往纪录片对城市建筑、人物等的意象表征,而是将着力点放置在城市美食上，以城市特色的美食符号来联结建筑、人物、故事、历史文化，将原先固定、刻板的城市意象多元化，使城市形象得以延展。美食是城市形象塑造中一个重要的文化符号，它既与人们日常生活息息相关，又是一座城市独具特色的名片。阳春面、包子、蒸饺、草庐烧饼、蛋炒饭、大煮干丝……作为扬州人民现实与记忆交叠重合的美食，也是大众对扬州美食的印象，其在纪录片视觉整合的视角下，以典型的美食符号唤起大众的主观感知。扬州是"肴馔之有特色者"的重要城市之一，"天下珍馐属扬州"，扬州美食的精致、仪式在纪录片影像中不断加以刻画。

　　文化叙事符号能够唤醒人们的集体记忆，让人一旦接触就能引发对母文化的追忆和认同，从而找到并确认自己的文化身份归属。[1]美食题材纪录片就是通过将一系列美食文化叙事符号聚合起来以视觉化的形式展现给大众，在移动互联网时代的飞速传播下，各种美食文化叙事符号能够借助社交媒体的强关联性，使大众对美食这一人们与生俱来的文化产生认同。通过纪录片，人们将美食符号意义经由视觉整合，形成美食符号塑造城市形象的整合体。美食题材纪录片是结合城市特色和人文历史来打造独特的城市美食视觉符号，经过纪录片纪实性记录，赋予美食符号塑造城市形象的功能，使美食在传播、共享的过程中形成对城市形象的塑造，也在传播过程中予以受众对城市的新印象。美食题材塑造城市形象更加注重美食符号所带来的连环和接续效应，以视觉整合的形式来拓展城市形象塑造的渠道和方式，让美食也成为城市形象塑造中不可缺少的一员。纪录片通过视觉传递和整合、美食文化传承和意义延续，将美食融入生活、城市风貌、人文历史之中，用美食背后所蕴藏的故事、精神和理念来折射出城市形象，进而实现美食纪录片对城市形象的塑造。

　　纪录片的视觉传递功能可以有效吸引观众的注意力，而美食的文化传承则在视觉化内容的作用下使大众形成城市形象。"知觉活动中包含的思维成分和思维活动中包括的感性成分之间是互补的。正因为如此，才使人类的认识活动成为一个统一或一致的过程，这是一个从最基本的感性信息的'捕捉'到获得最普遍的理性概念的连续统一的过程。"[2] 美食题材纪录片的视觉整合和文化传承在符号意义的影响下，实现了美食对扬州"世界美食之都"城市形象的塑造路径。

---

[1] 秦宗财. "千年运河"国家文旅品牌叙事论略 [J]. 艺术百家，2020, 36（05）: 42-49.

[2] 鲁道夫·阿恩海姆. 视觉思维 [M]. 滕守尧，译. 成都: 四川人民出版社，2019: 194.

五、结语

进入视觉文化时代，视觉化的形象塑造成为展示城市文化与魅力最直接、有效的形式。美食题材纪录片对城市形象的建构，避免了个人视角的美食短视频因同质化、浅层化、单一化等因素对城市形象塑造带来的负面影响。美食题材纪录片作为以视觉呈现的形式是美食和城市之间关系的一种途径，这已然成为城市形象塑造中不可忽视的一股力量。本文通过对四部扬州美食题材纪录片的考察，其依托纪实影像首先从符号细描的维度向观看者展示扬州城在美食历史文化和环境氛围影响下所形成的精致和仪式感，打造了独属于扬州的城市美食文化名片；其次，从明喻和隐喻的修辞维度来深入塑造扬州城市文化景观；最后，在视觉传递和文化传承的视角下，借助美食题材纪录片的纪实手法来阐释其是如何丰富人们文化生活、传播城市美食文化形象的，这就构成了美食题材纪录片与扬州"世界美食之都"城市形象塑造的多维度有机联系。美食题材纪录片的影像记录给予观看者的是其从美食中主观感知的、对城市的最初印象，对美食符号的深入阐释是形成扬州精致、细腻、仪式与包容精神的关键所在。当前，美食题材纪录片在塑造扬州城市形象的过程中，仍然存在着深度不够、美食文化着力点同质化等问题，会给扬州"世界美食之都"城市形象的塑造与传播带来一定影响。但毋庸置疑的是，美食题材纪录片以其真实记录的形式让我们对扬州城市形象的塑造和传播有了更深入的思考。

空间媒介视域下北京工人体育场意义演变与阐释

赵娟[①]

摘要：体育场馆是人们了解一座城市乃至一个国家全民素质的重要设施之一，在体育场馆日益完善的今天，学界对体育场馆作为空间媒介的探究并不多。本文从符号意义及文化记忆的视角切入，立足传播学"空间媒介"的研究范式，以北京工人体育场为研究个案进行剖析，具体探究体育场馆、空间媒介与城市记忆的关系。体育场馆作为空间媒介在不同时期的空间演变有丰富意涵，本文也探讨在此空间发生的典型赛事共筑的体育记忆与城市记忆。本文旨在论述体育场馆的空间媒介属性及其意义，试图唤醒大众的记忆，重温意涵深厚的北京工人体育场。

关键词：空间媒介；北京工人体育场；意义演变；城市记忆

数字媒介时代，人们对文化记忆的探讨逐步转向数字记忆，但城市人文记忆也不容忘却。在阅读城市记忆相关文献时，笔者发现有一些文章探讨建筑的空间媒介属性以及对城市记忆产生的重要影响，比如，火车站、桥梁等。体育建筑同样具有空间媒介属性，其空间意义的演变是城市记忆的展现。北京工人体育场，位于北京最繁华的商业集聚地三里屯附近，随着发展需求到目前为止共进行了三次大的改造，不断完善其功用。笔者另在查阅体育建筑相关资料时，发现北京工人体育场在达到使用期限后并没有被拆除，而是进行了保护性改造复建，这一举动的意义是值得探究的。

在"万物皆媒"的今天，体育场馆显然也被视为一种媒介。其在不同的时期发挥着不同的作用，也传递着不同的文化意涵。然而，人们更多关注体育场馆实体空间内承办的赛事却忽视了场馆作为关系空间的重要性。一个个建筑实

[①] 赵娟，女，1998年3月生，北京体育大学硕士，曾参与民盟海淀区委调研课题"北京冬奥会背景下海淀区5G与超高清应用场景构建"。

体作为城市发展的"见证者",不仅仅作为实体空间而存在,还承载着独特的文化记忆。空间不仅仅是人类生存的场域,而且其意义也是值得深思的,故而引发了人们对北京工人体育场作为空间媒介在不同时期所承载的功能及意义的思考。

一、体育场馆、空间媒介与城市记忆

传播媒介不仅仅局限于传统的大众媒介方面,还应当包含实体空间。在媒介迅猛发展的今天,人工智能、虚拟现实技术、增强现实技术等的加持,人们对虚拟空间的讨论日益激烈。此种现状更加忽视了人们对实体空间的关注,由此探讨实体空间的意义变得尤为重要。城市是一座集各类设施于一体的综合空间,体育场馆是城市设施的重要组成部分,承载着超越举办体育活动的功用。此类特定场域,不仅给人们提供了现实交往的场地,而且建构了同一空间中人们共同的城市记忆,这种嵌入日常生活场景的实体媒介,对城市生活有着不可替代的重要意义。①

詹姆斯·凯瑞(Janes W. Carey)提出的"传播的传递观"以及"传播的仪式观"已然关注了时空与传播之间的关系。"传播的传递观"源于地理及运输方面的隐喻,立足探究信息和空间的关系,其目的在于实现传播对空间的控制,强调的是实体空间或是自然空间与传播间的关系。"传播的仪式观"则强调信息的共享与交流,立足传播在关系空间或是虚拟空间中的连接。

学者将空间视作媒介,是揭示空间所具有的媒介性与传播性。② 学者李彬指出:空间媒介化一方面是指人类通过发展传播媒介、创新媒介形式来拓展对实在空间的控制,从而在最大空间范围内实现媒介连通的过程;另一方面是指实在空间逐渐被纳入媒介范畴,履行着传播信息的功能。③ 体育场馆作为一种空间媒介,其不仅体现了"传递观"还体现了"仪式观",即不仅具有历时性,而且人们可以在此抑或对此相关的人或事进行信息共享与交流。场馆作为一种符号,其本身也具有意义。随着时代变迁,体育场馆成为一种传承媒介,印刻着不同的社会活动及文化记忆。北京工人体育场不仅为体育赛事活动的上演提供了特定的物理空间,还为市民的聚集和活动提供了交往和共享的空间,从某种

---

① 孙玮. 作为媒介的城市:传播意义再阐释[J]. 新闻大学, 2012 (02): 41-47.
② 李耘耕. 从列斐伏尔到位置媒介的兴起:一种空间媒介观的理论谱系[J]. 国际新闻界, 2019, 41 (11): 6-23.
③ 李彬, 关琮严. 空间媒介化与媒介空间化——论媒介进化及其研究的空间转向[J]. 国际新闻界, 2012, 34 (05): 38-42.

意义上来讲，是能够使人们更好地了解体育、参与城市活动的一种媒介性空间。

城市记忆是在实体空间、关系空间以及人们的空间实践中形成的。[①] 城市是市民记忆的源泉，体育场馆凝聚了体育迷的集体记忆，而记忆也赋予了场馆及建筑深厚的情感和意义，最终通过媒介和传播呈现了独特的城市记忆。北京工人体育场是新中国成立后北京市修建的首个综合体育场，其由主体建筑、体育馆以及游泳馆组合而成。这一场馆是首都重要的城市体育设施之一，作为重要的媒介载体，从建成至今在不同时期，空间功能及意义发生了一定的变化。

二、作为空间媒介的体育场馆的空间演变及意义阐释

空间是场馆的核心要素，建筑空间是生活方式及社会秩序的表达，是展现人类生活方式和意义的重要"舞台"。[②] 不同的建筑实体承载着不同的功能和意义，北京工人体育场在建成初期即20世纪五六十年代，更多的是承载着献礼、集会与庆典功能，同时也从事和体育相关的活动。但在今日的北京，体育场馆众多，人们进入场馆不只是观赛、参赛。诸如几经改造的北京工人体育场，它得益于城市空间布局，与周边的三里屯商业圈聚合，成为京城时尚潮流和夜生活的中心，成了城市中重要的人群聚集地，逐步发展为城市公共空间，不断释放更加专业、开放和多元的势能。

在诸多的传播媒介中，实体空间，诸如广场、街道、雕塑、建筑物等都是非常重要的构筑意义、传递信息的媒介。体育场馆，其以特殊的符号形式存在成为关联城市主体、传承城市文明的重要空间实体。建筑媒介勾连着城市的历史与现实，助力城市文化传播与价值观念的形成。[③] 北京工人体育场随着时代的变迁，其意义也在不断演进：从提升国家形象、塑造媒介景观到丰富城市生活、构筑公共空间再到打造成为城市新地标，并促进文体产业蓬勃发展。

三、场馆建成初期（1959—1980年）：献礼与集会的政治空间——提升国家形象，塑造媒体奇观

为庆祝新中国成立10周年，中央将十大建筑物列为国庆献礼工程，北京工人体育场就是其一。之所以命名为工人体育场，这与时代背景息息相关，映射

[①] 邓庄. 空间视阈下城市记忆的建构与传播［J］. 现代传播，2019，41（03）：50-55.

[②] 赵海燕，陈丹. 天津市民园体育场建筑空间意义变迁探析［J］. 体育与科学，2021，42（01）：67-72，97.

[③] 慕玲. 建筑媒介与城市传播［J］. 城市管理与科技，2017，19（02）：41-43.

了当时时代的主旋律。新中国成立初期的领导阶层是工人阶级,遂命名为北京工人体育场,并沿用至今。北京工人体育场的修建正值"大跃进"时期,同时也是提出"十五年超英赶美"、大放"人造卫星"的狂热年代。此场馆由中华全国总工会主持修建,1958年9月开工,于1959年8月建成且交付使用。

20世纪60年代的工体成为大众集会的场所。那时常有抗议美国帝国主义、反对苏联修正主义的大型群众集会,8万人座席的体育场加上草皮场地,经常会聚集10万人左右,第二天众多报纸头版头条就会出现:"昨天首都10万群众在工人体育场集会,抗议美帝入侵……"① 例如,在1961年4月22日《人民日报》发表了题为《向何塞·马蒂的英雄儿女欢呼胜利 向侵略成性的美帝国主义怒吼示威 首都六十万人集会支持古巴反侵略斗争 周恩来彭真等党和国家领导人同古巴贵宾出席工人体育场十万人大会 各界代表和外宾发表激昂演说痛斥美帝国主义,热烈祝贺古巴的胜利》一文,提道:"古巴人民的胜利再一次证明了:美帝国主义不可怕,美帝国主义是可以被战胜的。久经战斗考验的古巴人民一定会加倍地提高警惕,更紧密地加强内部的团结,粉碎美帝国主义的任何新的侵略。"②

1966年起至1979年,我国与各国在北京工人体育场多次举办足球友谊比赛,无疑借力这一场馆服务于国家政治,促进了民主国家间的交往与友谊。此外,工体曾于1969年进行"五一"与国庆的焰火庆祝晚会,1970年纪念朝鲜祖国解放战争20周年,1980年国家领导人在休息厅会见参加第十三届冬季奥运会的中国体育代表团成员。这些大型活动极易演化为媒介事件。透过表象看其内涵,献礼工程不仅是建筑水平和风格的呈现,还是国家强盛、领导有力的象征。国家领导人出席讲话加之政治性群众聚集等事件的发生,工人体育场便被打上了"政治"的标签。它在建成初期成为重要的城市政治集会空间。

凯尔纳(Kellner)认为"媒体奇观"能体现社会的基本价值观、引导个人适应现代生活方式,并将当代社会中的冲突和其解决方式戏剧化为媒体文化现象,它包括媒体制造的各种豪华场面、体育比赛、政治事件等。③ 工人体育场发

---

① 蔡淑萍,金汕. 从"先农坛"到"鸟巢"——北京体育场馆发展掠影[J]. 前线,2009(05):61-62.
② 向何塞·马蒂的英雄儿女欢呼胜利 向侵略成性的美帝国主义怒吼示威 首都六十万人集会支持古巴反侵略斗争 周恩来彭真等党和国家领导人同古巴贵宾出席工人体育场十万人大会 各界代表和外宾发表激昂演说痛斥美帝国主义,热烈祝贺古巴的胜利[N]. 人民日报,1961-04-22(1).
③ 道格拉斯·凯尔纳. 媒体奇观——当代美国社会文化透视[M]. 史安斌,译. 北京:清华大学出版社,2003:2.

生的大型事件经由媒体报道渲染，不断塑造着奇观。不论是大型集会反侵略还是一场又一场的足球友谊比赛，这都彰显了中国是一个正义、民主、团结、友好的国家。

四、场馆大发展时期（1981—2008年）：展演与参赛的文娱空间——丰富城市生活，构筑公共空间

北京工人体育场作为北京市大型体育赛事场馆和演艺活动场地，累计举办了数千场活动，成为城市重要的体娱活动中心，在国际上也享有较高的知名度。在文化生活单调的年代，极少数人才能前往工体观看体育赛事。1981年，北京工人体育场向公众开放使大众前往工体成为现实。随着社会进步，人民对体育文化的需求日益增长，去体育场馆观赛、参加演唱会等逐渐成为常态。

20世纪80年代，百名歌星演唱会在工体上演，通俗音乐进入了工体，在此期间迎来了西方乐队——威猛乐队的演唱会，掀起了中国音乐的摇滚风。1980年电子计算机展销会、1981年儿童器材展销会、1984年中日青少年举行友好交流文艺联欢晚会、1990年"亚运前夜"大型文艺晚会、1991年书画家现场绘制百米长卷、1995年"助残扶贫献爱心"义演、1996年浙江杭州丝绸展销会、国庆50周年大型文艺演出、2002年大型公益演唱会，此类活动也拓展了工体的文娱空间。娱乐也是一种信息，是由演员、歌手等参与者共同创造的。[①] 众多娱乐活动不仅传递着信息，还带动了工体及其周边经济的发展，工体逐步演变为"文娱工体"，其经济也焕发着新的活力。

在此时期，工体承办了众多体育赛事，包括世界杯足球赛亚洲区预选赛以及亚运会等大型体育赛事。其中，为更好地承办亚运会，作为主会场的工体进行了装修加固即第一次改造。此外，值得一提的是工体旁的北京工体荣誉殿堂也被更多的职工及青少年所参观，使工体文化、工体记忆得以传播与发展。

体育赛事凝聚体育记忆。在《人民日报》数据库中检索"北京工人体育场"得到了800余篇报道，涵盖了场馆建设改造、体育场上演的赛事、活动等方方面面的报道。其中，1985年5月19日，在工体展开的世界杯足球外围赛小组赛，中国队对香港队比赛被称为"输不起"年代下最黑暗的一天，全民的狂热情绪将比赛导向了另外一个轨道。体育场看台上非理性的球迷促使5·19事件上演，这成为那时球迷的集体记忆，加之媒体的报道扩散演变为城市记忆甚

---

① 威廉·J.米切尔.比特之城：空间·场所·信息高速公路[M].范海燕，胡泳，译.北京：生活·读书·新知三联书店，1999：59.

至社会记忆。《人民日报》于1985年5月21日至1985年6月19日,对此事件进行的报道共计10篇,远远超过同时期对其他事件的报道频次与篇幅,在当时产生了很大的反响。

汪大昭在1996年5月8日发表的《"工体不败"别解》一文中讲到:"近两年,中国国家队和北京国安队在北京工人体育场战胜一支又一支来访的欧美足坛劲旅,有人将这一现象浓缩成四个字———工体不败……'工体不败',用在球队成员身上只是神话,用在球迷身上则是写实。2万多观众冒着大雨为广东宏远队助威,壮观的场面挺感人。"① 1996年起,这一"神话"被打破,直到今天,国足的实力仍受质疑。更多的球迷怀念不败的时光。《人民日报》等媒体对当时赛事精彩的报道让更多的人感慨胜之不易、铭记体育之精神。

表1 北京工人体育场20世纪90年代上演的对抗赛(部分)

时间	赛事名称	承办项目
1995年5月16日	中英足球对抗赛	足球比赛
1995年6月8日	中意足球对抗赛	足球比赛
1995年8月1日	中韩足球对抗赛	足球比赛
1995年8月8日	中巴足球对抗赛	足球比赛
1995年10月26日	中哥足球对抗赛	足球比赛
1996年5月23日	中英足球对抗赛	足球比赛
1996年6月28日	中新足球对抗赛	足球比赛
1996年5月16日	中意足球对抗赛	足球比赛

这一时期的工人体育场开始向职工群众开放,工人体育场实现了私域空间向公共空间的转变。据人民数据库资料显示:1980年《人民日报》收到群众来信,写道:"十年动乱前,工人体育场除主体运动场外,其他场地和设施都向广大职工开放。可是现在,工人体育场却把广大职工体育爱好者关在高高的铁栅栏之外,上述场地和设施都不向职工开放了。"② 1981年4月11日《人民日报》记者倪兵发表了题为《北京工人体育场向群众开放》的文章,称:"我国最大的体育场——北京工人体育场从四月份起,每天清晨五点至七点五十分向群众开放。"

---

① 汪大昭. "工体不败"别解[N]. 人民日报, 1996-05-08.
② 项群. 北京工人体育场为何不向职工开放[N]. 人民日报, 1981-04-11.

城市空间由私人空间和公共空间所构成,二者扮演着互补的角色,一个结构良好的城市需要二者兼备。体育场馆是城市公共空间的一部分,良好的活动场所能够提升人民的满意度。赛事以及展演等活动不断丰富着市民的城市生活。工人体育场这一空间场域作为媒介,具有两方面重要的作用:一是为大型的公共活动提供场所;二也是市民相互传播的媒介。此传播不限于简单的人际接触,而是指人与人、人与社会之间在身体、情感、知识和信息等诸多方面联系的总和。① 在这一场域,由于各类活动的上演,带动了商业圈的不断完善,馆内聚集了各行各业的人群,从而构筑了人类生活的公共空间。

五、场馆标准化时期（2008至今）：时尚潮流的综合空间——打造城市地标,促进产业发展

为迎接2008年北京奥运会,北京工人体育场按照国际足球场馆标准及规范进行了第二次改建及扩建工程,也是在这时,工体实现了无影照明,达到高清转播赛事的标准,加之拥有世界一流的草坪,使整个场馆赛事的筹办更专业化,体育建筑的特点更加突出,被誉为"足球圣地"。第三次改造复建是在2020年,此次改造是场馆到达使用期限后的复建,同时也为2023年亚洲杯赛事做准备。改造后的工体将由综合性体育场转变为具有国际一流水准的专业足球场。虽然更加突出了举办足球赛事的专业性,但毗邻三里屯、永利国际购物中心、位于繁华地段等客观因素,工体也吸收了时尚潮流的元素,逐步成为综合性的空间。这一时期的工体不仅仅是赛事专业场地,同样也举办演唱会、承办艺术展览、国际义卖活动、体育文化体验活动等,甚至北京奥运会吉祥物及口号的发布活动等事件也在此上演。此类印记在新媒体时代不难找寻,微博等社交媒体均有相关文本的呈现。

体育场馆烙印着城市记忆。2019年,工体达到了体育场60年使用期限。到达使用期限后,政府部门没有选择拆除,而是对其进行保护性的改造复建,这一举动恰也意味着工人体育场对北京这座城市的特殊意义,也是应对文化危机和防止城市"失忆"的重要举措之一。改造后的工体不仅主体造型、呈现景观以及特色元素基本不变,且由综合性的体育场转变为具有国际一流水准的专业足球场,更好地发挥着其功能价值。"北京十大建筑"评选,有越来越多的体育场馆入选,可见体育建筑物在城市空间中的重要性。在其举办的大型活动能够不断凝固和强化城市人民共有的记忆。

---

① 陈翔,金楚豪,赵晨璐.建筑的媒介性[J].建筑与文化,2016(10):102-104.

体育场的本质力量就源自其自身的空间形式,这种形式使其作为一种城市文化的器物或遗物,连接起了进入这个场域的每个人,成了一种"想象共同体"的物质纽带。[1] 由于承办过诸如奥运会、亚运会、世界杯等大型的体育赛事活动,北京工人体育场因其象征性意义,被打造为一个国家或城市的地标性建筑。今天的工体不止承担着举办大型活动的功能,它的改造也契合了城市文体产业发展的需求,朝着体育、文化、娱乐、商业、消费于一体的城市核心功能区转变。作为综合性的空间媒介,体育场馆是运动健将的竞技场,是传播体育精神的重要载体,也是现代城市的重要象征符,成为北京市的新地标。

六、结语

建筑作为一种连接和呈现的媒介,会提供给面向内部的人们一种安全感,同时,它又是面向外部的,让人们可以通过它察觉并认知到宏大的时空。[2] 城市建筑是城市文化的象征符,北京工人体育场作为实体的媒介空间承载着其特有的体育文化记忆与城市记忆。国际性足球赛事的承办,使各国参赛者感受到工体的魅力。全国运动会、世界大学生运动会等综合性体育赛事、马拉松等群众性体育赛事以及中超联赛等职业性体育赛事曾在此上演,得到了大批体育迷的关注,忠实的国内外体育迷对经典赛事的发生都有难忘的回忆。空间与人的连接经由媒介传播构筑了城市记忆。工人体育场见证了在北京举办的众多赛事、演唱会等文娱活动,同时也见证了中国体育从弱到强的众多高光时刻及城市发展的节点。这些记忆是弥足珍贵的,是值得被发掘、被书写的。

作为空间媒介的体育建筑,北京工人体育场具有丰富的文化内涵。场馆作为一种符号,其意指随着时代变迁而变化。伊尼斯(Innis)曾言:"现代人类文明逐渐沦为地理扩张的信徒,但却成了文化传承的逃兵。"对文化传承要高度重视,体育的文化传承离不开体育媒体的报道,从而建构共享的文化和意义,还离不开体育赛事的举办,体育粉丝现场观赛所进行的互动及交流,也离不开体育场馆实体的存在与延续,共同构筑经久不衰的体育文化记忆与城市记忆。近些年,关于工体的报道不再常见,这是随着体育场馆的不断建设与完善,场馆多样性也趋于日常化,成为市民习以为常的存在。为扭转这一态势,本文对体育场馆意义变迁与记忆的探寻是具有意义的。这也为探索其他类型场馆的媒介

---

① 张震. 体育场所精神——《体育与科学》学术工作坊"体育建筑的文化记忆与表达"主题述评[J]. 体育与科学, 2018, 39 (05): 6-12, 18.
② 董功. 建筑作为一种媒介[J]. 城市环境设计, 2018 (01): 20-21.

属性、空间价值以及文化记忆提供了新的思路。在全民健身、健康中国、体育强国的号召下，体育场馆是人们活动与传递信息的重要空间之一，体现了其作为空间媒介的特质，传承了城市的文化记忆。

参考文献

[1] 威廉·J. 米切尔. 比特之城：空间·场所·信息高速公路 [M]. 范海燕, 胡泳, 译. 北京：生活·读书·新知三联书店, 1999.

[2] 道格拉斯·凯尔纳. 媒体奇观——当代美国社会文化透视 [M]. 史安斌, 译. 北京：清华大学出版社, 2003.

[3] 斯科特·麦奎尔. 媒体城市：媒体、建筑与都市空间 [M]. 南京：江苏教育出版社, 2013.

[4] 支文军. 媒体与评论：建筑研究的一种视野 [M]. 南京：江苏教育出版社, 2013.

[5] 蔡淑萍, 金汕. 从"先农坛"到"鸟巢"——北京体育场馆发展掠影 [J]. 前线, 2009（05）.

[6] 孙玮. 作为媒介的城市：传播意义再阐释 [J]. 新闻大学, 2012（02）.

[7] 李彬, 关琮严. 空间媒介化与媒介空间化——论媒介进化及其研究的空间转向 [J]. 国际新闻界, 2012, 34（05）.

[8] 孟洋. 城市影像：时空交叠中的文化记忆 [J]. 当代传播, 2016（01）.

[9] 陈翔, 金楚豪, 赵晨璐. 建筑的媒介性 [J]. 建筑与文化, 2016（10）.

[10] 慕玲. 建筑媒介与城市传播 [J]. 城市管理与科技, 2017, 19（02）.

[11] 董功. 建筑作为一种媒介 [J]. 城市环境设计, 2018（01）.

[12] 张震. 体育场所精神——《体育与科学》学术工作坊"体育建筑的文化记忆与表达"主题述评 [J]. 体育与科学, 2018, 39（05）.

[13] 黄骏. 作为媒介的交通设施：武汉长江大桥的国家符号与城市记忆（1954—2018）[J]. 新闻界, 2019（11）.

[14] 李耘耕. 从列斐伏尔到位置媒介的兴起：一种空间媒介观的理论谱系 [J]. 国际新闻界, 2019, 41（11）.

[15] 赵海燕, 陈丹. 天津市民园体育场建筑空间意义变迁探析 [J]. 体育

与科学, 2021, 42 (01).

[16] 赵政原. 文化景观与城市记忆: 南京浦口火车站的记忆重构 [J]. 史林, 2021 (06).

[17] 刘畅. 新城市名片: 城市形象传播视域下的安徽名人馆 [D]. 合肥: 安徽大学, 2018.

[18] 冯元. 景观符号与文化认同: 互联网环境下的城市绘本研究 [D]. 苏州: 苏州大学, 2018.

[19] 潘荣. 浦口火车站: 城市文化符号的形成与传播研究 [D]. 南京: 南京师范大学, 2019.

[20] 顾族宸. 地铁壁画对城市文化的传播方式研究: 以南京地铁壁画为例 [D]. 南京: 南京师范大学, 2019.

抖音平台中美食类短视频对城市文化形象的建构
——以长沙美食类短视频为例

颜旭江[①]

摘要：新媒体技术、移动通信技术的迭代式进步，信息视频化传播趋势已经成为信息传播主流。短视频凭借其碎片化、便捷性、娱乐性等特点为公众构建了一个个形象环境，其中城市形象成为近年短视频研究的热点。随着城市化进程加快，城市形象在纸媒、电影、电视等媒介中的建构已经成熟，而在新媒体时代，短视频中的城市形象建构表现出了新的形式与逻辑并且不同类型的短视频对城市文化形象建构具有不同的功能及内涵。本文从垂直类短视频中选择美食类短视频，对城市形象中的文化形象的建构进行研究，以长沙为例，对抖音中50条有关"长沙美食"的视频文本进行内容分析，探寻美食类短视频构建城市形象的文化属性以及对城市文化形象建构的作用机制。

关键词：抖音短视频；美食文化；城市文化形象

一、引言

短视频社交平台成为当下年轻人社交、信息获取、娱乐的聚集地，麦克卢汉（McLuhan）认为一种新的媒介的产生，会开创人类社会交往和人类生活的新方式。短视频平台无疑扮演着这样的角色，根据《中国网络视听发展研究报告（2023）》，截至2022年12月，我国网络视听用户规模达10.4亿，在整体网民中的占比为94.8%，用户规模达10.12亿。[②] 抖音作为短视频领域第一梯队的平台，日活用户也已破7亿。短视频内容的扩散与传播会对现实中事物的形

[①] 颜旭江，男，1999年8月1日生，硕士。获2021年第三届北京国际公益广告大会创意征集大赛优秀奖、经观大学生训练营——未来创新计划暨第三届融媒体作品大赛二等奖。

[②] 每日经济新闻. 中国网络视听发展研究报告（2023）[R]. 中国网络视听节目服务协会，2023-03-29.

象与意义建构产生重要的影响。

在城市形象传播与建构中,媒介一直承担着重要作用,许多影像当中对城市的展现或对城市文化精神的表达都会影响受众对城市的想象与意义建构,从而激发公众从认知到行为上的改变。基于发展需要,城市或地区也运用品牌逻辑赋予城市自身以符号意义进行宣传,例如,"好客山东欢迎您"的山东形象,利用口号标语促进山东城市的旅游业发展。在新媒体时代,城市形象传播也面临着传播形式与策略的转变,于是依托短视频而爆火的城市在近年来走进大众视野。例如,长沙、西安、成都等"网红城市"的兴起引发各地游客前往打卡,形成一种媒介朝觐现象。

饮食文化作为传统文化的重要分支,也成为城市文化形象的主要建构内容,所谓"民以食为天",美食类短视频作为热门内容获得用户的青睐。麦克卢汉认为媒介即人的延伸,美食短视频则是人的视觉与味觉的延伸与刺激,激发人们对美食的幻想,同时也填补了用户对美食的想象性满足。《短视频与城市形象研究白皮书》中指出城市形象短视频拍摄的规则,即 BEST 法则:BGM(城市音乐)、Eating(本地饮食)、Scenery(景观景色)、Technology(科技感的设施)。[①] 于是,本文将饮食文化作为主要研究对象以长沙为例,依托城市形象理论与城市文化形象理论,考察美食类短视频构建了怎样的长沙文化形象,以及美食类短视频塑造城市文化形象的机制及内在逻辑。

二、城市文化形象理论与美食类短视频研究概述

对城市文化形象传播的研究,国内研究者主要从其研究策略进行分析,提出在城市形象传播策略的文化策略,即在城市形象元素的资源库中提炼与发掘能体现城市精神的地脉和文脉,为城市形象传播提供身份性内容和手段,并通过制造文化认同、激活文化体验、延伸城市文脉等方式发挥城市文化的作用。[②] 城市文化形象的层次性决定了城市文化形象建设是一个由表及里、由浅入深的运作过程。城市文化形象建设的内容十分复杂,涉及社会、经济、政治、科技、制度、精神、道德、文化等方面。[③] 因此,美食类短视频对城市文化形象的建构也不仅仅是美食文化一方面在起作用。

[①] 清华大学国家形象传播研究中心城市品牌研究室. 短视频与城市形象研究白皮书[EB/OL]. 清华大学国家形象传播研究中心,2020-06-15.
[②] 何国平. 城市形象传播:框架与策略[J]. 现代传播,2010(08):13-17.
[③] 李植斌. 城市文化形象特征与建设[J]. 人文地理,2001(04):25-27,61.

学界普遍认同的关于城市文化形象建构可分为三个层次：第一层次为物质文化层，主要作用于人们的视觉系统，通过看得见、摸得着的物质表现文化。它包括城市的公共设施、建筑标志、基本建设项目、风景名胜等。第二层次为行为文化层，是人的行为在城市文化中的体现，承载着城市特有的文化信息，也需要通过一定的主体表现出来。它包括城市社会秩序、人际关系、治安状况、管理模式等。第三层次为观念文化层，是城市文化形象的最高境界，最能体现城市文化形象特征。它包括城市经济文化发展战略、城市精神、市民价值观等。① 本文以此为基础，对美食短视频中的内容表现进行详细的类目建构。

国内目前对美食类短视频的研究大多在其传播策略和用户心理层面上，对其内容特征的研究也在美食类短视频的美学特点或视听表现上。短视频对城市形象建构的研究是近年来学界研究的热点，大多也是从宏观的视角对短视频对城市形象的建构路径、短视频对城市形象的建构机制以及短视频中城市形象的传播策略等方面进行分析。本文选择美食类短视频为研究对象，一方面是从饮食文化的角度分析城市文化形象的传播强化城市形象建设的文化属性，凸显城市形象建设传播的逻辑转变与机制创新；另一方面对短视频创作者而言，城市饮食文化视频的内容表现与创新具有一定指向意义。

作为"网红城市"之一的长沙，近年来通过短视频的建构成为公众的热议话题。本文选取长沙美食类短视频为案例，首先，湘菜作为中国历史悠久的八大菜系之一，其饮食文化自身所具有的历史特征赋予了当地美食独具一格的特色；其次，从民族品牌的角度来看，长沙本地民族品牌，例如，茶颜悦色、文和友、墨茉点心局等作为成功被圈的案例，成功为全国各地用户所知晓，深受年轻人喜爱，并吸引游客打卡；最后，在与各城市美食类短视频内容进行比对的过程中发现，长沙美食类短视频中涉及其他城市鲜有的内容——名人形象的提及，这与长沙"星城"的称号紧密联系在一起，明星效应为长沙美食的宣传起到一定的作用。

三、美食类短视频对长沙形象的建构路径

（一）研究方法与研究步骤

根据上文所述的研究问题与理论背景，本文将对美食类短视频进行内容分析与案例分析，采用量化与质化研究相结合的方法对美食类短视频所建构的城市文化形象进行探析，研究美食类短视频建构的特点与机制。

---

① 李植斌. 城市文化形象特征与建设 [J]. 人文地理，2001（04）：25-27，61.

1. 内容分析法。本文以"长沙美食"为关键词在抖音短视上频进行搜索，排序依据选择"最多点赞"，自上而下进行样本抽取，最终选取截止时间为4月15日前50条视频作为本文的研究样本进行编码分析。在初步观察样本后，本文根据美食类短视频特征与城市文化形象理论对研究类目进行建构，主要分为四个研究单元：长沙的物质文化形象、饮食文化形象、行为文化形象以及观念文化形象。其中，饮食文化形象是美食类短视频中城市文化形象的重要体现，因此将其单独作为研究单元来分析，以期更加丰富地了解长沙饮食文化。

类目具体编码如下：

表1 研究单元一

物质文化形象	建筑文化	标志性建筑
		现代都市建筑
		传统特色建筑
	商业文化	中心商圈
		商业街
		小巷、社区街道
		当地民族品牌
		特色店铺

研究单元一中，美食类短视频中的物质文化形象分为建筑文化与商业文化形象，其中建筑文化形象是否出现标志性建筑（0=未出现，1=出现）、是否出现现代都市建筑（0=未出现，1=出现）、是否出现传统特色建筑（0=未出现，1=出现）。商业文化形象中分为中心商圈（1），商业街（2），小巷、社区街道（3），当地民族品牌（4），特色店铺（5）。

表2 研究单元二

饮食文化形象	特色美食	湘菜
		特色饮品
		特色小吃
		其他美食
	饮食精神	饮食习惯
		饮食观念
		美食工艺

研究单元二中，饮食文化形象分为特色美食、饮食习惯、饮食观念与饮食工艺。其中特色美食分为湘菜（1）、特色饮品（2）、特色小吃（3）、其他美食（4）；饮食精神涉及是否提及饮食习惯（0=未提及，1=提及）、饮食观念（0=未提及，1=提及）、美食工艺（0=未提及，1=提及）。

表3 研究单元三

行为文化形象	主体人物身份	本地创作者
		非本地创作者
		美食手艺人
	交流活动	方言
		节日习俗
		特色活动

研究单元三中，行为文化形象分为视频拍摄主体人物的身份以及展现的交流活动。其中主体人物身份主要有本地创作者（1）、非本地创作者（2）、美食手艺人（3）；交流活动是否出现方言（0=未出现，1=出现）、节日习俗（0=未出现，1=出现）、特色活动（0=未出现，1=出现）。

表4 研究单元四

观念文化形象	城市精神
	名人形象
	历史特征

在研究单元四中，观念文化形象分为城市精神、名人形象、历史特征。主要城市的精神文化面貌，美食类短视频中是否提及城市精神（0=未提及，1=提及）、名人形象（0=未提及，1=提及）、历史特征（0=未提及，1=提及）。

2. 案例分析。在对视频进行内容分析时，本文采用目的抽样法，选取高热度、高互动以及高粉丝数量的视频作为研究对象，分析其视听表现手法、特点并尝试归纳分析视频文本之间的异同和受用户喜爱的原因。

（二）美食类短视频建构中的长沙文化形象

1. 新旧元素共存，市井文化繁荣

城市物质文化形象呈现最突出的载体之一便是建筑文化，建筑形体承载着城市空间的规划与格局，也与城市文化的发展程度息息相关。美食类短视频中城市的建筑文化形象主要通过标志性建筑、现代都市建筑以及传统特色建筑三类进行呈现，通过美食符号与建筑符号的连接共同展现长沙的城市面貌。在样本中，建筑文化类目出现频次统计如下：标志性建筑出现 3 次，占总样本量 6%；现代都市建筑出现 15 次，占比 30%；传统特色建筑出现 7 次，占比 14%。我们由此可见在美食类短视频中对建筑形象的展现只据总样本量的一半，由于美食类短视频拍摄手法的特殊性，大多都采用特写镜头拍摄美食，更好地传达美食的诱惑性。即使在样本视频中，并未单独展现过多建筑景观，但从背景呈现来看，长沙现代与传统建筑形象并存，兼具现代性与传统性。

物质文化形象建构的另一重要因素便是城市的商业文化，在对商业文化形象的呈现中，主要分为 5 个类目。中心商圈、商业街以及小巷、社区街道，以上三类主要展现店铺、美食所在的微观商业环境，同时也能够体现长沙美食的特殊性，另外还有当地民族品牌与特色店铺两个类目，主要体现饮食文化的商业属性。

表5 商业文化类目呈现统计

商业文化类目	呈现频次	呈现占比
中心商圈	6	12%
商业街	15	30%
小巷、社区街道	13	26%
当地民族品牌	10	20%
特色店铺	41	82%

由表 5 可知，美食类短视频中主要内容大多是对特色店铺的展现，这些店铺都有自己独有的特色，或是湘菜馆、小吃店以及其他类美食店铺，短视频大多通过探店这一形式展现地方的美食，吸引当地人或者游客进行打卡。这些店铺并未形成完整的商业体系，因此未能成为当地的品牌，在美食类短视频中所提及的长沙当地品牌主要为茶颜悦色与文和友，这些品牌不仅在长沙本土开设连锁店，在其他省市也有部分分店，成功出圈成为"网红"品牌，吸引广大消费者前往。

美食短视频中美食主要出现在商业街以及小巷、社区街道的环境当中，一方面展现了长沙的市井特色，烟火气是长沙文化形象很重要的特征，所谓"酒香不怕巷子深"，长沙市美食也体现了这样的特点，许多美食都藏在居民楼、夜市、商业街内，视频中热闹、朴实的画面给人以亲切感。

2. 美食种类丰富，独具地域特色

美食文化内容为短视频建构城市文化形象，使城市拥有独有的感官刺激与文化内涵。美食议题本身能将距离感消除，能将观看者置于共同的视觉奇观之中，沉浸式观看激发的多重感官刺激会让观看者心之向往。

美食类短视频中的长沙美食主要分为四个类目：湘菜、特色饮品、特色小吃以及其他美食。涉及湘菜的内容主要包括湘菜馆、湘菜如剁椒鱼头、辣椒炒肉、小炒黄牛肉、蒜炒腊肉等；特色饮品在视频中主要提到茶颜悦色；特色小吃主要涉及夜市摊、小吃店，如臭豆腐、老长沙香肠、捆鸡、糖油粑粑、米粉等；其他美食则是像烤肉、自助餐等大众化的美食。

表6 特色美食类目呈现统计

特色美食类目	呈现频次	呈现占比
湘菜	27	54%
特色饮品	7	14%
特色小吃	20	40%
其他美食	8	16%

如表6所示，长沙特色美食内容主要是湘菜和特色小吃，分别占样本总量的54%和40%。首先，长沙作为湖南省省会城市自然与湘菜饮食文化分不开，在短视频中湘菜表现出色香味俱全，背景大多是热闹朴实的市井环境，如此接地气的景观展现的是满满的幸福感。在短视频"长沙地道湘菜馆217元4道菜！米饭免费随便吃，干锅肥肠超下饭！"中，博主所探的就是藏在市中心小巷中的湘菜馆，博主在店铺门外的椅上靠墙而坐，背景则是熙熙攘攘的居民，视频拍摄美食，再拍摄博主品尝的场景，这样来回切换，在营造美食奇观的同时展现周边景观环境，体现长沙亲切友善的氛围。

其次，对小吃的展现，视频都以合集的形式进行剪辑，每个镜头不超过2秒，加上背景音乐与旁白，呈现丰富的小吃内容。如在"好喜欢长沙！不长胖十斤都不准走！！！长沙真的好好吃！""来长沙不胖十斤都不准走！！快拉上你的兄弟姐妹一起长胖！！！"等视频中，博主以快切的形式展现长沙小龙虾、带迅干、臭豆腐、捆鸡、猪油拌粉等美食，让人们看到长沙丰富且独具特色的美食文化。

美食类短视频对长沙美食文化形象的描绘不仅停留在美食本身，而且在美食享受过程中长沙人所形成的饮食精神也成为长沙精神形象独有的一面，例如，长沙人对早餐的讲究、对夜宵的重视等都融入长沙饮食精神之中。该类目主要分为饮食习惯、饮食观念以及美食工艺，主要表现长沙的饮食偏好、人们对饮食的态度以及饮食精神面貌。美食类短视频中所涉及的饮食习惯的内容主要是吃什么、如何吃的问题，饮食观念主要体现为什么要吃、哪里好吃的问题。

表7 饮食精神类目呈现统计

饮食文化类目	呈现频次	呈现占比
饮食习惯	16	32%
饮食观念	25	50%
美食工艺	10	20%

由表7可知，大部分视频中都会涉及饮食习惯与饮食观念的问题，类似美食攻略，包含去哪吃、哪里的东西好吃、本地人都会去吃、怎样才好吃等内容的视频。例如"'关于四方坪夜市美食合集'不完全篇 长沙人也太幸福了!!"、"来长沙不吃胖都不准走!! 白天这么热当然要去夜市玩啦!"等视频，通过对四方坪夜市美食进行介绍，然后告诉人们如何排队、店铺分布、必吃美食等内容，一方面展现长沙夜市文化盛行、地摊经济面貌繁荣；另一方面还通过视频对夜市景观的呈现体现长沙夜生活的丰富。

3. 多元主体塑造，市民氛围融洽

长沙文化形象塑造中，不同视角，基于不同主体身份所创造的短视频内容所建构的文化形象不同。因此，长沙文化形象"自塑"的过程同样要允许"他塑"的存在，才能展现更为立体的长沙文化形象。通过对视频拍摄主体人物的身份的分析，能够看出本地视频创作者与非本地视频创作者视频中是否展现了同样的长沙形象，以及有何区别。美食博主可以在拍摄美食内容的过程中，拍摄美食手艺人进行背书，增加视频的可信任度以及从专业和历史角度的展现长沙饮食文化的独特内涵。

表8 主体人物身份类目呈现统计

人物身份类目	呈现频次	呈现占比
本地人	35	70%
非本地人	14	28%
美食手艺人	5	10%

据统计，长沙美食类短视频本地创作者占总样本的70%，而非本地创作者

只占总样本的28%。因此，长沙美食类短视频创作的主体性主要是掌握在本地创作者手中，经分析，因本地创作者专注长沙美食内容的拍摄，其视频大多以小吃合集、以本地人视角推荐宝藏店铺等内容形式为主，如"来长沙不胖十斤都不准走！！快拉上你的兄弟姐妹一起长胖！！！"以及"今天在长沙找到一个神秘的餐厅 半个娱乐圈的人都吃过！！！"等，在展现长沙丰富美食内容的同时也通过旁白、店主以及美食手艺人对饮食文化进行宣传，体现长沙人对长沙饮食文化的自信。非本地短视频创作者，主要是以探店、品尝等形式测评长沙美食，通过探讨长沙美食与其他地方美食的异同来侧面展现长沙美食文化的形象。

基于市民行为的交流活动是表现长沙行文文化形象的重要方面，能够展现城市的风情形象，我们要充分挖掘城市的风情底蕴，将散了的特色风情集合起来，使之为现代化建设所用①。该类目主要分为方言、节日习俗以及特色活动等。经统计，在美食类短视频样本中，涉及方言的占总样本的10%，节日习俗占总样本的2%，几乎没有涉及城市特色活动的内容。短视频中展现方言特色无疑增添视频的语言特色，也能够体现长沙人对长沙文化的归属感与认同，通过外地人对长沙话的模仿也能从非本地人的视角体现长沙方言的魅力。方言作为地域文化重要元素之一，代表的是当地人对地方的文化的意义建构，展现的是长沙和谐、朴实的文化形象。

4."星城"文化魅力，兼具历史情怀

观念文化形象是城市文化形象的最顶层的形象，本文根据长沙美食类短视频的内容特点，将观念文化形象类目分为城市精神、历史特征以及名人形象三个方面，湖湘文化所育起来的长沙人自然形成了长沙独有的城市精神。美食类短视频所呈现的历史特征自然是涉及饮食文化、美食工艺的传承与发展。长沙被称为"世界媒体艺术之都"，长沙娱乐文化产业发达，因此明星效应在饮食文化传播中起到重要的作用。

据统计，在样本当中，涉及名人形象的短视频内容占总样本的22%，包含历史特征的短视频内容占总样本的16%，而几乎没有视频提及长沙城市精神等相关内容。在"今天在长沙找到一个神秘的餐厅，半个娱乐圈的人都吃过！！！"等视频中多次提及名人，其对名人品尝美食的经历等进行背书，同时在对美食手艺人进行呈现时，会提到美食工艺的制作、手艺的传承年份等具有历史特征的内容，在体现长沙当代娱乐文化观念形象的同时结合饮食文化观念的历史传承，展现长沙包容、博大的文化精神。

---

① 邢文祥. 论现代城市形象及其塑造 [J]. 社会科学辑刊, 1998 (05): 85-88.

总体来说，美食类短视频中呈现出的城市文化形象是多元的，它不仅呈现了一个具有魅力的美食文化和丰富美食文化内涵的长沙形象，还通过视频中各类元素呈现了立体饱满的物质文化、行为文化与观念文化形象。因此美食类短视频的功能在于，其塑造了完美的拍摄物——美食的同时，也呈现了视频侧面所展现的城市文化形象。美食类短视频仍有其建构缺位的方面，通过上述研究，美食类短视频从微观层面表现城市文化元素特征比较合适，但从宏观层面构建城市文化形象则有不足，在本文中体现为对城市精神文化的缺位，同时在表现城市制度文化方面则捉襟见肘。

四、美食类短视频对城市文化形象建构的作用机制

（一）公众建构的城市美食"神话"

抖音短视频叙事具有平民化特点，自媒体账号的非官方语态赋予了短视频内容轻松活泼的属性，同时抖音作为社交平台具有强大的交互功能，用户在平台上以短视频为载体进行社交，形成用户与博主、用户与用户之间的共同意义空间。美食类短视频进行信息的分享与互动，产生大量的评论与转发量，共建了一个关于城市的美食"神话"。这里所说"神话"的概念并非单纯的"超自然的故事"，而是由民众集体创作，展现其对超能力的崇拜与斗争，对理想的向往与追求，以及对文化现象的理解与想象的故事或叙事文本。[①] 技术赋予了短视频平台用户强大的话语表达权利，构建他们心中所想的或者是由短视频为他们呈现的城市美食"神话"的形象。"神话"形成的影响力在网络中会引发公众的群体性模仿，在话语机制的感染中每一位真实体验者会将自己的体验、感受无限放大，并以夸张的形式表达出来。例如，长沙本土茶饮品牌茶颜悦色，由于其门店只开在长沙，该品牌通过短视频及社交平台出圈之后，吸引各地消费者前往长沙打卡并发布相关内容，使长沙与茶颜悦色紧密联系在一起。从某种程度上说，抖音中的美食类短视频构建了既有的城市文化形象，通过互动，在评论和转发区域，用户再次构建了关于该城市文化的形象，这种建构是互动式且多层级的，官方与非官方话语的建构呈现了多维度的城市文化形象。

（二）媒介环境中的深度呈现

梅洛维茨（Meyromitz）通过对媒介场景、情境等研究，结合麦克卢汉的理论形成了"媒介—场景—行为—社会"的链条。媒介所建构的"拟态环境"为

---

① 吴惠凡. 表意与叙事：城市文化传播的符号学解读 [J]. 当代传播，2018（03）：31-34.

人们的社会实践提供认识和指导，改变人的行为并作用于客观环境，最终形成普遍的互动模式，最终上升到社会互动层面。公众建构的美食类短视频生态，观看者逐渐被"培养"成美食内容的忠实受众，短视频形成的地域感的消失，使不同地域的美食都能汇聚在屏幕终端，表现形式如快切、碎剪、特写等不断展现不同品类的美食，这样可以快速吸引受众，塑造一个又一个美食奇观。媒介环境的功能还体现在观看者的"在场"感的形成，视频能将远在天边的场景再现于屏幕之中，观看者通过屏幕所获得的经验使其仿佛置身于美食场景之中，营造一种"超真实"的氛围。美食类短视频无论从表现手法上还是内容上，呈现了诱人的美食，并且拍摄品尝美食的画面。例如，在"小贝饿了"的短视频"花596元打卡长沙文和友，199元20只虾，值得去吃吗？"中，拍摄者将摄像机架在人物对面，给受众一种就坐在人物对面的感觉。以此建构出的媒介场景体现了一种"缺席的在场"，从而给人一种超真实的感受，潜移默化地改变受众对短视频中城市文化形象的印象，并最终在用户群体中达成一种共识，塑造积极的城市文化形象。

（三）感官刺激中的情感连接

美食类短视频对人体感官的刺激是多重的，不仅表现在视觉层面，还表现在由此引发的其他生理器官的反应上，如味觉刺激，或是唾液的分泌等，直接作用于受众。根据麦克卢汉的观点，电视媒体带给人的感觉的延伸是多重的，短视频也是如此。从影像功能来看，美食类短视频的视听语言一般以写实风格为主，被摄物不仅仅是美食本身，而且还有人物、景观等，受众不仅能够从美食形象中获得某种感官上的满足，在多重元素的共同作用下，还会激发人对城市的想象。视频营造的氛围，热闹或安静、现代或传统、新或旧都能够与人产生某种连接，使人形成相关的印象，这些都与城市物质、精神以及行为文化分不开。此外，从美食类短视频内容来看，拍摄者善于找到与观看者共同的情感经历与经验，能够快速拉拢与观看者的联系，一方面体现了能够为观看者提供某种中介因素，联系美食与自身，在"今天在长沙找到一个神秘的餐厅 半个娱乐圈的人都吃过！！！"视频中，其恰到好处地将明星艺人与美食联系起来，形成明星效应，能够引起粉丝之间的情感共鸣；另一方面则是为观看者带来某种经验价值，大部分的受众在看到某个地方的美食时，通常不知道哪里好吃以及如何方便地吃，由此探店类美食短视频便起了引导的作用，如"'关于四方坪夜市美食合集'不完全篇 长沙人也太幸福了！！"此类短视频不仅满足受众视觉体验，还具有信息价值，创造反复观看的机会，形成与受众的深度连接。

五、结语

从城市文化形象建构来看,新媒体技术的成熟让人们进入万物皆媒的时代,城市文化形象的传播也迎来新的契机和挑战。短视频以碎片化、便捷性和交互性的特点能够为城市文化形象赋予新的表达内容,从不同方面诠释城市文化形象。美食类短视频则是其中重要的形式之一,通过对感官的刺激,让人形成一种全新的视听体验,形成人与城市在空间中的连接。例如,探店打卡类的美食短视频,让受众在屏幕前仿佛也能置身于视频场景之中,通过轻松随意的互动形成场景与场景的耦合,使观看者产生对城市的向往与冲动。

不可否认的是,美食类短视频对城市文化形象建构的方式与内容,发展到一定程度之后,会导致内容同质化现象出现,并且不同的城市文化形象之间的建构逻辑也会有雷同,产生表现手法单一、叙事结构浅层化等问题。因此,对短视频创作者来说,他们可以吸收新的文化元素与城市文化融合,赋予美食短视频内容新的表达。从更宏观层面来看,美食类短视频解决城市制度文化形象的缺位的问题,实现官方话语与民间话语的结合,整合社会资源,丰富美食短视频文化内涵,提高内容质量,展现更加全面的城市文化形象。

参考文献:

[1] 马歇尔·麦克卢汉. 理解媒介——论人的延伸 [M]. 何道宽, 译. 北京: 商务印书馆, 2000.

[2] 约书亚·梅罗维茨. 消失的地域: 电子媒介对社会行为的影响 [M]. 肖志军, 译. 北京: 清华大学出版社, 2002.

[3] 张文登. 短视频平台城市文化形象建构策略研究 [D]. 杭州: 浙江大学, 2019.

[4] 陈映. 城市形象的媒体建构——概念分析与理论框架 [J]. 新闻界, 2009 (05).

[5] 何国平. 城市形象传播: 框架与策略 [J]. 现代传播, 2010 (08).

[6] 李植斌. 城市文化形象特征与建设 [J]. 人文地理, 2001 (04).

[7] 邢文祥. 论现代城市形象及其塑造 [J]. 社会科学辑刊, 1998 (05).

[8] 吴惠凡. 表意与叙事: 城市文化传播的符号学解读 [J]. 当代传播, 2018 (03).

[9] 刘娜, 梁潇. 媒介环境学视阈下 Vlog 的行为呈现与社会互动新思考

[J]. 现代传播, 2019, 41 (11).

[10] 秦宗财, 李心洁. 城市形象塑造的短视频符号修辞研究——以 Bilibili 网站美食类短视频的典型样本为例 [J]. 现代传播, 2021, 43 (04).

[11] 汉雨棣, 刘子义, 裴鑫. 公众参与下城市"神话"的建构——以小红书 UGC 短视频中的长沙形象建构为例 [J]. 新媒体研究, 2021, 7 (19).

[12] 鞠维伦, 刘小三. 抖音中的"西安热": 短视频中的城市形象建构——基于媒介环境学视角 [J]. 新闻研究导刊, 2019, 10 (06).

[13] 清华大学国家形象传播研究中心城市品牌研究室. 短视频与城市形象研究白皮书 [EB/OL]. 清华大学国家形象传播研究中心, 2020-06-15.

[14] 每日经济新闻中国网络视听发展研究报告 (2023) [R]. 中国网络视听节目服务协会, 2021.

城市公园的媒介意涵：基于可供性视角的观察与分析
——以滨州市新立河公园为个案研究

杨新雨[①]

摘要：城市公园作为城市的绿色空间为人们提供了意义生产的全新场域，也承载了人的活动进而承载了由人产生的意义。从这一视点切入，城市公园成了一种媒介。基于此观点，可供性理论为考察城市公园媒介意涵形成的人与环境的互动作用提供了有益的视角：城市公园既与固有空间的媒介意涵相契合，又伴随人的行为影响生产了流动的空间。本文采用参与式观察的研究方法，观察环境中的人际交往及人的关系，基于文化研究的范式解读意义的生产行为。城市公园不仅仅成了城市地理空间的一分子，还为城市的文化价值增添了新的内涵与可能。

关键词：城市公园；可供性理论；参与式观察

一、研究背景

伴随着我国经济的飞速发展，城市化的进程也在飞速迈进，越来越多的郊区变为城市的土地，更多的土地变成硬化的路面，钢筋水泥的丛林逐渐向乡村拓展。当人们醉心于城市化所带来的便利的同时，各种城市化的弊病也呈现在人们的眼前，城市的内涝问题、热岛效应等城市病成为影响城市进一步改造升级的制约因素。同时，生存于更加崇尚工具理性的城镇，个体远离了自然环境，在人为景观中的日常生活压抑着人的价值理性，严重影响了每个人的生活状态与幸福感的提升。

针对城市化过程中出现的问题，增加绿化面积成了应对之策，城市公园成为建设的首选项目。城市公园，是指政府投资建设和管理、在城市行政区域内

[①] 杨新雨，男，中国传媒大学广告学院博士研究生，主要研究方向为广告主研究、品牌传播研究。

具有良好园林景观和较完善设施，具备改善生态、美化环境、游览休憩和科普宣传等功能，并向公众开放的场所。① 近些年，城市公园的出现填补了城市的物理空间，为居民日常生活提供了全新的场景。更重要的是，城市公园成了文化生产与意义承载的全新载体，居民的参与，并在这个阈限空间内产生了属于自己的意义。从这一角度出发，城市公园不再仅仅是地理上的存在，还成了一种媒介形式，成了一种承载关系与传播意义的空间媒介。

本文聚焦城市公园的媒介意涵，基于可供性的视角探索地理空间如何承载了意义，在环境的客观存在性和人的主观能动性之间架起桥梁，探索空间与人的互构与同构。

二、理论阐释与研究方法

（一）理论阐释

可供性作为近几年驰名中外的理论引发了不少学者的追捧与探索。2017 年，潘忠党老师的一篇访谈记录将该视角与观点首次公开，引入国内新闻传播学界，为新媒体的可供性研究指明了方向。② 在潘忠党老师之后，大量的传播学者进入了媒介可供性的研究之中，景义新着眼于可供性理论为新媒体传播研究提供了新视角③，常江老师醉心于可供性对数字新闻的生态革命④，喻国明老师则从可供性的视角探索中国四全媒体的建设方向⑤，陈昌凤老师则从技术可供性的角度理解如何开发优质 IP，将技术、人及其间性都纳入考量，打造了多元认同的意义空间⑥。目前，学界对媒介可供性的研究大体延续了潘忠党老师的思路，更多集中于对新媒体、新媒体环境的研究上，而对其他传播学研究领域的影响相对较小。

可供性（affordance）概念最早由美国心理学家吉布森（Gibson）首创，用

---

① 住房城乡建设部．城市公园配套服务项目经营管理暂行办法［2016］36 号［A/OL］．中国中央人民政府网站，2016-02-25．
② 潘忠党，刘于思．以何为"新"？"新媒体"话语中的权力陷阱与研究者的理论自省——潘忠党教授访谈录［J］．新闻与传播评论，2017（01）：2-19．
③ 景义新，沈静．新媒体可供性概念的引入与拓展［J］．当代传播，2019（01）：92-95．
④ 常江，田浩．生态革命：可供性与"数字新闻"的再定义［J］．南京社会科学，2021（05）：109-117，127．
⑤ 喻国明，赵睿．媒体可供性视角下"四全媒体"产业格局与增长空间［J］．学术界，2019（07）：37-44．
⑥ 陈昌凤，仇筠茜．技术可供性视角下优质 IP 的媒介逻辑分析［J］．清华大学学报（哲学社会科学版），2018，33（04）：163-168，197．

以说明环境自身提供的可能性限制了人所采取的行动。可供性最初的提出是用来形容和衡量环境的倾向属性。吉布森本人对这个概念的内涵并未进行详细且符合逻辑的说明,使吉布森在首创这个概念之后引发了不小的争论。在后来学者的讨论与争论之中,关于可供性的内涵的认知逐渐形成许多不同的观点:本体论的视角、情境论的阐释和契合论的阐述[①]。从本体论出发,迈克尔·T.特维(Michael T. Weiss)认为可供性是环境本身的一种倾向属性,环境承载了行动的可能。他抛开环境与其他动物的互动,无论是否在意可供性,是否感知可供性或是否有知觉信息,可供性都存在。情境论将可供性不仅仅看作环境特征,还是一种情境属性。情境中包含着环境与动物的关系,涵盖了动物对环境的知觉与理解。这一观点是对本体论可供性认知的修正。契合论的观点则认为环境的可供性中就包含了参与到环境之中的行动者的能力(ability)。环境中充满了各种各样的信息资源,一个物种或者种群所拥有的能力则是发现这些资源并利用这些资源实现环境提供的可能性的基础。

通过对可供理论各种观点的梳理,我们发现,尽管出于不同的视角与观点,但是关于可供性的定义都强调了环境的作用以及动物与环境的关系问题。城市公园的空间集中展现了一种人为塑造的环境,因此从可供性的视域出发理解城市公园环境如何影响人的行为并参与人的意义生产活动,具备了理论和逻辑上的自洽性与合理性。在传播学领域中,传播的空间转向是一个已经被广泛讨论的话题,在这一向度上,传播在空间的维度蔓延,空间也就具备了媒介的属性,为人类的意义生产活动提供了全新场景。这对探索特定空间的媒介属性提供了全新的视角与契机。

(二)研究对象与研究方法

本次研究聚焦笔者家乡的城市公园,通过参与居民日常生活的活动,探索城市公园这一地理空间的媒介属性。坐落于滨州市滨城区的新立河公园是沿市区内最大的调节河道——新立河所设计、建设成的城市公园。公园绵延4.4千米,包括河面宽度在内公园横向跨度在200米左右。新立河公园作为一个开放的公共属性的公园,成了人们日常休闲娱乐的场所。

自2014年开始,新立河公园就投入了使用。环境承载了人类活动的同时也承载了人类所创造的意义,空间就具备了媒介的属性,一方面承载意义,另一方面连接了关系。进而在时间变迁与实践中城市公园的媒介意涵也在发生着改变。

[①] 罗玲玲,王磊. 可供性概念辨析[J]. 哲学分析,2017,8(04):118-133,200.

本文采用参与式观察的方法，深入公园的各种活动之中，出于文化研究的视角，解读人的不同行为对空间媒介意涵的改变，解读环境影响下人的行为对意义生产的影响。

三、封闭：环境可供性本体论中的空间阈限

可供性理论所涉及的环境问题多为自然环境，更多涉及自然环境中动物的行为与限制。城市公园作为一种人为构造的环境，尽管人的主观能动性已经参与其中，但在公园建成之后，由其塑造的环境也就此固定，进而在地理空间方面构成一种阈限性的存在[①]。正如从环境的本体论视角去考察可供性概念那样，可供性被视为环境的倾向性及其蕴含的可能性。从这一观点出发，环境本身就具备了很强的主体性与主导权，正如福柯所说的"话语即权力"，城市公园对空间环境的塑造便是其权力的展现，正是这种权力进一步限定了城市公园的媒介意涵。

这种空间的阈限性首先体现在场所的区分上。首先，在公园内部，乒乓球场、篮球场、健身器材区一应俱全，门球场、旱冰场、简易的棋牌桌等功能倾向性明显的器材将公园划分成了功能鲜明的不同场所，功能区之间以等人高的冬青丛为界，进而实现不同场所的划分。草坪与花丛配合的美景在春季尤为明丽，吸引了无数的摄影爱好者前来创作。其次，体现在规模的限制上，以黄河五路至黄河八路路段的新立河公园为例，河西岸的功能区明显比对岸丰富，并且每个场所的规模和场地明显大于对岸。由于空间的限制，公园内的篮球场多为分开安置的半场，且地面为最普通的水泥地。因此，许多真正的篮球爱好者并不会选择来此运动，老人和小孩成了篮球场的主人公，家庭单位占了此空间。最后，道路的铺设与公园厕所的位置也搭建了一个阈限性的空间环境。公园内红色的骑行道路往往铺设于公园的外围，且转弯多、坡度大。橘黄色的步行道路往往贴近河岸，道路平坦、直线居多。河边修建的沿河道路随着新立河的长度绵延，由于河是从公路下方流过，因此沿河道路也从下方穿过马路，形成了供人行走的长廊，保障了行人安全的同时还使步行路程有了连贯性。公共厕所位于公园的南北两端，并在其周围修建长椅建构公园中的休息空间。值得一提的是，西岸的公园被一支汇入新立河的小河隔断，这体现了自然环境的可供性对城市公园建设的阈限与影响。

[①] 潘忠党，於红梅. 阈限性与城市空间的潜能——一个重新想象传播的维度[J]. 开放时代，2015（03）：140-157，8-9.

以上所展示的这些空间定式与环境阈限看似微不足道，但是基于可供性的视角进行思考后会发现，这些环境的特点深刻地造就了城市公园的媒介意涵，人类活动的能动性在更大程度上并未摆脱场所自身的功能局限，进而影响了意义生产与文化构建。从整体来看，公园内相对丰富的功能场所和每个场所内相对普通的设施建构了实体环境的可供性，从空间承载意义的角度出发，这一空间更适合家庭文化、休闲文化的建构，在排除了高强度竞技性和运动性前提下，凸显了整个公园的媒介意涵。从公园内部看，夜晚河畔两岸的声音差异就能显现出不同的意义指向：西岸成为棋牌、舞蹈、门球、乒乓球等活动聚集地，其传递出的意义是游戏的、娱乐的和聚集的；东岸流畅且连续的步行道路构建了休闲散步的意义空间，与对岸的热闹相比更具祥和、宁静的意味。横跨新立河的吊桥将两岸的公园连接为一个整体，延续了两岸的交流。城市居民在城市公园建成后在地理环境之上构建了独特的文化意义空间，这表面仅仅是人的努力，但是环境的倾向属性阈限了人类活动的边界，深刻影响了城市公园的媒介意涵，限制了其可能的外延。

四、流动：情境论视角下的意义生产

本体论强调可供性是环境客观存在的固有属性，而情境论和契约论都在不同程度上强调环境中动物的行为和动物的"能力"，这就提示我们，可供性还包含了人与环境构成的情景以及人与环境的关系，研究可供性不应该忽视环境中人这个主体。从这个角度出发，媒介公园的媒介意涵便不是阈限的封闭，而隐喻了一种开放，这种开放性统一于人的行为，将阈限的空间形塑为开放的空间，更新了现实环境的意义空间。正如文化研究所关注的"意义不止存在于形式中"，人的活动为这个地方空间再生产全新的意义，打破了固有的环境阈限。

前文提到公园内部场所的划分导致了公园两岸不同的文化意涵，但是这种环境带来的限制并非一成不变的，人的存在进而在地方空间生产出了新的流动空间[①]。在公园的东岸，靠近吊桥的位置有一片桌椅集中安置的区域，区域中央的大树上挂着带有"滨州红歌会"字样的牌子，这牌子的放置并非简单的"一放置之"，而是造就了专属老年歌唱爱好者的艺术空间。上午9点左右，老人们纷纷来到这里，由于桌椅集中的放置，因此大多数的老人都是有座位的。这场仪式也已经形成了既有的规则：使用乐器的老人会自觉地坐在中央的椅子上，

---

① 袁艳. 电视的物质性与流动的政治——来自两个城中村的媒介地理学观察[J]. 新闻与传播研究, 2016, 23 (06): 92-104, 128.

而合唱的同志会自动面朝中央或坐或站，在这场互动仪式中产生了独特的氛围和排除了"第三者"的感情。那以牌子为中心所形成的实体空间经人的行为赋予了全新的内涵，它承载了"关系"，使固定的地理空间具备了媒介的意涵。这种地理上的连接也实现了延伸，老人们通过微信群实现了超越空间的延伸，进而使原本基于空间的关系更加紧密且稳定。

在公园西岸有为下象棋或打扑克的人安放的小型棋牌桌，这在扑克文化盛行的山东并不稀奇。这个公园由于靠近当地一个大型住宅区，这里成了老年人"抱团"打牌下棋的场所。随着参与人数的增多，原本有限的棋牌桌无法承载所有的棋牌爱好者。靠近棋牌区的是一个半场的篮球场，由于设计的原因这个篮球场比正常的半场场地大了很多，于是，棋牌爱好者们自己搬来了简易的折叠桌，在篮球场的四角搭建了全新的棋牌场域，分割了环境本体的可供性之于篮球场的意义。这种对空间的入侵与分割并没有带来冲突与矛盾，而是实现了两种意义在同一空间的共生，篮球场所与棋牌场所相连接，构成了连续空间意义的混合，凸显了空间对意义的包容性。

公园的规划将健身器材区分布于公园的各个角落，以小规模、少器材、多分布的建设布局固定了这一场所，但是在功能上无明显差异的场所却因人的活动承载了不同的意义与人际关系。在东岸公园靠近北端的健身区域，这两个区域和在中央位置的健身区域在媒介意涵上有明显的差异。北端区域在长期的行为交往中聚集了一群以男性为主体的武术爱好者，他们长期在此地运动，耸立于器材旁的大树也成为其"对练"的对象。中端的健身区域则以女性为主，她们更多的是从事运动量较小的休闲运动。这种人为选择活动造就了不同功能区承载的人际关系。

公园形成的一种"门槛"，使外来者进入情境后会显得格格不入，进而基于场所形成了相对松散的共同体，塑造了固定空间的流动意涵。

公园所修建的花园绿地，也在其供人欣赏的可供性之上诞生了新的意义。正值春天，户外露营成了人们休闲的选择，新立河公园的草地成了人们首选的露营地。周末上午9点钟开始，草地上就逐渐撑起了大小不一的帐篷，将原本略显单调的绿色草地增添了新的颜色，环境的可供性在此状态下凸显了一种人与动物所构成的情境，正是这种情境为青青草地增添了周末亲子时光的美好画面，帐篷成了独特的文化符号，是赋予草地新内涵的关键。

活动于公园中个体的能动性，在很大程度上解构了环境的阈限性所造成的封闭，这是一个对空间的媒介意涵解构与重构的过程，是人类生存体验所派生的意义于环境之上的结果。情境论视角下的可供性揭示了人与环境的互动关系，空间不再是孤立的阈限,而是环境与动物共建的情境,进而具备了流动和开放的潜能。这种潜能体现在城市居民的生活实践之中,也正是这种实践将新立河公园构建为艺术的载体、家庭文化延伸的载体,在实体空间之上派生新的流动空间,城市公园进而承载了全新的意义,传递了不同的信息。

五、入侵:政治经济话语的介入

可供性理论的契合论视角认为环境可供性隐喻动物具有利用可供性的能力。新立河公园作为一个具备公共属性的空间本身并不具有显性的经济内涵与政治意味,但是在不同时期,人的自觉与主动的"能力"成功地发掘了环境中所包含的资源信息,并对这些信息加以利用,创造了独特的政治经济内涵,改变了城市公园作为空间所传递出的媒介意涵。

时间和空间是人类存在的基本范畴,也是考察人类传播活动和各种媒介现象的两大坐标[①],时间的存在为研究空间所具备的媒介意涵提供了新的维度。本文从社会特殊时期和自然更替的时间属性两方面考察政治经济因素对公共空间的入侵所引发的空间媒介意涵的改变,探索这种政治经济因素在环境中的作用机制。

时间性体现为季节的自然更替,这也为城市公园媒介意涵的变迁提供了维度。正值春季,百花盛开,周末的早上新立河公园除了晨练散步的人们还多了一些画画的小朋友。这些小朋友并不是自发的绘画参与者,而是他们的兴趣班在这里集体写生。上述情况确实存在,毕竟城市公园是接纳任何人的,但是这些辅导机构的进入霸占了本属于公众的空间与场所。公园中大小不一的亭子均被挂上了某某辅导班的标志,成了辅导班的"集中营"。这种对空间控制的行为极大地破坏了空间的公共属性,使在有限的时间内建构了经济的场域,排除了其他个体利用空间的可能。同时,在外出游玩的高峰季节,新立河公园内还出现了出售风筝的摊位。商贩在几棵树之间系上绳子,将风筝挂在绳子上,进而搭建了"小型商铺"。

人的能力为原本属于公共属性的空间注入了经济的特征,使城市公园成为一种媒介承载和传递经济话语的意涵。与前面提到的政治话语相联系,尽管空间对经济内涵和政治话语承载仅仅是暂时性的,但是我们要看到的是政治经济的力量已经入侵了公共空间内部,进而改变了空间所承载的意义,城市公园在休闲娱乐、艺术创作、家庭文化延伸之外,又承载了反政治的民间话语和经济

---

① 袁艳. 传播学研究的空间想象力 [J]. 新闻与传播研究, 2006 (01): 45-50, 95.

属性的内涵。政治经济的意义在不同阶段加入这一公共属性的场域之中，改变了这一空间媒介的意涵。

六、结语

　　城市公园在传递建设规划者所希望它承载的内涵之外，人的参与和行动也极大地赋予了环境新的意涵，这种固有内涵与流动内涵都统一于可供性的理论范畴之内。新立河公园在承载了人防疏散场所、休闲娱乐空间的意义之外，还成了家庭文化延伸、艺术创作空间、反政治话语表达和经济意涵等多种内涵的场所，作为固定的空间具备了多样的媒介意涵。

　　城市公园不仅仅是城市地理空间上的重要组成部分，它还作为媒介，承载了城市居民的交往和意义的生产行为，在实体空间之上产生了全新的意义空间，为城市形象与城市文化的构建增添了一抹生机与活力。城市公园作为媒介所传达出的意义，更影响了人民的日常生活，与媒介上"神话化"了的城市形象有着本质区别，进而是对既有城市形象认知与传播的有力补充。

参考文献

　　[1]潘忠党，刘于思．以何为"新"？"新媒体"话语中的权力陷阱与研究者的理论自省——潘忠党教授访谈录［J］．新闻与传播评论，2017（01）．

　　[2]景义新，沈静．新媒体可供性概念的引入与拓展［J］．当代传播，2019（01）．

　　[3]常江，田浩．生态革命：可供性与"数字新闻"的再定义［J］．南京社会科学，2021（05）．

　　[4]喻国明，赵睿．媒体可供性视角下"四全媒体"产业格局与增长空间［J］．学术界，2019（07）．

　　[5]陈昌凤，仇筠茜．技术可供性视角下优质IP的媒介逻辑分析［J］．清华大学学报（哲学社会科学版），2018，33（04）．

　　[6]罗玲玲，王磊．可供性概念辨析［J］．哲学分析，2017，8（04）．

　　[7]潘忠党，於红梅．阈限性与城市空间的潜能——一个重新想象传播的维度［J］．开放时代，2015（03）．

　　[8]袁艳．电视的物质性与流动的政治——来自两个城中村的媒介地理学观察［J］．新闻与传播研究，2016，23（06）．

　　[9]孙玮．作为媒介的城市：传播意义再阐释［J］．新闻大学，2012

(02).

［10］曲琛，韩西丽. 城市邻里环境在儿童户外体力活动方面的可供性研究——以北京市燕东园社区为例［J］. 北京大学学报（自然科学版），2015，51（03）.

城市更新视阈下郑州国家中心城市品牌形象重塑研究

郑玉振[①]

摘要：城市更新行动催化城市提升城市形象，对郑州而言，城市形象更新契合自身发展实力现状，是建设国家中心城市定位双重目标的需要。针对郑州建构什么样的国家中心城市品牌形象和如何建构的核心议题，本文提出城市品牌形象建构可参考的一般路径，梳理和分析郑州在既往城市品牌形象塑造过程中存在的多方面突出问题，最后为郑州重塑城市国家中心城市品牌形象提出相应的思路和建议，以期为新形势下郑州更新城市形象及建设国家中心城市有所助力。

关键词：城市更新；城市品牌形象；国家中心城市；品牌重塑；郑州

一、研究背景

城市更新行动催化城市提升城市形象。截至2022年年末，我国常住人口城镇化率为65.22%[②]，根据纳瑟姆曲线定律（如图1），这意味着城市发展步入中后期阶段，城市建设将从外延扩张范围转向提升城市内涵方面。因势利导，国务院在2021年初次提出并有序推进城市更新行动。城市更新内容覆盖面广，不仅包括建筑、街道和空间的更新，还包括城市形象体系的再塑和提升，提升城市形象能够增进本城市市民和外界公众对城市的认知度、满意度和美誉度，增强城市生命力、吸引力和竞争力。

对郑州这座人口超过1200万和城市化率达79%的特大城市而言，城市形象

---

① 郑玉振，男，浙江省振石控股集团办公室文员。北京工商大学新闻传播学硕士研究生，研究方向为广告学与媒介经营学。
② 国家统计局．中华人民共和国2022年国民经济和社会发展统计公报［A/OL］．国家统计局网站，2023-02-28．

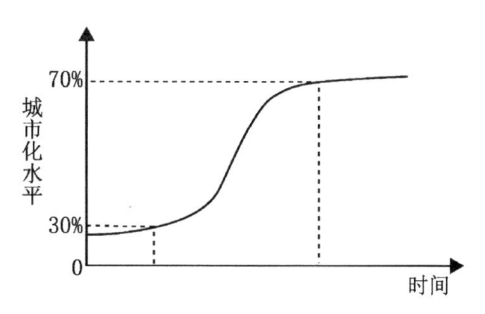

图1 "纳瑟姆曲线定律"示意图

更新契合自身发展实力现状,是建设国家中心城市定位双重目标的需要。一方面,郑州城市发展日新月异,在激烈的城市竞争中体现郑州的现有内在功能优势,矫正公众对郑州传统形象的固化认知,重塑与城市实力相匹配的城市形象以建构郑州全新形象。从区域角度看,其一,省会郑州是河南省经济社会发展和河南形象对外传播的引领者,其综合实力对省域内城市乃及中央城市群的辐射带动作用明显,建构良好的郑州城市形象对传播河南的时代面貌颇为有益。其二,郑州是国家重要开放门户和交通枢纽中心,并在产业、外贸等领域发展上颇有特色,日益崛起且颇具活力的郑州在国内的影响力逐渐突出,塑造良好的郑州形象有利于更多人接纳和爱上郑州。其三,国际上的郑州是崭露头角者和中国形象的代表,既往的"老家河南"、功夫之乡等城市宣传口号在国际社会广为传播,航空港区和一带一路等对外门户功能的建设强化了郑州在金融、商务和物流等领域的地位,崭新城市气象的郑州更有实力肩负国家使命,向国外展示大国形象。另一方面,国家在2017年指明郑州要建设具有创新活力、人文魅力、生态智慧、开放包容的国家中心城市,国家中心城市在全国城镇体系层级中处于塔尖地位,是当下诸多明星省会城市共同追求的城市发展目标,目前仅有8座城市位列其中,即北京、上海、广州、天津、重庆、武汉、郑州和成都。进入国家中心城市建设队列对郑州城市发展意义非凡,引领中部、对标全国的城市地位将成为郑州未来应有的姿态和光荣,围绕如何塑造国家中心城市品牌的问题,国家要求郑州与时俱进重塑城市形象构成内容。

二、城市品牌形象与重塑路径

（一）城市品牌形象

城市品牌是为了让公众了解和知晓某一城市,将某种形象与该城市联想在一起。该概念由企业品牌理论引用而来,最早由凯文·凯勒(Kevin Lane Keller)在1998年提出,像产品和人一样,地理位置或空间区域也可以成为品牌,即城市可以被品牌化①,它以品牌经营的眼光审视城市整体资源,注重用营销理念探讨城市形象,可为城市带来综合效益,尤其是经济效益。

城市品牌体现城市客观存在的核心价值,通过打造城市品牌可丰富城市形象,城市品牌形象可概括为公众在接受城市品牌信息之后对之形成的主观印象,公众能通过城市品牌对城市的内涵和外化特征产生整体感受、联想和识别,如"双奥之城—北京—城市奥运文化底蕴"等。本文认为,郑州的国家中心城市品牌形象是一个由多个子品牌元素(如经济形象、文化形象等)为支撑而综合构成的整体形象,鉴于国家中心城市品牌虽非郑州独有,但因该品牌价值内涵丰硕和具有该定位的城市数量稀少,各国家中心城市的子品牌元素选取组合各异,因此既能表现城市实力,也能体现城市的核心价值和独特内涵。

(二)品牌重塑

品牌重塑是一种品牌激活战略,是在已有品牌的基础上,从品牌战略高度对品牌进行重新评估和重新定位,通过品牌创新获得品牌持久竞争力的一系列过程。② 世间万物都有自身的生命发展周期,作为承载民众生活和多种社会功能集合体的城市也是如此,随着时代和社会的发展,城市定位和公众观念都在发生改变。因此,城市会面临既有品牌老化和新品牌要素欠缺的问题,加之国内城市竞争愈演愈烈,进行品牌重塑来推进城市建设和发展的行动刻不容缓。

城市品牌重塑的成效与包括城市政府、企业、市民等在内的城市利益主体紧密相关,它们既是城市品牌形象建设成果的受益方,也是城市品牌建构和传播的承担方。从受益方立场看,城市形象直接表现政府形象,良好的城市品牌有助于凸显城市个性来展现城市魅力,提高城市外在知名度来增强城市吸引力,其塑造成效直接关联政府城市治理理念和能力水平的深浅。对企业来说,城市形象和本地企业品牌形象处于同一条价值链上,城市是企业的场所和载体,良好的城市品牌形象则有助于降低企业品牌宣传的成本,提升企业的品牌价值和竞争力。此外,良好的城市品牌形象贴合市民的心理需要,可增强他们对城市的归属感和认同感。从承担方立场来看,政府、媒体、企业和市民等城市内部

---

① 孙丽辉,毕楠,李阳,等.国外区域品牌化理论研究进展探析[J].外国经济与管理,2009,31(02):40-49.

② 吴金鑫.品牌重塑问题研究[D].上海:上海外国语大学,2006:18.

主体共同组成一个多层次、多主体的城市品牌形象传播共同体，城市品牌知名度和美誉度的塑造拙劣与否则与相关承担方休戚相关。

（三）城市品牌形象建构路径

城市品牌形象是城市长期积累形成的社会公众对它的整体评价的集中体现，在构成层次和建构路径上有章可循。结合企业识别系统（CIS, Corporate Identity System），城市品牌形象内容可从理念识别系统、行为识别系统和视觉识别系统展开[1]，通过城市品牌塑造实践建立强辨识性的识别内容，促使公众对城市品牌形成清晰的整体认知。品牌定位是对城市现有形象及未来发展图景的描绘[2]，关键在于挖掘城市核心价值和功能优势，以此将城市置于独一无二的位置。根据城市品牌传播目标受众的构成多元化特点，城市借助传播者策略、受众策略、内容策略和渠道策略等城市传播策略，增扩品牌传播范围和强化传播穿透力，以此增加品牌到达率。在完成定位、塑造和传播三阶段后，若后期缺少有效的城市管理和维护，已建成的城市品牌形象则无法长期为城市发展赋能，旧化形象甚至会降解公众对城市的正向评价，为此还需对城市品牌实施后期管理。建构城市品牌形象是一个从内容塑造到对外传播扩散的动态过程，须充分认识他者认同和自我认同的统一性与对抗性、建构性与结构性的矛盾，充分利用自塑和他塑、塑形和矫形、自传和他传的博弈与共谋所释放的正面积极的传播效能[3]。由此，本文结合品牌理论和传播学视角，认为需搭建具有整体性、长期性的城市品牌形象建构路径（如图2），来达到向公众表达城市魅力和创造美好印象的目标，服务城市长远经营和发展。

三、郑州城市品牌形象塑造实践的存在问题

国家中心城市需具有公认的良好城市形象，郑州在以往的城市形象建设实践积累了宝贵的经验和成果，但与国家中心城市定位的形象标准还存在较大差距，在品牌建构方面存在突出问题。

（一）城市品牌定位：单调模糊

城市定位作为塑造和传播城市品牌形象的基点，城市需要提炼城市核心价值和择取符合目标品牌的形象内核。千年历史古都、深厚人文城市、综合交通

---

[1] 王萍萍. 城市品牌化路径探析——从城市品牌定位、塑造、营销到管理[J]. 城市管理与科技, 2015, 17 (02): 33-35.
[2] 陈柳钦. 论城市品牌建设[J]. 中国市场, 2011 (07): 66-77.
[3] 何国平. 城市形象传播：框架与策略[J]. 现代传播, 2010 (08): 13-17.

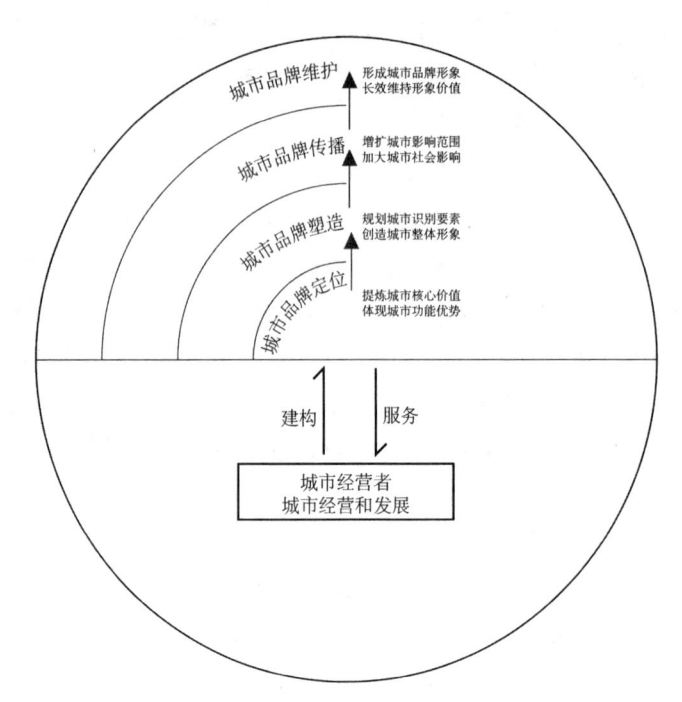

图2 "城市品牌形象建构的一般路径"示意图

枢纽、产业和贸易重镇等形象内核为郑州城市定位提供了多个备选依据，其中郑州塑造较为出彩的城市内核有人文历史城市和交通物流枢纽之城，但是在产业强城、对外开放门户、创新活力城市等方面自身实力具备内核的塑造并不突出。围绕国家中心城市定位，郑州市在最新城市规划中确立了"三中心—枢纽—门户"的城市目标，即"国家重要的经济增长中心、极具活力的创新创业中心、华夏历史文明传承创新中心、国际综合交通和物流枢纽、内陆地区对外开放门户"[1]，该目标同样是郑州需要建构的国家中心城市品牌整体形象。据此，郑州还未充分挖掘利用自有城市核心价值，目前呈现的城市内核因素相对单调，不能完整弥合自身所追求的国家中心城市品牌形象。

近年来，郑州在形象传播实践中尝试呈现国内重要金融中心、创新创业中心、国际交流中心等新内核因素，从而向公众表达自身的经济产业、开放包容和改革创新等优势。结果往往是传统形象内核还未打造成熟，这些新品牌内核塑造深度不够，难以明确的城市定位向社会公众展示清晰的城市形象，并不能

---

[1] 郑州市人民政府. 河南出台重磅新政支持郑州国家中心城市建设 [EB/OL]. 郑州市人民政府网站，2019-07-06.

契合受众情感利益和自我表达利益的需要。

(二) 城市品牌塑造：平庸零散

品牌塑造是整合城市品牌识别因素来提升城市形象辨识度的过程，需要将包括城市性格和优势等城市内化个性进行具象化表现，来让公众接纳和喜爱本城市的品牌形象，综观郑州城市品牌识别要素，在呈现和组合上相对平庸化和零散化。

首先，城市品牌识别要素塑造难出彩。谈起不同城市，公众多会产生第一印象，如成都的时尚性、苏杭的优雅性、西安的文化性，公众对郑州的认知联想则不明显，或存在郑州是仅靠其人口和交通优势赢得社会青睐的认知不全现象。这种认知偏差究其原因是城市品牌形象塑造仍待优化，郑州打造的品牌要素多强调郑州的城市环境、历史文化和地域特色特点，在呈现效果上显得平庸，难以反映城市的社会发展活力。

其次，城市特色要素规划不系统。郑州曾塑造了多个特色形象要素，如表示城市经济史的"商都"、生态建设水平的"绿都"和地域自然特色的"黄河之都"，但这些形象要素之间缺乏统合且照应性差，易彼此对消而致使整体传播效果羸弱，使郑州城市形象表现趋于零散和失衡，不利于向公众传达独特的城市整体印象。

(三) 城市品牌传播：缺乏整合，力度不足

城市品牌传播是沟通城市品牌建构主体表达层和公众感受层的桥梁。为在大多数公众心中留下深刻的城市品牌印记，城市需要立足言说内容和表达方法两基点，以公众的品牌认同为目标，整合利用传播主体、传播内容和传播手段，着力提升对外传播效力，做好对内、对外传播。

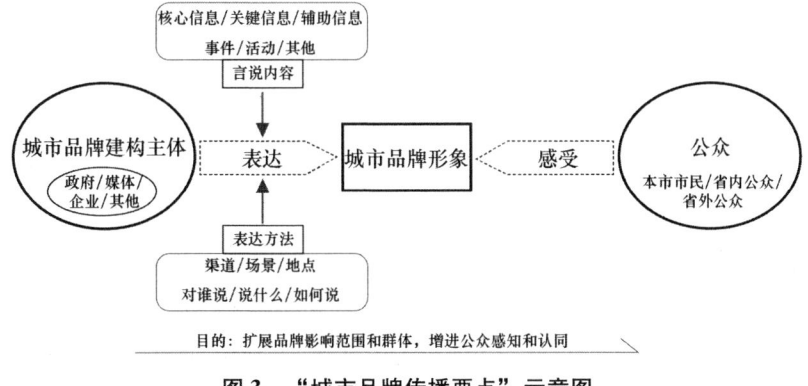

图3 "城市品牌传播要点"示意图

郑州整合品牌传播资源的能力不足表现在两方面，一是对城市传播主体的利用度不足，在品牌传播实践中往往是单兵作战，传播效果和到达范围有限，鉴于城市内部利益主体企业、媒体和市民等与城市具有天然的绑定属性，可发挥他们在自身品牌活动或日常生活实践中的主观能动性，对城市品牌做出行之有效的"矫形"和"塑形"。特别是城市企业，其身为城市品牌的子品牌，可直接以自身形象传递城市特色，如华为之于深圳的创新之城特色、海尔之于青岛的制造业强市特色，郑州亦有宇通客车、三全食品等本土头部企业，但在整合地方品牌助力城市形象塑造实践中显然匮乏。二为对城市品牌识别系统的整合低能，城市理念识别系统，如郑州城市精神、城市行为识别系统，郑开马拉松赛事、城市视觉识别系统城市地标在传播中没有联合统一传播城市面貌。此外，郑州的城市吸引力虽然较强，但受众来源主要在河南省内城市，省外多集中于山东、河北和安徽等周边省份，对远离本城市的省外认知度和接受度不够，郑州在今后的品牌传播实践中要加大传播力度和增扩传播范围。

（四）城市品牌维护：缺乏管理，难起长效

城市品牌是在一个动态、周而复始的循环过程中不断完善、提升、延伸和维护的[1]，城市在品牌建设期间需要有长远眼光和统一规划，在形成品牌后更需要精心呵护成果。综观郑州品牌形塑历程，从20世纪末期的"绿城"和"商城"定位到21世纪的"航空城"，虽能从诸多名号窥探郑州的城市优势，但少有叫得响亮和传播深远持久的称号，归因于城市没有长期打磨品牌，郑州在城市品牌建设目标上摇摆不定，对特定品牌缺乏全方位和长期性管理，致使品牌传播效力减弱。由此，郑州在国家中心城市品牌形象塑造上需定期评估城市品牌塑造效果来改进工作。

四、郑州国家中心城市品牌形象重塑板块和传播建议

（一）重塑板块

1. 明确重塑重点内容

《关于支持郑州建设国家中心城市的指导意见》指出郑州建设创新活力、人文魅力、生态智慧、开放包容的国家中心城市，郑州则根据城市实际情况提出了"三中心一枢纽一门户"的定位画像，从而建构国家中心城市品牌形象的基准要素。本文认为该形象可进一步解析为"活跃的经济体形象""开放的国际化

---

[1] 陈柳钦. 论城市品牌建设 [J]. 中国市场, 2011 (07): 66-77.

形象""极具活力的创新中心形象""综合交通的枢纽中心形象""深厚历史的人文之城形象""绿色发展的生态之城形象",整体反映郑州包容又年轻勃兴的时代特点。根据郑州的区域影响力方面,本文可突出郑州引领中原发展、支撑中部崛起和服务全国大局的责任担当品牌形象(见图4)。基于郑州当前与国家中心城市品牌形象耦合度问题,既往品牌塑造实践让郑州在文化、生态、交通枢纽等方面已在公众心目中留下鲜明的城市印记,但在活跃的经济体形象、开放的国际化形象、极具活力的创新中心形象三方面欠缺,为此,郑州需在城市品牌重塑道路上强基固本和开拓创新,进而提升国家中心城市品牌形象的清晰度。

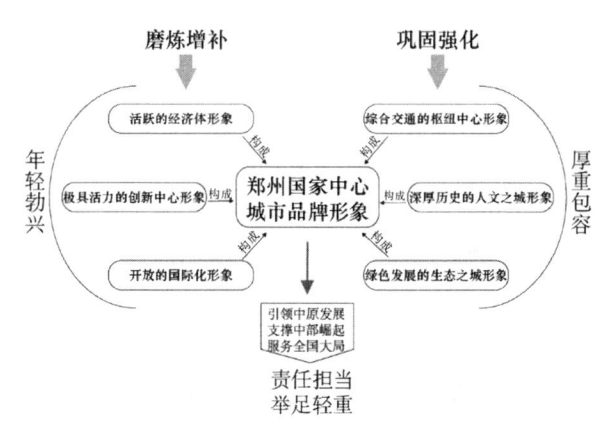

图4 "重塑的重点内容"示意图

2. 强化既有品牌要素

建构形成的城市品牌作为一种城市发展的宝贵财富,城市需要对其进行保护和强化,来充分形成表达城市特色的工具,并对国家中心品牌形象形成推力。"绿城""商都""中国文化名城""交通之城""航空港城"等雅称使郑州身显名扬,并分别对应生态之城形象、人文之城形象、枢纽中心形象,郑州需要持续擦亮这些已有品牌因素,创建更易于公众理解、记忆和识别的品牌符号,将之在接下来的城市传播实践中持续具体落地呈现。

3. 补缺需有品牌要素

(1)活跃的经济体形象

郑州可统筹组合体现城市崭新气象,如商贸中心、产业重镇、会展、文化旅游等的现代性品牌因素,来突出城区域经济中心性和国家经济中心的特性,为国家中心城市品牌形象提供重要的内核支撑。

(2) 极具活力的创新中心形象

城市活力决定城市的兴衰成败。郑州有必要呈现具有市场生机活力的"新郑州"形象,来凸显郑州年轻朝气的现代城市发展现状,破解郑州在公众心中不完美的呆滞暮气印象,为郑州吸纳人才和提高城市竞争实力赋能。

(3) 开放的国际化形象

国家中心城市居于国家战略要津、肩负国家使命、引领区域发展、参与国际竞争、代表国家形象①,国家要求郑州在品牌重塑上提升对外开放和国际化形象。当今,郑州的全球交通圈和交往圈逐渐扩大,肩负起的讲好中国故事使命等责任更重,因此郑州在塑造和传播城市品牌时认识到自身国家形象的代表身份,推进城市在全球视野下的现代化、特色化和国际化。

(二) 传播建议

1. 城市政府做好传播主导者

重塑和传播城市品牌形象离不开政府的统一谋划。第一,城市政府要做好在明确国家中心城市定位基础上,建立坚实的组织和制度基础来落实城市品牌建构战略,打造体现城市精神和符合国家中心城市品牌形象的城市形象识别系统,借助城市展览会、体育赛事等大型活动,做好城市事件营销,利用政府公关、旅游、节庆和意见领袖等多种资源和途径,着力传播郑州城市具有一万年历史和一百年之崛起变化的古老又年轻的面貌。第二,相关政府部门主体和城市内部利益主体可通力协作,促使各主体在自身的传播实践中服务国家中心城市品牌建设,通过城市品牌形象传播组合拳的形式,统一向外界展示郑州的城市底蕴和当今风采。第三,政府要注重品牌维护,在品牌传播过程中肩负好监督和管理职能,打造长效的保障机制,专职队伍管理和维护已培育成熟的品牌因素,促使目标整体品牌形象深入人心。

2. 本地媒体做好内容组织者

一般公众的活动空间有限,这要求本地媒体做好传播城市品牌形象的参与者和内容组织者。郑州要充分利用城市媒体《河南商报》《大河报》和省级媒体河南卫视、《河南日报》等媒体资源,搭建全媒体传播矩阵,强力传播国家中心城市品牌。

在内容策划层,媒体要创建符合公众需要和期望的城市品牌信息,来吸引公众关注城市品牌特性和魅力。公众面临的城市品牌信息庞多,无法注意到所

---

① 国家发展改革委. 国家发展改革委关于支持武汉建设国家中心城市的复函 [A/OL]. 国家发展改革委网站, 2016-12-14.

有城市品牌信息,则需要创造别具一格和真实有效的传播内容,来提升品牌信息到达率。为此,本地媒体可提炼郑州作为国家中心城市的已有基础和未来机遇,体现郑州全新城市定位的独特风采和社会活力,表达具体可感的城市性格,在表达形式上凸显活泼生动的城市画像,尤其在视觉系统上打造易识别、易传播和易记忆的内容,提升公众对城市品牌信息的接受度和认同度。

在品牌传播层,媒体要全方位、多角度、立体化传播郑州城市品牌形象。在媒介融合和新媒体技术飞速发展的背景之下,传播样态富有散播性、针对性和交互性,城市品牌信息可通过新媒介实现与公众的互动交流,郑州要提高城市品牌形象在新媒体上的曝光度,有效结合智能媒体的表达方法,精准和多样地传播城市现代化品牌信息,使受众感知郑州崭新的城市形象。

3. 企业品牌做好形象代言者

企业品牌在自身形象上与城市品牌具有互为共享和荣辱与共的关系,要义不容辞地做好城市形象代言者。企业在宣传中可将城市形象和企业形象捆绑打包向外界推广,例如,泉州安踏、匹克等诸多知名民族企业在宣传自身企业形象的广告中,连带传播泉州城市形象,将自身优质的企业品牌形象共享至城市品牌,在将城市品牌传播到更广大地区的同时,也降低了城市品牌的传播成本。郑州的宇通、三全等兼具行业领先地位和良好社会形象的头部企业,对城市品牌形象具有积极的"矫形"和"塑形"作用,可通过加强城市品牌与企业品牌联系,以企业产品优质形象衬托郑州城市品牌的美好形象,重塑公众对郑州,如制造行业不强、企业实力弱等方面的刻板形象。值得一提的是,郑州的"出海"企业品牌日益增多,海外经营实践之路越做越广,本地企业品牌在"走出去"讲中国故事的同时,也成为世界看郑州的小窗口,加快郑州国际化形象塑造速度。总之,对郑州国家中心城市未来发展的城市愿景,城市内部企业应当自觉树立城市归属感和城市荣誉感,积极提高在郑州城市宣传方面的参与度和企业贡献度,成为讲述郑州城市故事的好帮手,最终通过企业品牌将城市品牌做优、做大、做广。

五、结语

城市形象更新是城市适应城市发展新形势和推动城市高质量发展的必然要求。国家中心城市是时代赋予郑州的国家战略重任,郑州可以此为契机塑造和传播国家中心城市品牌形象,向世人展示郑州如今的城市自信和生机活力。郑州必须认识已有品牌因素与该品牌形象的优势和差距,来扬长补短,因地制宜来顺应城市发展规律和差异化地打造城市品牌,还可主动借鉴其他国家中心城市已有经验，以更加长远的战略思想和广阔的国际视野构想未来城市品牌，突出新郑州的现代化、特色化和国际化。城市内部建设主体，尤其媒体和企业品牌等是表达城市形象的外交员，在服务社会美好生活的同时，树立格局意识担负起反哺城市的职责，为郑州重塑新时代、新定位下的新形象而发光发热。通过政府、媒体、企业和市民等多城市建设主体的同心协力参与，我们相信郑州城市建设将会更加美好，引领中原发展、支撑中部崛起、服务全国大局的大国城市品牌形象将会更加生动！

参考文献：

[1] 王新涛. 基于国家中心城市识别标准的郑州发展能力提升研究 [J]. 区域经济评论, 2017 (04).

[2] 孙丽辉, 毕楠, 李阳, 等. 国外区域品牌化理论研究进展探析 [J]. 外国经济与管理, 2009, 31 (02).

[3] 张晨阳, 任幸. "城市即人"——从城市品牌形象谈城市个性化发展 [J]. 美与时代（城市版）, 2018 (07).

[4] 王萍萍. 城市品牌化路径探析——从城市品牌定位、塑造、营销到管理 [J]. 城市管理与科技, 2015, 17 (02).

[5] 陈柳钦. 论城市品牌建设 [J]. 中国市场, 2011 (07).

[6] 何国平. 城市形象传播：框架与策略 [J]. 现代传播, 2010 (08).

[7] 陈柳钦. 论城市品牌建设 [J]. 中国市场, 2011 (07).

[8] 吴金鑫. 品牌重塑问题研究 [D]. 上海：上海外国语大学, 2006.